"他者"幻象与身份建构：
异域题材作品研究

黄海燕 著

西南交通大学出版社
·成都·

图书在版编目（CIP）数据

"他者"幻象与身份建构：异域题材作品研究 / 黄海燕著. —成都：西南交通大学出版社，2021.11
ISBN 978-7-5643-8310-7

Ⅰ. ①他… Ⅱ. ①黄… Ⅲ. ①华文文学-文学研究 Ⅳ. ①I206

中国版本图书馆 CIP 数据核字（2021）第 204909 号

"Tazhe" Huanxiang yu Shenfen Jiangou：Yiyu Ticai Zuopin Yanjiu

"他者"幻象与身份建构：异域题材作品研究

黄海燕　著

责任编辑　赵玉婷

助理编辑　周媛媛

封面设计　阎冰洁

出版发行　西南交通大学出版社
　　　　　（四川省成都市二环路北一段 111 号
　　　　　西南交通大学创新大厦 21 楼）
发行部电话　028-87600564　87600533
邮政编码　　610031
网址　http://www.xnjdcbs.com
印刷　成都蜀通印务有限责任公司

成品尺寸　146 mm×208 mm
印张　13.25
字数　280 千
版次　2021 年 11 月第 1 版
印次　2021 年 11 月第 1 次
书号　ISBN 978-7-5643-8310-7
定价　65.00 元

图书如有印装质量问题　本社负责退换
版权所有　盗版必究　举报电话：028-87600562

序

黄海燕是我十多年前指导过的硕士研究生，印象中她为人谦逊，好学深思，行事稳重。她的首部学术著作《"他者"幻象与身份建构：异域题材作品研究》即将由西南交通大学出版社刊行，邀我为该书作序。作为她过去的导师，我乐意看到海燕多年来的学术成果的面世，也借此机会求教于学界同仁。

本书的研究对象是异域题材写作，主要涉及两类作品，一是具有跨域经验的中国作者的作品，比如晚清使官的域外游记，近代旅日留学生的作品，二十世纪五六十年代之后的三代海外华人移民作家的作品；二是以异域生活为题材的外国作者的作品，比如西方及日本作家笔下的异域题材作品。这些作品的作者往往具有两种以上文化视野，因而能用比较的眼光观照自身与他者。在当今全球化时代，不同文化的冲突与融合加速，我们必须积极探索中外文化交流与汇通的途径，本书的研究对此问题作出了较好的回应。

海燕当年通过答辩的硕士论文，是以晚清游记为中心，借助比较文学形象学的理论和方法论，讨论清代域外游记中的英国形象，至今看来仍然是一篇文献资料丰富，论证严密的优秀毕业论文。这篇论文经过修订，完善后已收入本书之中。游记研究是比较文学形象学的传统学术领域,清代大量的域外游记记录了清代人走向世界的足迹,是清代人开眼看世界的重要史料,对清代游记的解读很有价值。一方面,海燕的论文通过大量文献资料的占有和分析,展示了清代人如何摆脱传统的华夏中心主义观念,逐步建构新的对于西方的社会集体想象,并阐释清代人想象西方的文化心理机制。游记文本是一种文化叙事,游记的互文性写作完成了清代人对英国的集体想象。另一方面,清代使官作为形象的建构者,试图背离中国传统的集体想象,他们借助英国形象言说自我的欲望、反思自身的文化,由此展示出清代游记和清代使官在建构域外英国形象过程中的作用和意义。这样的跨文化研究思路值得肯定。

关于西方作家的东方幻象,也是学界乐于探讨的话题。其实,不管西方作家以何种方式来接近东方,从何种角度来观察东方世界,他们大都把东方视为与自身相异的"他者",都倾向于把东方想象为与西方不同的"文化构想物",都热衷于把自己的梦想与欲望投射到东方世界。大概任何作家对异域文明的见解,都可以看作是自身欲望的展示和变形。海燕在书中通过相关个案研究对此问题作了探讨。其中,对英国小说家格雷厄姆·格林《文静的美国人》和《权力与荣耀》两部作品异域想象的分析评判令我印象深刻。《文静的美国人》以二十世纪六十年代的越南抗法战争为背景,格林笔下的越南仍然是失语的他者,但格林承认越南人并非任人摆布的沉默者,他们也有思想,只是尘封在格林不懂的语言之中。所以他与单纯的美国人派尔对待越南情人凤儿的态度完全不同,这反映出他对当时西方主流叙事的疏离。《权力与荣耀》则将墨西哥人与白人的故事对照起来讲述。墨西哥是经济落后、环境恶劣的第三世界，但墨西哥人在家乡有精神寄托，所以威士忌神父才能在乡民的帮助下数次逃脱中尉的追捕。而生活在墨西哥的白人内心怀揣的黄金梦破灭后，身心无所寄托，他们沉沦无助，墨西哥成了"白人的坟墓"。格林对墨西哥的书写带有双向批判的文化意义。

海外华人移民文学也是本书的研究对象，书中对白先勇、林湄、张翎的作品均有比较清晰的认知与评判。其中，祖籍福建省福清市的荷兰籍作家林湄是海燕最近几年重点关注的海外华人作家，她和林湄保持着联系，多次与林湄交流有关阅读林湄作品的心得。与作家直接对话，这对于研究者而言是很重要的机会，海燕对林湄作品的研究也有一定的见地，这值得肯定。记得2014年12月我邀请时任欧洲荷比卢华人写作协会主席的林湄女士来福建师范大学作题为《我与文学》的讲演，她的《天望》《天外》等小说在中国均有良好声誉。我与她曾就如何共建"世界文学"的理念、路径、方法这些有益有趣的问题作过一番交流，认为虽说"愈是民族的，愈是世界的"，但"民族的"不必然走向"世界的"，其间转化的条件及机制何在，值得讨论。林湄坚持认为作家要远离功利，更深层次地关注社会、人生、人性，保持独立思想与人格的创作姿态，她的小说对世界文学的体悟及多重实践，以天外的视角看世人的贪婪与无知，颇能引发我们的智性思考与深刻反思。这是一个值得深挖的华人移民作家，希望海燕持续关注并能有更多的研究收获。

海燕2008年研究生毕业后即到福建师范大学福清分校任教。其后的十余年间，我陆续收到她的来信，她谈及自己的教学设想和学术思考，一如既往的认真踏实。像所有的青年教师一样，职业生涯都会遇到一些发展的压力与困惑，但只要不懒散、想投入就会收获惊喜。这部著作是海燕毕业以来的学术收获，也渐渐显示了自己的学术面目。我衷心希望她不懈努力，踏实进取，在现有研究方向领域内深耕掘进，走出自己的一片天地。

葛桂录

（福建师范大学教授兼外国语学院院长）

2021年5月22日于福州

前言

> 中国人在思想、行为和情感方面几乎和我们一样……只是在他们那里一切都比我们这里更明朗,更纯洁,也更合乎道德……民族文学在现代算不了很大的一回事,世界文学的时代已快来临了。
>
> ——歌德《歌德谈话录》

> 不同文化之间的交往过去已被多次证明是人类文明发展的里程碑。希腊学习埃及,罗马借鉴希腊,阿拉伯参照罗马帝国,中世纪的欧洲又描摹阿拉伯,而文艺复兴时期的欧洲则仿效拜占庭帝国。
>
> ——罗素《一个自由人的崇拜》

> 世界的意义必定在世界之外。世界中一切事情就如它们之所是而是,如它们之所发生而发生,世界中不存在价值。
>
> ——维特根斯坦《逻辑哲学论》

比较诗学中国学派的开创者叶维廉教授在他的文章《东西比较文学中模子的运用》(1974)中讲了一个"青蛙与鱼"的寓言故事：某处池塘，青蛙和鱼是好朋友。有一次，青蛙无意中跳出了水面，于是在外游历了一番，见识了许多新鲜事物，它兴奋不已，决定回去向它的朋友报告一切。它说有一种动物叫人，头戴帽子，穿着衣服，双脚直立行走，鱼的脑中浮现的是一条鱼戴着帽子，穿着衣服，尾巴直立行走。它说有一种动物叫鸟，展翅可以在空中飞翔，鱼的脑中浮现的是一条腾空而起的鱼，只不过鱼的身上多了一对翅膀。它说有一种交通工具叫车，带着四个轮子滚动向前，鱼的脑中浮现的是一条带着四个轮子的鱼。叶教授通过这个故事告诉我们，人所有的心智活动会有意无意地以某一种"模子"为起点，鱼没有见过人、鸟和车，它必然依赖自身经验去构思人、鸟和车，这个自身经验就是鱼的"模子"，它不知道鱼之外的人的模子、鸟的模子、车的模子……鱼对外在事物的认识都是鱼的自我形象的想象性叠加。由此，叶教授指出，跳出自己的"模子"的局限而从对方本身的"模子"去构思，显然是最基本最紧迫的事。[①]

按照季羡林的划分，人类文化可分为四大文化圈：中国文化圈、印度文化圈、阿拉伯伊斯兰文化圈、欧美文化圈。这四大文化圈又可分为东方和西方两大文化体系，两者最根本的不同是思维模式的差异。当两种非同源文化之间的文学进行对话时，何以可能？有的学者

[①] 曾小月、李卫华：《比较文学文献精读 经典与案例》，武汉：武汉大学出版社，2018年，第242页。

对此提出质疑，比如，韦斯坦因认为只有在同一文化体系中才能找到一些共同的元素，欧美作家之间的比较比在西方诗与中东或远东诗之间找相似性的研究合理多了，对于不同文化中的类比，值得商榷。更多的学者相信有所谓超脱文化异质因子的"基本形式及结构行为。"[①]比如，庞德的意象诗的成功尝试就是中西诗学汇通的典型案例，意象派运动最初受到日本俳句的影响，后来转向中国古典诗歌，中国诗重视意象，寓激情于宁静的审美趣味深深吸引了意象派诗人，这种诗歌风格被称为"零度诗"。庞德作为意象诗派的领军人物深受中国古典诗歌的影响。

在"全球化"浪潮汹涌的当今世界，不同文化之间的对话与汇通成为必须，而且是比较文学面临的使命。1989年季羡林在题为《从宏观上看中国文化》的演讲中提出著名的"河东河西论"，他说东方和西方两大文化体系之间的关系是互相学习。仅就目前来看，统治世界的是西方文化，但是从历史上看，二者的关系是"三十年河东，三十年河西"。季羡林没有作出西方取代东方，或者东方取代西方的判断，而是说东西方文化之间可以互相取长补短，多元共生。这种观点至今仍散发智慧的光芒。

乐黛云在二十世纪九十年代提出东西方文化交流的策略，强调中西文化对话的可能性与信心：

第一，对话双方都是从各自的历史和文化传统出发，并不以某一

---

① 曹顺庆等：《比较文学论（修订本）》，成都：四川教育出版社，2005年，第378页。

方的概念、范畴、系统来截取或强加于另一方。双方都是以对方为参照系来重新认识和整理自己的历史；在这一重整过程中，既能发现共同规律，又能发现各自文化的差异，并使这种差异为对方所利用，以至促成新的发展。第二，由于对话引入了时间轴，并不是共时性的时间对照，中西诗学对话就有了历史的深度。在对话中，中西诗学历史全面开放，既不受新旧观念的时间限制，也不受远隔重洋的地域环境所限制。第三，由于历史的全面开放，中西诗学双方相互选择和吸收的范围大大扩展。对话本身是一个复杂的概念，它包含着多层面的内容和多元化的理解。平等对话并不排斥有时以某方体系为主，对某种理论进行新的整合，也不排除殊途同归，从不同文化体系出发进行新的综合性体系的建构；它有时是有关重大问题的思考，有时也只是一些管窥蠡测的意见互换。①

历史证明，文明的衰落对每一种文化都是一种威胁，没有任何一种文化模式可以永远处于先进地位。任何一个民族都必须从"他者"的文化语境去看待和反思自身的文化精神。了解并理解他者，其实是对自身了解和理解的一种深化。

本书研究对象是异域题材写作，它实际上是"跨文化写作"。作者跨越国家和地域的限制，以两种或两种以上的文化视角关照自我与他者。当作者离开故土前往异国他乡，置身于不同国家不同民族的文化交汇点上，作者往往会采用比较文化的视野看待世界，本书的"跨文

---

① 乐黛云：《中西诗学对话的必要性和可能性》，《中国比较文学》，1993年第1期。

化"主要是指中国文化与其他国家或地域文化[包括"欧美西方文化""南洋文化""东洋文化"（日本）]等两种不同文化之间的跨界。本书涉及三种类型的作品，"晚清域外游记""西方异域题材文学""海外华文文学"等。这三组课题涉及异域题材作品研究的三个领域：中国作者的西方形塑、西方作者的东方形塑、海外华人的离散书写。

选入本书的作品的作者大都有异国生活的经验，有的是出使西方的使官或随从（如晚清域外游记的作者：郭嵩焘、王韬、薛福成、单士厘等），有的是赴身异国求学的留学生（如近代留日学生：郭沫若、郁达夫等），有的是移居国外的华人作家（如白先勇、林湄、张翎、虹影等），有的有旅居异国的经历（如许地山、林语堂、芥川龙之介、格雷厄姆·格林等），有的没有异国生活体验，但以异域为题材创作（如詹姆斯·希尔顿）等，他们的作品中都涉及形塑者自我与他者文化的关系问题。

因此，本书首先属于形象学研究。笔者将运用比较文学形象学理论分析文本，从知识层面关注异国形象的生成与延续过程，从理论层面分析形塑者塑造异国形象的心理机制，在历史谱系中追溯形塑的原点及演变轨迹，揭示某个具体形塑与社会集体想象之间的微妙关系：皈依或背离。再者，本书还属于移民文学研究。笔者将侧重从文化身份重构的角度分析文本，探析海外的华人离散群体如何在母国文化与异域文化的双重影响下建构文化身份。

本书结构上分为四个相对独立又互相关联的部分：

第一章，理清异域题材作品的跨文化写作与形象学、海外华文作家创作之间的关系。比较文学意义上的形象学研究对象是异域形象，即超出一国界限的异国异族形象，因而比较文学的形象学本身具有异域题材特点。全球化带来的大规模"越界"给跨文化写作带来契机，海外华文作家站在中外文化交汇点上，书写海外移民生活，或回望母国经验，书写中国故事，这本身也是异域题材写作。形象学研究侧重关注异域形象塑造者背后的文化欲望和心理机制，海外华文作家创作研究关注的是华人离散群体的文化身份建构，虽然两者关注的侧重点不同，但共同点是作者都是以跨文化视角回望自己和凝视他者，不论是自我形塑还是他者形塑，探讨的话题都是如何实现中外文化的对话与汇通。

第二章，论述中国人眼中的异域形象，探析中国人看世界的心理机制。拟分为三个部分：第一部分，梳理清代以前中国人眼中的西方形象以及晚清时期中国使官游记中的西方形象。第二部分，以郭沫若的小说《喀尔美萝姑娘》中的日本女性形象为个案，梳理近代中国人眼中的东洋（日本）形象。第三部分，以许地山和林语堂的南洋题材小说为例，梳理近代中国人眼中的南洋形象。

第三章，论述西方（包括日本）作家笔下的东方形象，探析西方作家想象东方的心理机制。按照作品中东方形象的特点，大概分为几种类型：一是东方是乐土，作家把自己的理想建构在东方乌托邦世界，东方被想象成不同于西方的天堂乐园，成了拯救陷入精神危机的西方的"诺亚方舟"。笔者以英国作家詹姆斯·希尔顿的《消失的地平线》为例，梳理西方作家美化东方的历史。二是东方是地狱，作家采取俯视的姿态,对东方形象进行妖魔化描写,东方被描述成野蛮的、非理性的、落后的他者,体现的是西方人思维中根深蒂固的西方中心主义观念。笔者以海涅笔下的中国形象为例,梳理西方人妖魔化中国形象的历史;以芥川龙之介的《中国游记》中的中国形象为例,梳理日本人看中国的历史。日本在十九世纪末期的现代化进程中已经领先于其他非西方国家,这种差距在此后几十年中进一步扩大,日本更像是立于西方世界大国之林,而不是与亚洲的殖民地和半殖民国家为伍。①二十世纪初,日本已经是一个新兴的帝国,1895年强占我国台湾,1905年的日俄战争使它成为在近代战争中击败欧洲国家的第一个亚洲国家,1910年占领韩国,1920年日本加入了国际联盟。在二十世纪二十年代,日本资本主义的高速发展很快使其从一个传统上十分落后的岛国步入世界强国之列。近代中国与日本巨大的经济差距,使得近代日本看中国,如同西方看中国一样,采取"东方主义"方式。三是东方是正负交织的双面形象,作家力图比较客观地形塑东方世界,既不美化,也不丑化。以美国电影《功夫熊猫》为例,"功夫熊猫"呈现的是一个被陌生化的中国熊猫,导演在大量中国元素背后融入西方文化,不同于前面两种类型,它不是恶意地丑化,也不是刻意地美化,而是刻画一个正面的中国形象,同时融入美式的文化思维,实质上是对中国文化进行同化。另外,英国当代小说家格雷厄姆·格林小说中的东方形象表现出双重特点:一方面,他笔下的东方是经济落后、思想封

---

① [美]埃德温·奥·赖肖尔:《当代日本人——传统与变革》,陈文涛译,北京:商务印书馆,1992年,第67-68页。

闭环境恶劣的地方，是西方白人的坟墓；另一方面，东方又是陷入精神危机的西方白人寻求心灵救赎的圣地。由此，我们发现格林对西方帝国权力话语的矛盾态度：既皈依又背离。

第四章，论述海外华文作家创作，探析海外华文作家笔下的华人离散群体与西方异质文化冲撞、协商，力图建构文化身份的过程。包括美籍华文作家白先勇的留学生文学中的文化乡愁的书写；荷兰籍华文作家林湄摒弃种族、文化的差异，以世界性的眼光关照人类共通的人性，超越了"文字还乡"的模式，表现了新移民作家的无边界的人类关怀；加拿大籍华文作家张翎通过"边缘人"形象塑造，写出了移民群体力图建构文化身份的艰辛努力；闽籍旅日作家陈希我通过书写福建侨乡的移民故事，对母国文化进行深层的剖析和反思，并大胆揭露文化冲突下的人性的暗流涌动。

总之，在全球化浪潮汹涌的今天，异域题材作品的研究追求一种开放和批判的立场，在跨越两种文化语境中以更为开阔的眼光审视作家的创作，对中外文化交流与汇通途径作出积极探索。

目录

001 界定与梳理:"他者"幻象与身份建构

- 001 第一节 异域题材作品:跨文化写作
- 011 第二节 他者形象与文化欲望
- 026 第三节 身份建构与文化认同

036 异域玄想:国人看世界

- 037 第一节 清代之前的西方传奇与想象
- 056 第二节 先行者的眼光:晚清域外游记中的西方形象
- 093 第三节 "中和"之美:单士厘游记中的近代女性形象
- 102 第四节 理性的凝视与回眸:郭沫若笔下的日本女性形象
- 113 第五节 异域的延伸:许地山与林语堂的南洋叙事

149 东方幻象:西方人笔下的人间乐土抑或地狱

- 152 第一节 魔力烧酒:海涅笔下的魔性中国
- 161 第二节 香格里拉:詹姆斯·希尔顿笔下的"诺亚方舟"

177　第三节　由赞美至蔑视：芥川龙之介的近代中国观
190　第四节　熟悉的陌生人：被同化的"功夫熊猫"
203　第五节　"格林之原"：格雷厄姆·格林的异域想象

243　离散空间：边缘人的身份建构

243　第一节　白先勇：留学生的文化焦虑
255　第二节　林湄：无边界的人类关怀
304　第三节　张翎：边缘人的挣扎与融合
329　第四节　陈希我："流乡人"的困境

358　参考文献

381　附　录

405　后　记

界定与梳理

"他者"幻象与身份建构

第一节 异域题材作品：跨文化写作

根据《美学大辞典》，题材（subject matter）是由作者将素材进行选择、集中、加工和发展而确定的。题材选择和处理，与作者的个性、人生经历及文化修养有较大关系，也受到其情感、思想、艺术理念和创作追求的限制。[1]异域题材指文学作品的内容侧重反映与表现侨民或访问观光者在域外的生活与感受。一般具有浓郁的异域生活色彩和文化色彩。[2]异域题材作品实际上是作者对域外经验加工想象的产物，作者往往有离开母国前往异域的经历。他们跨越国家和地域的限制，以两种或两种以上的文化视角关照自我与异域，因而他们的作品属于跨文化写作范畴。

关于"文化"的定义不一而足，至今无定论。在中国古典文献中，"文"指语言、文字、典章、制度等一类事物；"化"指感化、改造、塑造的过程和

---

[1] 朱立元主编：《美学大辞典》，上海：上海辞书出版社，2014年，第673页。
[2] 黄瑞琦主编：《现代行业语词典》，海口：南海出版公司，2000年，第526页。

结果。《辞源》对文化的解释是"文治和教化",这里"文化"大体指宗法王朝所实施的文治教化和社会伦理规范,并不具备现代意义的"文化"内涵。近代中国所说的具有现代意义的"文化"是十九世纪从日文转译过来的。日文中"文化"的内涵有加工、修养、教育和礼貌等多重意义。拉丁文中的 cultura 主要指"栽培"之意,最初指开垦田园、征服自然界的改造活动,后来转化为"教育、培养"之义,才具备人类的精神领域的意义。最早把"文化"作为专业术语使用的是泰勒,他在《原始文化》一书中有对"文化"的界定:文化是人们作为社会成员习得的复杂整体,它包括知识、信仰、艺术、道德、法律、习俗和其他能力及习性。[①]他认为文化是人们的生活方式的总和。这启发了后代学者对文化概念的理解。

《中国大百科全书》把"文化"划分为广义和狭义两种,广义的文化是指人们进行生活和活动的种种类型和形式,以及人们所创造的物质和精神财富。狭义的文化仅指包括语言、文学、艺术以及一切意识形态在内的精神产品。我们可以简单地将文化概括为相对于政治、经济而言的人类全部精神活动及其活动产品。

美国学者克利福德·格尔茨(Clifford Geertz)借用马克斯·韦伯的提法,"人是悬在由他自己所编织的意义之网中的动物,所谓文化就是这样一些由人自己编织的意义之网[②]"。这是对文化的特点的形象概

[①] 朱筠笙:《跨文化管理 碰撞中的协同》,广州:广东经济出版社,2000年,第27页。
[②] [美]克利福德·格尔茨:《文化的解释》,韩莉译,南京:译林出版社,2008年,第5页。

括。我们每个人都置身于民族文化之中，受制于它，本尼迪克特·安德森（Benedict Anderson）提出"民族共同体"概念，他说民族"是一种想象的政治共同体——并且，它是被想象为本质上是有限的，同时也享有主权的共同体①"。他认为个人只有在民族共同体中才能建构自己，获得充分的安全感。"全球化"彻底改变了我们的日常生活体验，资本、劳务、商品和文化实现了最大规模的跨界流动，不同国家民族之间的联系日益紧密。

在全球化时代，各国各族文化如何实现跨界沟通？他者文化与民族文化之间关系如何处理？这些问题成为跨文化研究的重要课题。其中文化帝国主义与多元文化主义是全球化的两种重要表现形式。

一、文化帝国主义与多元文化主义

文化帝国主义是指以西方发达国家的文化形态为代表的强势文化对发展中国家的地域文化形成严峻挑战，并企图霸凌发展中国家的民族文化的观念。"二战"之后，西方殖民体系逐步瓦解，以前的殖民地国家纷纷独立，摆脱了西方强国的政治控制和经济掠夺，但"殖民化"并未消失，西方发达国家改变了控制手段，由原来的对第三世界的军事占领和政治控制变为在经济上进行资本垄断，在社会和文化上进行渗透、传播西方生活模式和文化观念，从而弱化和瓦解第三世界国家的民族意识和文化自信。一般来说，文化帝国主义的特点是发达国家

---

① [美]本尼迪克特·安德森：《想象的共同体》，上海：上海出版集团，2005年，第6页。

依靠雄厚的政治、经济和军事实力，借助影视媒体、互联网络、跨国公司等方式对发展中国家实行文化渗透，意图把发展中国家变成西方的文化殖民地。文化帝国主义主要有三种方式：一是在理论层面推行西方的人文社科理论，输出其思想理论和价值观念；二是在大众文化层面通过各种文化媒体传播他们的文化；三是在文化性的物质产品以及人们的日用品等方面输出其生活方式。美国学者汉斯·摩根索（Hans J. Morgenthau）直言不讳："文化帝国主义的东西，是最巧妙的，并且它能单独取得成功，也是最成功的帝国主义政策。它的目的，不是征服国土，也不是控制经济生活，而是征服和控制人心，以此为手段而改变两国的强权关系。"[1]旅居巴黎的心理分析学家弗朗兹·法农（Frantz Fanon）发表著作《黑皮肤，白面具》（1952年）和《地球上受苦的人》（1961年），他提出殖民地民族的首要任务是去掉心灵上的殖民状态，而不只是争取表面的独立形式。二十世纪八十年代，美国学者爱德华·沃第尔·萨义德（Edward Waefie Said）的东方学理论是西方后殖民主义理论的代表，他批判文化帝国主义是新的殖民主义，是旧殖民主义在后殖民时期的延续。英国学者约翰·汤林森(John Tomlinson) 在《文化帝国主义》（1991年）指出文化帝国主义是资本主义现代性的扩散，西方国家帮助第三世界发展当地经济，实施民主政治，使第三世界国家迈向现代化，但他淡化了文化帝国主义的霸权实质。

文化帝国主义以文化普遍主义反对文化相对主义，其结果是以自

---

[1] [美]汉斯·摩根索：《国际纵横策论——争强权，求和平》，卢明华译，上海：上海译文出版社，1995年，第90页。

由、民主、人权等所谓普世价值压迫其他民族的本土价值,以西方民主主义牵制东方的权威主义,以抽象的人权限制具体的国权等。文化帝国主义目的是以西方文化冲击第三世界国家民族固有的文化传统,并使之内化为这些民族文化深层的心理意识,以达到重塑第三世界国家民族的价值观念、行为方式及生活习惯的目的。

全球化的另一种表现形式是文化多元主义。全球化促进了殖民体系的瓦解,造就了全球化的后殖民社会。原殖民地国家取得了合法的独立地位后,最先面临的就是从各方面确认自己的独立身份,而自己的民族的独特文化正是确认独特身份的最重要的因素。"二战"以来,马来西亚强调民族统一性,坚持以马来语为国语,以色列将希伯来文设为日常通用语,一些东方国家强调自身文化的独特性提出"亚洲价值"观念等,这些都说明全球化向着多元化而非趋同的方向发展。多元文化指具有不同起始端点的文化,最初是指殖民地宗主国文化(主要是欧美文化)与原住地文化,两者并存但地位悬殊,宗主国文化被认为是文明的、理性的,处于统治地位,原住地文化被认为是落后的、野蛮的,处于被统治地位。后来研究者认识到,不仅殖民地国家存在统治文化和被统治文化的区别,不同国家和地区之间也存在文化差异,社会各阶层之间也存在文化差异。也就是说,"多元文化"指的是人类群体之间价值规范、思想观念乃至行为形式上的差异。多元文化给社会生活的各个领域同时树立了多种价值标准。[1]全球化使某些强势文化

---

[1] 郑侠、李京函、李恩:《多元文化视角下的大学英语教学研究》,北京:知识产权出版社,2018年,第10页。

遍及全世界，大有将其他弱势文化同化和吞并之势，但如果没有全球化，多元化也无从谈起。过去的一切普遍规律和宰割各个地区的"大叙述"受到挑战，对"他者"的寻求，对文化多元发展的关切成为必需。人们认识到需要吸收他种文化以丰富自己，需要在与他种文化的比照中认识自身，了解与自己思维模子不同的他种文化。

多元文化主义承认不同民族、群体的文化的独特价值，认为它们在长期的历史发展过程中形成，相互之间存在差异，但它们都有平等的生存权和发展权，并无优劣之分。同时，多元文化主义也强调不同文化之间的交流是多元文化得以生存的基础。各种文化之间也存在相互借鉴的可能。"多元文化的实质目的不是要突出某一种文化，而是提供处理两种以上文化间相互关系的态度和方法。"①

二、跨文化写作：异域形象与离散经验

"跨文化"是现代人类学和文化学的一个概念，人类学者大卫·托马斯（David Thomas）的《跨文化空间和跨文化生存》一书以外来的西方人与安达曼岛原住民的最初接触与互动为素材，提供了非常精辟的人类学论述。他提出"跨文化的人"的新概念，说明不同文化的碰撞如何改造和重塑着习惯性的感知方式，产生与单一文化生存不同的生存方式和表现方式。②本书中的异域题材作品属于跨文化写作范畴，这些作品往往表现异国异族的社会生活，作者也往往有异国生活的经

---

① 谭竹修：《多元文化教育视域下大学英语教学理论探索》，天津：天津科学技术出版社，2018年，第14页。
② 王宁：《全球化与文化：西方与中国》，北京：北京大学出版社，2002年，第78页。

历。当作者离开母国前往异域他乡，置身于他者文化之中，作者回望母国或建构异域形象时往往具备双重文化视野。

异域题材作品的跨文化写作首先与形象学有关。比较文学意义上的形象学研究与一般的形象学研究不同，它研究的是异域形象，即异国异族形象，而不是一国之内的形象。因而比较文学的形象学本身适合用来分析异域题材作品。晚清域外游记是国人第一次有规模地走出国门，睁眼看世界的行旅记录，郭嵩焘、王韬、薛福成等使官的域外游记建构了国人对西方社会的集体想象，重塑了中国自身形象。"这种文化想象不是简单的先验于文本或视像的现实复制物，而是以直接体验的方式，以注视者自身的文化模式为基础，通过注视者和与读者的集体行为建立起来的复合想象，是中国文化共同体的经验投射。"[①]他们以晚清知识分子的立场，认同和维护中华文化共同体，但在异域场景的凝视下，晚清帝国的衰败显露无遗，西方社会的现代化信息注入中国传统的社会集体想象，原有的根深蒂固的华夏中心主义话语开始动摇。域外文化成为社会变革和文化转型的契机，他们是睁眼看世界的先行者，在重构晚清对于西方的集体想象中担任重要角色，他们很大程度上是清代乃至后代中国人对西方社会集体想象物的建构者。但华夏—夷狄的思维模式真正转型是在甲午中日战争之后，"西化"后的日本打败了晚清帝国，这彻底击碎了中国的文化自信，千年的中日关系彻底颠倒，中国开始向日本派遣留学生，通过日本学习西方文化。

---

① 李岚：《行旅体验与"集体想象"——论晚清域外游记的跨文化意义》，《乐山师范学院学报》，2010年第25卷第6期。

由近代留日热潮催生出来的留日作家群体，以郭沫若和郁达夫为代表，他们的域外题材作品代表了近代中国人看世界的眼光。中国留日学生再无晚清使官的文化自信，他们的留日体验充满了屈辱与痛苦。明治维新后的日本走上资本主义发展道路，综合国力显著提高，留日学生对日本的感情除了仰慕之外更多的是痛苦，日本国内弥漫着歧视中国人的氛围，在日本人眼中，中国是一个停滞萎缩的封建帝国。外来的身份使留日生在爱情、学业、生活等各方面处处受挫，弱国子民的自我形象设定取代了天朝上国的文化自信。而南洋开发时间较晚，中国近现代作家笔下的南洋形象带有异国情调，是大中华文化优势心理运作的结果，但中国与南洋的关系不同于东方与西方的关系，两者之间不是对立的，而是保持温和的距离，中国作家描述南洋不是俯视的姿态，更多的是借南洋回望中国，寻找中国文化之根。许地山讲述南洋背景的婚恋故事，目的是探讨普世的终极价值，他言说的是融合佛教、基督教、道教、儒家等各种思想的人生价值观，他是站在中国的角度看南洋的。林语堂的南洋题材小说《赖柏英》反映的是他晚年对中国传统文化的回归态度。林语堂对初恋情人赖柏英精神的依恋充分体现了他的"山地人生观"。

西方人眼中的东方形象表现为两极，要么是被理想化的乌托邦世界，要么是被妖魔化的人间地狱，前者是为了超越社会想象，后者是为了巩固社会想象，反映的都是形塑者的文化欲望和文化利用。海涅笔下丑陋的、被妖魔化的中国形象并非真实的中国，而是作家附和西方社会集体想象物的结果，他加入了同时代的负面中国形象的大合唱。

詹姆斯·希尔顿笔下的香格里拉世界在中国的西藏，是被理想化的人间天堂。但香格里拉并不是一个真实的地点，而是作家想象出来的，它是经历过"一战"和1929年经济危机之后的西方人想摆脱精神危机的诺亚方舟。美国电影动画片《功夫熊猫》反映了进入二十一世纪新时期中西文化交流的特点，"功夫熊猫"是用文化同化的形式表现当代西方人眼中的中国形象，其反映的中国形象较为客观，需要注意的是，它虽然运用了大量的中国元素，但深层传递的却是美国的文化精神，熊猫阿波的成功模式是美国西部牛仔式的而不是中国式的。芥川龙之介的《中国游记》反映的是近代日本人的中国观，他们通过想象古典美的中国来保持对脱亚入欧后的日本现实批判的文化欲望，同时在日本的"东方主义"影响下，对现实中国极端蔑视和憎恨。格雷厄姆·格林笔下的东方是落后的、失语的，但又是神秘的，需要被了解的。

异域题材作品的跨文化写作与离散关系密切。全球化带来的大规模的"越界"群体给跨文化写作带来契机。跨文化成为许多离散作家的生存方式和精神体验方式。二十世纪的诺贝尔文学奖获得者，特别是九十年代后半叶，其中大部分都是离散作家，作家们以跨文化经历为资源的创作成为世界文学的重要支流。本书所论及的海外华人作家大多是海外移民，他们长期居住国外，异域的政治、经济、文化对他们的人生观、价值观、文化观、家国意识等产生巨大影响，他们处于中外文化交汇点上，有明显的文化对比意识。母国文化积淀与居住国新的生存体验合成的离散经验成为他们创作的资源，这使得他们的写作明显有别于单一文化背景下的作家创作，他们不局限于一时一地的写作，而是在中外古今的现实与历史的纠缠中挖掘和思考不同文化之间的异同，表现了不同国家民族之间的对照想象。美籍华文作家白先勇的移民小说书写海外移民的失根之痛，属于第一代海外移民的"留学生文学"。荷兰籍华文作家林湄的作品以世界性眼光关照人类共通的人性，其早期作品《浮生外记》流露出叔本华式的人生悲剧意识，但通过爱和怜悯化解了悲剧性，小说侧重写出了离散空间内中西两种文化观念的冲突给人物带来的身心之痛。较晚的长篇小说《天外》讲述华人移民知识分子郝忻如何在居住地采用"模拟"的文化策略进行身份改写，他没有完全抛弃母国文化，也没有完全归顺西方文化。张翎的移民小说主要塑造移居加拿大的华人"边缘人"形象，他们有的坚守中国传统文化，不愿融入西方社会，如孙望月；有的积极融入西方社会，如孙卷帘；有的游离于中西文化之间，如李方舟。张翎侧重写了这群离散群体在新居地挣扎求生的故事。陈希我的《大势》和《移民》侧重对中外文化冲突下的中国文化根性进行'鲁迅式'的剖析。

"我是谁？我从哪里来，我到哪里去？"这些人类的终极问题和文学的永恒主题，在域外题材作品的作者笔下，转化为一个个生动、鲜活的跨文化生存故事和人物形象。黄万华坦言，跨文化写作会带来作家身份的困惑，但当作家进入多种身份认同后在多种文化之间出入自如，对作家和文学是一种提升。异域题材作品的跨文化创作立场上的文化跨越性、创作视角的国际性、内容上的文化间性、创作主题上的人类共性和世界性意蕴，使它具有很强的世界文学意义和比较文学意义。

第二节 他者形象与文化欲望

"形象学"作为比较文学的研究领域，是多种研究方法的综合运用。比较文学意义上的形象学与一般的形象学研究不同，它研究的是"异国形象"。它考察一国文学或文化塑造的异国形象的特征、形成过程，以及对形塑者自我与他者文化的作用。

一、厘清几个相关概念

1. 他者

"他者（the other）"这一术语应用在人文科学涉及身份、差异性、自我（selfhood）、识别和伦理等主题的论述中。"他者"既可以表示另一个人，也可以表示作为他人的自身（self）。法国学者巴柔（D. H. Pageaux）定义"自我与他者"这组二元对立的概念时说，"'我'注视他者，而他者形象同时也传递了'我'这个注视者、言说者、书写者的某种形象[①]"。自我发现或自我认知被认为是一个变化的过程，自我借此认识到自身在客体上的他者性（alterity 或 otherness），比如黑格尔认为自我意识只有通过克服他者而获得。他者形象不可避免地表现为对"他者"的否定，对"自我"空间的补充和延长，从而言说了"自我"。自我的存在必须靠一个被视为异类、对比的"他者"来做辩证。

伊曼努尔·列维纳斯（Emmanuel Levinas）在其早期著作中提到，他者的他性是一个伦理事件，并且是以无遮掩和脆弱性的面貌呈现在

---

① 孟华：《比较文学形象学》，北京：北京大学出版社，2001年，第157页。

我们面前，我知道自己要对这个独特的他者负责，他者使我成为人质，而我也从这种关系表达中体验到自己的独特性。①西蒙娜德·波伏娃在她的著作《第二性》中，考察了女性的压迫是如何与系统对象化的父权制过程联系起来的。男性被视为"正常"，而女性被视为"他者"，这导致了女性社会和个人身份的丧失。凯特·米勒特的《性政治》认为女性应坚持表现为"他者"，反对社会规范的男性建构。米歇尔·福柯的话语理论与他者概念紧密相关，他把那些受害的和边缘化的人——精神病患者、囚犯、女人、男同性恋、女同性恋和有色人种视为文明的他者，他们是权力实施控制的对象。朱莉娅·克里斯蒂娃的《自我中的陌生人》中，他者的概念是指我们身边的陌生人、外地人和外国人，她认为只有呈现隐藏在我们自身中的他者性，并与之妥协，才能学会与这些陌生人相处。②

关于他者和他性的含义问题，突出表现在诸如多元文化论、性别研究、酷儿理论、种族区分和后殖民研究此类领域的他性研究。在后殖民理论中，西方国家往往被称为主体性的"自我"，殖民地或落后国家的人们则被称为"他者"。爱德华·E. 桑普森（Edward Sampson）在著作《赞美他者：人性的对话理论》中指出，我们通过"自我赞美"来维持自尊，我们需要"不如我们好的"他者来自我演戏。这个戏剧中，他者是非理性的、落后的，甚至是罪孽深重的。

---

① [加]马克斯·范梅南：《实践现象学 现象学研究与写作中意义给予的方法》，北京：教育科学出版社，2018年，第133页。
② [美]米歇尔·刘易斯·伯克，[美]艾伦·布里曼，[美]廖福挺：《社会科学研究方法百科全书 第2卷》，沈崇麟、赵锋、高勇译，2017年，第945页。

"他者"在本书的论述中，是指与"自我"相区别的"非我"。

2. 他者形象

二十世纪六七十年代，比较文学形象学作为比较文学的分支学科诞生。它研究的是在一国文学中和在一国人民集体想象中所描述的异国形象。异国形象即"他者"形象。一般的形象研究由来已久，比如研究一部小说中的男女主人公的形象。而比较文学形象学与一般意义上的形象研究的差异在于它研究的是"他者"的形象，即"对一部作品、一种文学中异国形象的研究"，如"近代中国文学中的西方形象"研究的是近代中国人对西方的看法；"伏尔泰笔下的中国形象"研究的是伏尔泰对中国的看法等。所以，它的研究领域不再局限于国别文学的范围之内，而是跨语言、跨文化甚至跨学科的研究。

法国的让-马克·莫哈给"形象"下了定义："它是异国的形象，是出自一个民族（社会、文化）的形象，最后，是由一个作家特殊感受所创作出的形象。"[1]法国比较文学家巴柔为"形象"所下的定义是："在文学化，同时也是社会化的过程中得到的对异国认识的总和。"[2]

他们指出了他者形象的三个特征：

（1）从范围上看，一方面，形象学的形象限于异国形象，一般形象可以是异国形象，但更多的是本民族文学中的自我形象，后者范围更广泛。另一方面，形象学的形象来源除了文学作品外，还有来自游

---

[1] 孟华：《比较文学形象学》，北京：北京大学出版社，2001年，第25页。
[2] 孙景尧等：《比较文学》，北京：高等教育出版社，2007年，第167页。

记、历史文献、报刊上的文章等,即一切精神产品,而一般形象大多来自虚构的文学作品。从这点看,后者的研究范围又较前者狭窄。

(2)从存在方式看,一般形象局限于人物形象,社会环境、自然环境只被看作刻画人物的手段;形象学的形象可以是人物形象,还可以是器物(如西方文学作品中的中国塔)、风俗(如浪漫主义作家笔下的阿拉伯婚礼)、景物(如18世纪在西方的中国园林),甚至是观点(如中国哲学是原始哲学的观点)、言辞(如鸦片战争以来中国人称西方人为"洋鬼子"),也即是存在于作品中的相关的主观情感、思想、意识和客观想象的总和。

(3)从研究重点看,一般形象被看成作家个人艺术独创的结晶,研究的重点是其独创性和逼真性,往往探讨某一形象是否具体生动、饱含感情,是否给人以真实感,是否反映现实(真实性、典型性)以及能否体现作家的独创性。形象学认为隐藏在异国形象背后的是创造者自我民族的形象,它对异国形象的塑造起决定作用,异国形象映照的是形塑者的自我形象。因此,作家的个体行为处于次要地位,更强调的是作为中介的形象,研究的目的也并不在于求证这些形象与他者现实符合与否,而是形塑背后的形塑者与他者之间的文化差异。作家对异国的理解不是直接的,而是通过作家本人所属社会和群体的想象描绘出来的。文学作品中的异国形象是整个社会想象力参与创造的结晶,作家在其中只充当了媒介。法国学者把这种在他者形象创造中起支配作用的、来自所属社会的影响源称为"社会集体想象物"。不同作家笔下的他者形象,都受制于各自的社会集体想象物。比如研究吉卜林笔下的印度、康拉德笔下的刚果、罗伯·格里耶和加缪笔下的非洲，都不能忽视当时殖民主义侵略这样的文化语境。

3. 套话

套话，是法语"stereotype"的汉语翻译，原意是印刷用的"铅版"。日常生活中的"套话"指的是没有实质意义的空话。在形象学研究领域，套话指一个民族或国家受社会集体想象的影响，在反复描述异国过程中经过反复使用而形成的约定俗成的词汇。它以不自觉的方式渗透进民族深层的心理结构，并持续释放能量，左右一国民众对他国的认识，折射出一个国家对异国他者认知的心理定势。套话对异国进行描述时，省略了推理的全过程，它是在民族心理定势推动下形成的一种不由分说的表述，标志着形塑者对他者的凝固看法。它以隐含的方式提出了一个恒定的等级制度，一种对世界和对一切文化的真正的二分法。但套话也不是一成不变的，随着历史发展，一国对异国的认识也会发生变化，新的套话会不断产生，代替旧的套话。

巴柔阐述了套话的三个层次：第一个层次是词汇，第二个层次是等级关系，第三个层次是故事情节。

词汇是他者形象在文本中的最小单位，如：欧洲人曾用"鹰钩鼻子"指代犹太人。过去，中国人把侵略过我国的外国人称为"鬼子""鬼"，其中含有邪恶的、丑陋的意思。对于西方人，中国人曾称他们为"洋毛子""老毛子"。我们还曾用"倭寇""东洋人""小日本""日本鬼子"指代日本人，"这些套话暗含了饱受日本侵略的中国人对日本人性格的一种否定性描绘①"。

比词汇更复杂的是文本中与自我、他者相关的因素构成的等级关系。"在对文本的组织及等级原则进行定位的过程中,我们将注意考察所有区分'我'与'他者'的东西,也就是考察人物间的关系体系……这一体系将通过一组组对立的关系来表述相异性……野蛮对立于文明;粗俗对立于教养;人对立于动物;男人对立于女人;成人对立于幼童('我'是成人,'他者'是幼童);高等对立于低等。"②一般可从三方面分析:① 人物构成;② 环境构成;③ 文化构成。比如,在西方帝国主义文本中,东方人是野蛮的、失语的;东方环境是蛮荒的、恐怖的;东方文化是原始落后的。总之,东方世界是西方文明世界的对立面,东方是有待西方人拯救的未开化之地。比如康拉德《黑暗之心》中的非洲形象、吉卜林笔下的印度形象等,我们都可以发现文本中隐含的东西方二元对立的等级关系。

第三个层次是故事情节。形象学强调形象构建的文本模式,这个模式能够在某个特定的时期成为阶段性文化的代表文本。某种程度上,异国形象不是作者的任意创作,而是模仿程序化文本的产物,文本之间形成互文性。因此,形象学研究要确立民族形象的互文本:一国存在何种赞赏或贬低异国形象的传统?这些传统在某一阶段的文本中是如何体现的?这就要求将文学形象与同时代的平行文本(包括报刊、

---

① 宋德发:《常识 方法 视野——比较文学的三维建构》,湘潭:湘潭大学出版社,2016年,第216页。
② 孟华:《比较文学形象学》,北京:北京大学出版社,2001年,第206页。

副文学、影视等精神产品）相比较，将异国形象纳入社会文化总体分析，研究各种精神产品中的异国形象是如何相互支持的。

比如，我们分析朱自清的文章《白种人——上帝的骄子》（1925年）的故事情节。文章写作者在上海乘坐电车时，无端受到一个白人小孩的羞辱。作者本着爱小孩的心情多看了白人小孩几眼，白人小孩却狠狠地怒睁双眼逼视作者，然后得胜而去，仿佛在说："黄种支那人，你配看我吗？"作者在木木然中，忽然产生"迫切的国家之感"：

> 我做着黄种的中国人，而现在还是白种人的世界，他们的骄傲与践踏当然会来的；我所以张皇失措而觉着恐怖者，因为那骄傲我的，践踏我的，不是别人，只是一个十来岁的"白种的"孩子，竟是一个十来岁的白种的"孩子"！……但这个十来岁的白种的孩子，竟已被揿入人种与国家的两种定型里了。他已懂得凭着人种的优势和国家的强力，伸着脸袭击我了。这一次袭击实是许多次袭击的小影，他的脸上便缩印着一部中国的外交史。①

为何一个白人孩子的怒视会引起作者的"国家之感"？我们必须联系当时的历史背景。1925年5月30日，帝国主义和它的走狗在上海血腥屠杀中国人民，制造了震惊中外的"五卅"惨案。叶圣陶的《五月卅一日急雨中》、郑振铎的《街血洗去后》、朱自清的诗篇《血歌》都是控诉帝国主义罪行的名篇，6月19日，朱自清又写下这篇散文

---

① 朱自清等：《中国现代文学名家经典合集 背影》，成都：四川人民出版社，2018年，第53页。

《白种人——上帝的骄子》，作者由十来岁白人孩子的"袭击"联想到中国长期遭受帝国的凌辱。中国近代外交史就是一部丧权辱国史，所以一个幼小的西方孩子也敢在中国土地上对一个中国大人怒视羞辱。白人孩子对中国人的歧视是受同时代西方对中国的社会集体想象物影响的产物。

4. 社会集体想象物

社会集体想象物是某一社会集体对异国形象综合的描述，此时的异国形象不是个体塑造的结果，它是全社会对另一个社会文化整体所作的阐释，是双级性（同一性/相异性）的阐释，它显然部分地与事件、政治、社会意义上的历史相联系。形象加入了文化的和情感的、客观的和主观的因素，任何一国对异国的观察永远也不会像当地人希望的那样。情感因素胜过客观因素。形象是神化和海市蜃楼——它唤醒和激起我们不受理性控制的好感。形象学研究的主要困难在于找到"想象他者"时所特有的规律、原则和惯例。巴柔认为：他者形象是在文学化，同时也是社会化的过程中得到的对异国认识的总和。[①]要全面深入理解阐释他者形象，必须将其置于扩展了的社会历史文化领域去考察，新批评那种将文本作为完全独立的对象进行研究的文本分析法因此受到质疑，因为这种形象不仅是作家呕心沥血的产物，而且是一种文化对另一种文化的阐释和想象。

根据对异国态度的不同，社会集体想象物有两种基本形态："意识

[①] 孙景尧等：《比较文学》，北京：高等教育出版社，2007年，第167页。

形态"和"乌托邦"。"意识形态"并不单指政治意识形态，而是各种思想观念的总和。形象学理论认为，异国形象的塑造往往不求异国现实的真实性，而是基于自身的社会需求和文化欲望。当一个国家为了保存现实，维护自身文化的权威，它就会以自己的"意识形态"为尺度来塑造异国形象，异国形象往往被否定，被丑化。比如，十九世纪美国小说家布勒特·哈特的一系列描写在美华工的小说，他笔下的"中国佬"（Chinaman）成为当时美国人对中国人形象的唯一认知，他们心目中的中国人都是一样的。他的小说《异教徒中国佬》中，异教徒阿新的形象成了当时美国普通民众心里中国人形象的代表：木讷的外表下隐藏着一颗邪恶的心。十九世纪中叶，西方人心目中的中国不是马可·波罗时代强盛伟大的帝国，也不是伏尔泰时代的理想国，自鸦片战争之后，大批外国人进入晚清帝国，他们笔下的中国顽固衰老、愚昧落后、缺乏个性。这些文本成为十九世纪的西方人形塑中国人的集体想象物的基础与源头。

与"意识形态"形态相反，"乌托邦"形态是当一个国家意图突破自身文化，把异国文化当做解救之道时，形成的被肯定、美化的异国形象。莫哈解释了"乌托邦式"形象的特点，"一个异国形象，当它偏向于相异性，并将相异性再现为一个替换的社会、富含被群体抑制的潜能时，就是乌托邦式的。从形象为建立一个彻底相异性而背离自身文化观念的意义上说：这是一个颠覆性形象[①]"。

---

① 孟华：《比较文学形象学》，北京：北京大学出版社，2001年，第34页。

"意识形态"和"乌托邦"在功能上恰恰相反。意识形态式形象是对本土文化持肯定态度时，塑造出来的被否定的异国形象，目的是维护现实；乌托邦式形象是质疑本土文化的合理性时，抛弃对自身的认同而塑造出来的令人向往、优越于自身的异国形象。无论是"意识形态"式还是"乌托邦"式，两者的立足点都是本土文化，最终目标是完善本土文化。需要注意的是，意识形态与乌托邦不是绝对排斥的，它们之间可能是相互包含的，纯粹的意识形态形象或乌托邦形象是少数情形。因此要具体分析两种形态的表现形式才是科学的态度。比如，我们分析格雷厄姆·格林笔下的非洲形象，一方面它是一个与西方迥异的经济落后、思想封闭的恐怖异域，是"白人的坟墓"；另一方面它又是堕落的白人的精神救赎之地，正因为它原始，还未被现代文明污染，因而更接近人性的本质。因此，格林保持清醒的双向审视的文化意识，有时用西方人的眼光看非洲，有时用非洲人的眼光看西方，使得他的小说具有相对客观的色彩，一定程度上背离了西方帝国主义话语。

二、形象学的研究方法

法国学者莫哈明确地界定了比较文学形象学的研究对象："它是异国的形象，是出自一个民族（社会、文化）的形象，最后，是由异国作家特殊感受创作出的形象。"他还提出两个主要的研究方向："一是研究'游记'这些原始材料；但主要还是研究'文学作品'，这些作品或直接描绘异国，或涉及或多或少模式化了的对一个异国的总体认识。"①

1. 转向注视者的研究

注视者指形塑者或作者主体将异国他者看作认识自我、反观自我的一面镜子，研究他者是有意义的，通过"他者之镜"审视自我、发现自我、建构自我更有意义。传统形象学重视研究形象的真实与否，换言之，研究的着眼点是形象与"他者"的差距。当代形象学却更强调对作者主体（注视者）的研究，研究的重点是形塑者是如何塑造"他者"形象的。比如，我们分析英国小说家斯威夫特的《格列佛游记》中的异国形象塑造：这些异国形象是斯威夫特依据英国社会现状虚构的，本质上是一种自我形象。小人国里的高跟党与低跟党是英国政府中辉格党和托利党的写照；飞岛国与属地的关系是英国与爱尔兰关系的反映；巨人国与慧骃国是作家心目中的理想王国，纪律严明、理性至上的慧骃是开明君主的象征。这部具有异域色彩的小说，其深层意蕴是言说英国的现实，因此异国形象言说了自我。

2. 研究注视者与他者的关系

他者形象既然是注视者建构出来的，那么，他就不可能是他者现实的客观再现，而往往是注视者欲望投射的产物。每一种他者形象的生成总是伴随着注视者自我形象的建构，二者相互发现、相互证明、相互补充。具体而言，注视者与他者之间又大致构成狂热、憎恶和亲

---

① 孟华：《比较文学形象学》，北京：北京大学出版社，2001年，第17页。

善三种关系。

第一种：狂热。注视者基于抬高异国文化，贬低本土文化的文化欲望，把他者形塑为人间天堂，呈现乌托邦幻象，如十三世纪意大利商人马可·波罗游历中国十余载，回国后写成《马可·波罗游记》一书，书中用热情洋溢的语言描述中国的繁荣富庶。实际上马可·波罗的兴趣在于贸易，而不是政治制度，所以他介绍的是他认为西方人感兴趣的东西，而且他基本上只是与元代的上层人物接触，这也决定了他对中国社会的认识有很大的局限性。十八世纪西方启蒙运动时期，伏尔泰对中国文化十分仰慕，他曾主张"全盘中化"，1720年，他把中国元朝的杂剧《赵氏孤儿》改编成《中国孤儿》，《中国弧儿》表现理性战胜野蛮的主旨，反映了他对中国儒家思想的赞美，以及对法国专制制度的暗讽。

第二种：憎恶。注视者基于贬损异国文化，抬高本土文化的文化欲望，把他者形塑为人间地狱，呈现意识形态的特点。萨义德的专著《东方学》中有很多西方人描述中东世界的例子。实际上伊斯兰世界并不是恐怖的，很多伊斯兰教徒也很善良，但西方人描述的伊斯兰世界是野蛮的、原始的，需要西方去教化，这些描述为殖民主义提供依据，有明显的文化利用目的。

比如，二十世纪初，英国小说家萨克斯·罗默创作了傅满楚系列小说，其中虚构人物"傅满楚"被描述成丑陋肮脏、阴险狡猾、麻木残忍的恶棍罪犯，他集所有诡计于一身。傅满楚形象也反映了东西方

文化交流过程中西方对东方的忧惧,在《阴险的傅满楚博士》一书中,罗默这样描述他:

你可以想象一个人,瘦高,耸肩,像猫一样地不声不响,行踪诡秘,长着莎士比亚式的眉毛,撒旦的面孔,秃脑壳,细长眼,闪着绿光。他集所有东方人的阴谋诡计于一身,并且将它们运用发挥得炉火纯青。他可以调动一个富有的政府可以调动的一切资源,而又做得神不知鬼不觉。想象这样一个邪恶的家伙,你的头脑里就会出现傅满楚博士的形象,这个形象是体现一个人身上的"黄祸"的形象。[1]

傅满楚是西方"黄祸论"的典型。义和团运动爆发后,西方世界对中国进行了大量的负面报道,影响了西方社会对中国和中国人的认识。

第三种:亲善。注视者持有和而不同的文化态度,站在世界主义立场看待不同文化,一定程度上承认了他者文化的独特价值。比如,二十世纪初,法国作家维克多·谢阁兰提出"多异美学"(Divers)。他是法国海军军医,"谢阁兰"是一位中国老先生给他取的中国名。1906年至1916年间,谢阁兰曾三次来到中国,前后逗留6年余,期间,他对中国墓葬艺术与佛教艺术进行考察,这些经历使他对中国的风俗、地貌、历史有了异常深刻的体验。他是中法文化交流史上一个无法逾

---

[1] 葛桂录:《雾外的远音 英国作家与中国文化》,银川:宁夏人民出版社,2015年,第279页。

越的人物,被称为"法国的中国诗人"。在他的笔记作品《异国情调论——一种多异美学》(1978年)中,他给"异国情调"注入了全新的意义:异域情调是两种个性交锋中的差异美学,自我与他者不是敌对关系,而是各自张扬其个性,显示其差异的美感。谢阁兰批评洛蒂等人的异国情调书写充满一种神秘主义的陶醉,没有清醒的意识。他主张对所描写或感受的对象保持一种自由的态度,并从异域中抽离出来,以求客观的效果。①他强调"异"的体验,即主体面对客体时,从对方那里获得非我的感觉,主客体角色可以互换,异域可以成为主体,言说其思想,表达其文化。异域成为与"我"相对的"非我"主体,在差异中寻求美的体验。他的异域情调即是"多异美学"。在谢阁兰眼中,中国意味着三重的异域,它是空间的异域,是相对于欧洲较远的世界;它是时间的异域,它曾是与古希腊、古埃及、古巴比伦并列的文明古国;它是文明的异域,它的文明历史从未断裂。②他的"多异美学"赋予了欧洲世界以外的文化以平等的地位,是西方殖民时代反主流的声音。

3. 形象学的总体分析

文学形象与社会文化语境有着密切关系,形象学研究必须考察一个民族对异国看法的总和,即由感知、阅读,加上想象而得到的有关异国的物质生活和精神生活等各个层面看法的总和。比较文学形象学

---

① [法]谢阁兰:《画&异域情调论》,黄蓓译,上海:上海书店出版社,2010年,第258页。
② 乐黛云,[法]李比雄主编:《跨文化对话 第30辑》,北京:生活·读书·新知三联书店,2013年,第510页。

中的形象，是在文学和文化互动关系中生成的形象，要全面、深入地理解和阐释他者的形象，就不能不将其置于被扩展了的社会、历史、文化等领域去考察。除了强调主体的创造性，也强调这一创造性的更广阔的来源，即作家所从属的文化。这样，形象不仅被看作作家个人的创作，它更被看作是一种文化对另一种文化的言说。因此，形象学对"他者"的研究不能只局限在作家作品，而必须伸展到社会、历史、文化等诸多方面。形象学研究的目的不仅在于揭示一个作家，更在于揭示一种文化在言说"他者"时所特有的规律、原则和惯例。如十九世纪中后期，西方话语中的东方往往是野蛮的、落后的，这表现了西方对东方文化的漠视、贬低和拒斥，是欧洲中心主义的产物，东方成为愚昧、落后、懒惰的代名词，因而需要欧洲引领其走向文明之路，实际上，这种形塑是为西方帝国的殖民主义事业服务的。他者形象真实程度不能决定这一形象的审美价值，考察他者形象与他者现实之间关系的终点在于对注视者一方文化模式的产生、发展、传播与影响的探寻。

值得注意的是形象学研究仍然要坚持以文本为主，注意避免泛文化的空对空的研究倾向。我们必须从文本出发，仔细梳理作品中的异国形象的构成要素，并归纳其特质，然后辨析作者与社会集体想象之间的微妙关系：皈依或背离。比如，十八世纪七十年代之后，欧洲对中国的社会集体想象主要是负面的，但普希金对中国花园、中国长城以及中国人充满赞美之情。格雷厄姆·格林在《文静的美国人》中对越南人的形塑虽然大部分是负面的，但他也承认自己作为西方人并不能真正理解凤儿的内心世界。

第三节　身份建构与文化认同

所谓海外华文文学，主要指在中国以外的国家或地区以汉语为表达工具而创作的文学作品。1979 年，曾敏之先生的《港澳与东南亚汉语文学一瞥》一文在《花城》创刊号上刊登，同年，白先勇的《永远的尹雪艳》在《当代》杂志上发表，这标志着华文文学的兴起，自此海外华文文学逐渐进入学者的研究视野。

一、文化身份

在西方文化研究中，"身份"与"认同"这两个概念是同一个词，即 identity，"认同"的本义就是"身份"。认同就是对自我的认知，对某些事物产生感性或理性的赞同。认同不过是认同者从别人或社会那里折射出来的自我而已。"文化认同"（cultural identity）是指人们在一个民族共同体中长期共同生活所形成的对本民族最有意义的事物的肯定性体认，其核心是对一个民族的基本价值的认同；是凝聚这个民族共同体的精神纽带；是这个民族共同体生命延续的精神基础。[1]文化认同是对个体之间或个体同群体之间的共同文化的确认，他们往往使用相同的文化符号、遵循共同的文化理念、秉承共有的思维模式和行为规范。也就是说，社会身份问题大体以民族、族群、种族、阶级、性

---

[1] 朱文斌、刘红英：《世界华文文学研究 第 11 辑》，合肥：安徽文艺出版社，2018 年，第 134 页。

别、宗教、职业、语言等为依据，必然涉及特定的历史、地理、政治、经济、国家、意识形态、殖民主义等复杂领域，往往带有政治意识形态色彩。亚当·库珀在《文化、差异、身份》一文中指出："文化身份与文化政治学密不可分。"①

进入全球化时代，随着民族、国家概念的日益不确定和民族文化身份的不确定，大规模移民潮和离散现象导致离散写作涌现，而伴随离散写作而来的是作者的文化身份认同。认同的焦虑使得身陷于两种或多种文化空间中的流散作家普遍执着于身份的求证，关于"我是谁""我来自何处""我去往何方"的自我身份探寻成为流散写作的重要主题。二十世纪以来，身份认同问题成为文化研究的重要课题。那些去国离乡的人们，在离散的环境里如何保持自己的民族意识和文化传统，成为非常棘手的问题。

传统的身份认同问题的研究思路是设想出某种先验的固定的自主的东西，身份认同就是追寻和确认这种固定不变的东西。与这种传统思路不同，斯图亚特·霍尔（Stuart Hall）在《文化身份与族裔散居》一文中提出了动态身份理论，文化身份是一种共有的文化，它反映了共同的历史经验和共有的文化符码，为我们提供了变幻的历史经验之下稳定不变和具有连续性的意义框架。文化研究的任务就是要揭示这种"隐藏着的文化身份"以及"隐藏的历史"。同时，他又说"我们先不要把身份看作已经完成的、然后由新的文化实践加以再现的事实，而应该把身

---

① 王晓路、石尘、肖薇：《当代西方文化批评读本》，成都：四川大学出版社，2004年，第379页。

份视作一种生产,它永不完结,永远处于过程之中,而且总是在内部而非外部构成的再现①"。霍尔把身份看成是流动的、建构的和不断形成的内容。随着全球化浪潮的推进,离散现象已经成为了一种世界性的现象,作为描述离散群体心灵图景的离散写作也随之成为异域题材作品研究的热点问题。身份认同特别适合考察在不同的文化语境之间漂移的群体——移民、边缘群体、全球化过程中经历急剧社会转型的民族,他们从母国移居异国,面临的不仅仅有现实的生存问题,而且有如何与居住地文化之间重建联系的问题。

二、流散写作

"流散(diaspora)"是西方批评话语的舶来品,本是"跨越、散播"之意,中文译为"族裔散居""移民社群""侨居""文化离散""离散""飞散""大流散""流散"等。"流散"最初指公元70年罗马帝国占领耶路撒冷之后,将犹太人驱逐出圣城,犹太人被迫离开家乡散居世界各地的历史境遇。后来指所有漂泊异乡的移民群体,特别是全球化时代,流散成了世界性的现象。流散现象的出现,"一个根本原因就在于十九世纪、并在二十世纪后半叶达到高潮的全球性大移民②"。二十世纪九十年代,流散开始被引入大陆学术界,王宁曾说,他最早接触"流散"这一术语是在1994年8月在加拿大埃德蒙顿举办的国际比较文学协会第14届年会上。

---

① 罗刚、刘象愚:《文化研究读本》,北京:中国社会科学出版社,2000年,第13页。
② 王宁:《流散写作与中华文化的全球性特征》,《中国比较文学》,2004年第63卷第4期。

所谓"流散写作"(diasporic writing),主要指十九世纪下半叶以来与全球化进程伴生的一种文学现象,大批移居异域他邦的作家或知识分子借助文字表达自己流散的经历,他们的写作都被称为"流散写作"。作者往往游离于母国和异域之间,表现出二元文化身份,他们采取双重或多重文化视角审视母国文化和异域文化,既能以本土视角审视异域文化,又能以外部视角反观故土问题,其创作题材、作品主题、人物形象,甚至叙事方式,既有母语文化的特征,又有异域文化的因素。他们的创作意义同时显示在(本国文化传统的)中心地带和(远离这个传统的)边缘地带。①

广义的流散写作指作品中人物始终处于一种流动状态或者作家处于流散状态,前者比如流浪汉小说,但作家不一定处于流散状态,后者指作家迫于某种原因流亡异乡,在流亡过程中反观本土而提出独特的见解,比如拜伦、索尔贝娄、纳博科夫等。狭义的流散写作是在全球化过程中的大规模移民导致的。本书的流散写作主要是指移民作家的写作。

这些移民作家的写作有两个参照系,一是母国的民族文学,作为生长在故土文化土壤中的知识分子,传统文化及其价值观念根深蒂固;二是新住地的文学,他们移居异域,必须接受或认同新住地的主流文化及其价值观念,这种对异域文化的认同和对母国文化的眷恋,时刻迫使移民作家面对文化身份的建构问题。他们的作品中往往既有文化流浪儿的故土眷恋之情的书写,又有融入异国文化的渴望,他们的写作游离于两种或两种以上的民族文化之间,所以,他们的文化身份往

---

① 王宁:《流散写作与中华文化的全球性特征》,《中国比较文学》,2004年第63卷第4期。

往是表现为混杂性、居间性、多重性。他们以外部视角与故土文化对话，又以异域身份与新住地文化协商，具有双重或多重文化视角的优势，但也表现出矛盾的心理："一方面，他们处于对自己祖国的某些不尽人意之处感到不满甚至痛恨，希望在异国他乡找到心灵的寄托；另一方面，由于其本国或本民族的文化根基难以动摇，他们又很难与自己所定居并生活在其中的民族国家的文化和社会习俗相融合，因而不得不在痛苦之余把那些埋藏在心灵深处的记忆召唤出来，使之游离于作品的字里行间。"①这些作品既能超脱本民族的传统模式，又无法避免带上文化记忆的烙印，因此他们的作品中的描写往往就是有着混杂成分的"第三种经历"。正是这种介于二者之间的"第三者"才最有创造力，才最能同时引起本民族和新住地的读者的共鸣。由此，后殖民理论家霍米巴巴（Homi k. Bhabha）提出文化模拟策略，指的是弱势族裔群体对强势西方文化的抵抗与协商手段，通过模拟使西方强势文化变得混杂不纯，进而在中西文化之间的"第三空间"实现身份改写，进而消解西方强势文化的霸主地位。

三、海外华人移民写作

容闳所著的《西学东渐记》（1915年）是留学生文学的开篇之作，但文学性不高。五四运动前后产生了一批留学生题材的文学作品，如老舍、郁达夫、郭沫若、许地山、钱锺书等作家都写了海外中国留学生的生活经历。郁达夫的《沉沦》是典型代表，反映出留日学生的屈

---

① 王宁：《流散文学与文化身份认同》，《社会科学》，2006年第1期。

辱孤寂和爱国情怀。但这些作家的作品不是严格意义上的留学生文学。因为他们的立足点还是中国本土，而且留学生只是"准移民"，留学的时间期限有限，留学生身份只是一个过渡性的身份。学成后定居异国的才被称为"移民"。笔者在下文将简单梳理中国海外华人移民创作的发展过程。

1. 中国台湾旅美作家群

中国台湾留学生文学是二十世纪六十年代中国台湾在美留学生创作的文学作品。他们书写了中国留学生在居住国的生活境遇。到了七十年代，由于海外"保钓运动"的兴起，台湾政治环境相对宽松，大大推动了北美华文文学的创作。比如，刘大任、李渝、李黎、郭松芬、陈若曦等人的作品多了一些政治与人文关注。

这一类作家属于保留着强烈的中国意识的第一代移民作家，大多是二十世纪五六十年代以来移居欧美的中国台湾作家，以赵淑侠、於梨华、聂华苓、白先勇等为代表的留学生所创作的华文小说"在世界华文文学史上，有着不可替代的里程牌的意义"[①]。他们书写国外生活的种种辛酸和漂泊无依感。比如，於梨华的《又见棕榈，又见棕榈》（1965），被称作海外留学生文学的开端，於梨华也被称为"没有根的一代"的代言人。书中主人公牟天磊说："海明威说他们那一代是'失落的一代'，我们这一代呢，应该是'没有根的一代'吧？"美国不是故乡，台湾不想回去，大陆又回不去，这是当时移居欧美的台湾留学

[①] 朱晓剑：《后阅读时代》，北京：金城出版社，2014年，第90页。

生的共同感受。台湾学生留学海外始于二十世纪五十年代,六十年代后达到高潮,其后一直长盛不衰,但是留学生活并非想象中的天府乐园,牟天磊看似功成名就,但他付出的代价却是惨重的,为了生存,他干着粗重的工作,忍受老板的随意侮辱和美国人的种族歧视,失去了初恋情人,在异国也找不到中意的恋人。而他始终无法与美国社会融合,"我是一个岛,岛上都是沙子,每颗沙都是寂寞",这是"无根的一代"的痛彻心扉的孤寂感的书写。

2. 大陆留学生作家群

二十世纪七十年代末,留学生文学创作主体由台湾开始转向大陆留洋学生。如苏炜的《远行人》、查建英的《丛林下的冰河》、蒋濮的《东京没有爱情》,这些作品多表现个体在异国的艰难奋斗经历。另外,王周生的《陪读夫人》、刘观德的《我的财富在澳洲》被誉为九十年代初具有较高水准的留学生文学。

3. 大陆新移民文学

二十世纪九十年代后,不少大陆留学生结束了留学生涯,由"留学"人变成"学留"人,他们往往学成后定居异国,这批留学生被称为新移民,他们中间不少是作家。除了北美外,西欧、日本、东南亚、大洋洲、南美洲和非洲都涌现了数目不等的大陆移民作家。

较早的有曹桂林的《北京人在纽约》、周励的《曼哈顿的中国女人》等,后来的代表作家有严歌苓、张翎、林湄、虹影、张慈、严力、戴舫等。近三十年新移民文学创作越来越显示其重要地位,每年都有大量作品发表或出版。

不同于早期华人移民创作，又不同于第三、第四代移民作家的非母语写作，新移民作家大多有国内出生、学习、工作的经历，流散海外又有不同的生活境遇，从生活方式到思想观念全方面地受到西方异质文化的冲击，极大丰富了他们的创作维度，这是没有离开国土的本土作家不曾遇到过的。他们的叙事背景是二十世纪八十年代之前的中国，立场是批判与反思。新移民作家大多留学海外，虹影曾在伦敦大学攻读英语专业，张翎在加拿大多伦多攻读医学学位，长期海外的生活经历使他们对西方文化了解较深，往往能够采用新的文化视角回望母国文化。首先，从熟悉的母国移居陌生的异域，心理落差很大，移居国对东方弱势群体的习惯性偏见必然对他们的自我认知产生影响；其次，新移民作家具有独特的跨文化人生体验，东西方文化的双重熏陶感染使作家具备多重变化的视角，当他们重新审视那方熟悉的家园故土，会发掘出新的文化特质；再者，面对居住地文化，新移民很难完全融入，必然产生文化身份的困惑，文化他者的境遇使作家产生重建文化身份的诉求。与早期的移民作家的"无根的写作"相比，新移民作家不但书写海外生活的身份焦虑和文化困惑，而且回头审视中华文化记忆，表现出宽广的视野和多元的主题，所探讨的往往是人类所共同关注的问题。海外华文作家写作往往超越国别族群界限，打破文化中心主义，表达人类自身的复杂性。比如，荷兰籍华文作家林湄用世界主义眼光和人道主义情怀讲述移民故事，使她的作品焕发出人性的光芒。正如艾勒克在《殖民与后殖民文学》中所言，由于作家具有国内和国外的双重生活经验,作家因此具备双重目光,"既从文化的内部也从文化的外部来看待或批判一种文化,而这种批判则将导致更彻底的'流放',即把不一致的经验放在一起加以考察,发现它们之间的相互作用关系和共存状态,不同民族经验或不同文化的边界在这种审视下被淡化或消解了。为此,无家可归被转化为处处为家,这是流放者的喜悦①"。严歌苓在《扶桑》《天浴》等作品中也表现出了富有哲思的批判意识以及对复杂人性的深刻理解。

海外华文文学的最大特点不在于作家有海外的生活经历,而在于他们的思想情感、生活方式不可避免地经受一次次的文化震荡和文化碰撞。他们会调整思维方式,对存放的母国记忆重新体认,以应对异国文化的不断冲击。今天的海外华文文学呈现不同的主题倾向,有的仍然书写乡愁、失根之痛,有的跨越国别族别界限,书写人类的关怀。

本尼迪克特·安德森认为"身份无法被回忆,它必须叙述出来"。海外移民作家,一方面远离母国,另一方面,他们对新居地文化具有很大的"陌生感",这种双重边缘性,使他们无可避免地面对文化认同的危机。但因为跳出了母国的文化场域,他们成了外在于故乡的冷静的观察者,也是内在于西方文化的寻找身份改写的当事人。张翎热衷于叙述移居加拿大的中国移民群体的故事,他们是徘徊于母国和新居地的两种文化之间的"边缘人"。他们有的积极融入西方文化,在新居地找到生命的价值和人生的归宿,比如孙望月;有的难以摆脱脑中根

---

① [英]艾勒克·博埃默:《殖民与后殖民文学》,盛宁、韩敏中译,沈阳:辽宁教育出版社,1998年,第161页。

深蒂固的传统观念，无法适应离散的生活，最后选择返回中国，比如孙卷帘和刘晰；有的始终徘徊在中西两种文化之间，不断寻找身份定位，也是在寻求真实的自己，比如李方舟。虹影的《英国情人》表现了作家对中国传统文化的自信，颠覆了西方东方主义话语。林湄笔下的华人移民更多面对的是灵与肉的冲突，最终在中西两种文化杂糅的"第三空间"实现了文化身份的改写，体现了作家的人文关怀。海外移民作家以移民个体的身份变化揭示华人文化整体在与西方文化的接触、碰撞中所发生的历史变化。他们身上发生的每一种心理困惑、身份焦虑，都以小见大地揭示了整个民族群体在西方社会的实际状况。"流散地与家乡并非纯粹的地理概念，它们更多地表现为心理作用和心理建构。家乡实际上代表着某种看待问题的方式，而对流浪者来说，新的家乡就意味着以新的眼光来看待世界的方式的产生，是对世界的新发现。"[①]这正是霍米巴巴所说的杂交与异他性理论，以新的自我，以"第三空间"来消除自我与他者之间的界限。

[①] 石海军：《后殖民：印英文化之间》，北京：北京大学出版社，2008年，第103页。

异域玄想

国人看世界

鸦片战争前,中国还抱有天朝上国、四夷来朝的华夏中心主义观念,西方在中国人眼中只是番邦小国,根本不予理会。当西方用坚船利炮发动鸦片战争强制性打开中国大门的时候,中国还是一个闭关自守的古老帝国。世界在缩小,空间距离和政策壁垒再也无法把异国阻隔在外。台湾学者胡秋原在《近百年来中外关系》中指出,"清廷无论妄自尊大与妄自菲薄,都是由于无知。由于中国不知世界大势,不知中国自处之道,自强之道。中国不知世界大道,闭关不可能不知别国业已进步,中国应学人之长,自补其短,不知他人长处,有为者亦若是,而在糊涂迷惘畏葸因循之中,造成百年之通史[①]"。自 1518 年左右葡萄牙人来中国,到 1840 年鸦片战争,中国人有 300 多年时间了解西方,但中国人错过了这个机会。

1840 年鸦片战争之后,西方成了中国不得不面对的强势存在。晚清中国,经历着三千年未遇之大变局,传统的帝制和士大夫政治逐步走向终结,独立自主的东方大帝国逐步沦入"东亚病夫"的深渊,

---

① 胡秋原:《近百年来中外关系》,台北:海峡学术出版社,2004 年,第 8-9 页。

社会诸多方面发生急剧的变动。西方人不仅船坚炮利，而且政教文明，有识之士认识到只有学习西方才能救国图强。闭关自守必将落后于人，睁开双眼，走向世界，是必然趋势。清代时期，许多中国人逐步走出国门，亲临西方社会，更重要的是他们留下了大量的域外游记，游记中记载的他们在异域的所见所闻，为我们建构了他们眼中的西方形象。

第一节 清代之前的西方传奇与想象

西方，在清代前的中国人眼中是一个笼统的概念。受交通条件的限制，古人游历的范围有限，域外的脚步也显寥落。自张骞凿空西域始，一直到清代，中国人对西方形象的描述是不断变化的，但是有一点可以肯定，不论哪一种西方形象都不是对西方现实的客观描述，西方形象只是一面镜子，折射出描述主体的文化心理。清代前的中国人对西方的认识主要是道听途说的传奇和想象，充满了神秘和梦幻的色彩，他们建构的西方形象是远离西方现实的自我言说。

一、早期的"朦胧"西方

据文献记载，中国人关于域外的认识与想象由张骞通西域开始。由于古代的交通不便，中国和欧洲完全处于隔绝的状态，即使互有传闻，也是只鳞片爪，很不可信。欧洲发展到强大的帝国时代才有消息传到中国，罗马帝国给中国人留下一些印象，传播媒介主要是中亚与西亚的来华商人与出使西域的汉廷使节。

欧洲分别以"犁轩幻人""大秦文明""拂菻宝主"的形象相继出现在华夏视野里。

(一)犁轩幻人

公元前139年和公元前119年,西汉张骞(约前164年—前114年)两次出使西域,到了中亚和西亚许多国家,并听安息长老提及有一个叫"条支"的国家。条支,古西域国名,约在今伊拉克境内,唐代设条支都督府。张骞听传闻条支"临西海,暑湿。耕田,田稻。有大鸟,卵如瓮……国善眩。安息长老传闻条支有弱水、西王母,而未尝见[1]"。《史记·大宛列传》中记载"安息在大月氏西可数千里……其西则条枝,北有奄蔡、黎轩[2]",《史记》中记载的最西四国为安息、条支、黎轩、奄蔡,而最近的安息,又作"帕提亚",位置大概是现在的伊朗、伊拉克、亚美尼亚全境与土耳其、格鲁吉亚、阿塞拜疆、土库曼斯坦、塔吉克斯坦和阿富汗的部分。

张骞承认自己"未尝见",条支、黎轩只是"传闻",中国神话中的"西王母"也与西方形象联系起来,这已是中国人想象西方的极限了。正如周宁教授说的,"公元前2世纪,中国关于西方的知识仅限于中亚,更远就陷入传奇的朦胧[3]"。西方对于当时的中国人来说是充满了神秘和虚幻色彩的世界,是可想而不可及的世界,是想象的,而不是现实的。

---

[1] 钟叔河:《走向世界——近代知识分子考察西方的历史》,北京:中华书局,1985年,第2页。
[2] 张星烺编注,朱杰勤校订:《西交通史料汇编(第一册)》,北京:中华书局,1977年,第11页。
[3] 周宁:《2000年中国看西方》,北京:团结出版社,1999年,第6页。

西域都护使班超（公元32—102年）曾派大将甘英出使大秦，到了张骞时代传闻中的条支，中国人向西方国家迈近了一步。史书载，公元97年（汉和帝永元九年），甘英受遣出使大秦，"抵条支（在今伊拉克境内）。临大海（指波斯湾），欲度，而安息西界船人谓英曰：'海水广大，往来者逢善风三月乃得度，若遇迟风，亦有二岁者，故入海人皆赍（带）三岁粮。海中善使人思土恋慕，数有死亡者。'英闻之乃止①"。

后人认为安息西界的海是地中海，这是中国使者到达波斯湾的最早记载。西域安息人用海中有女妖害人的传说"吓唬"住了甘英，甘英遇海而还，给历史留下了遗憾，中国人的脚步始终未能踏入欧洲。但今人不能苛求古人，从某种意义上，甘英遇海而还也是中国的历史必然。首先，汉代的中国人是没有能力和技术渡过波斯湾的，渡海远航本来就不是固守本土的中国人擅长的。明代中叶郑和下西洋，每次远航不超过两年，而且所到之地基本上都是藩属国，受到供养，所以，即使甘英不被吓住，毅然出海，渡海能否安全返回尚未可知。其次，日益强盛并逐步控制西域的后汉王朝对海外世界是不大关心的，所谓"普天之下，莫非王土，率土之滨，莫非王臣"的本位思想自古就深入人心了，既然远在西域之外的西方世界隔着茫茫大海，"老死不相往来"，冒险去接触它似乎没太大的必要。再者，安息人从中阻挠。安息国位于东汉王朝和罗马帝国当中，控制了中亚和西亚，从而垄断丝绸之路的中转贸易，获利甚丰，它不愿意丢掉作为中间商的位置。另外，

---

① （南宋）范晔：《后汉书·西域列传》，太原：山西古籍出版社，2005年。

从政治利益考虑,安息人害怕东汉政府和罗马结盟对付自己。

相比汉代中国人对西方的漠视,欧洲人却要积极得多,欧洲人走向的中国脚步要先于中国走向欧洲。《汉书·西域传上》载,汉武帝时期,安息王献犁轩眩人于汉:

> 武帝始遣使至安息,王令将将二万骑迎于东界。东界去王都数千里。行比至,过数十城,人民相属。因发使随汉使者来观汉地。以大鸟卵及犁轩眩人献于汉,天子大说。①

唐代杜佑的《通典》中载"前汉武帝时……安息献犁轩幻人二,皆戁眉峭鼻,乱发拳鬏,长四尺五寸②",犁轩,即黎轩、犁轩。犁鞬、犛轩、骊轩,皆同音异字。"黎轩,或写作犁轩,是中国典籍中关于西方文明(地中海文明)最初的记载。"③安息王把犁轩人当作礼物献于汉朝,这满足了汉朝人的猎奇心理,犁轩幻人的身材外貌迥异于中国人,其特征的描写说明其即为欧人无疑,"此善眩人诚可谓为欧洲第一人足践中华之土者④",他们是第一批进入中国的西方人。

公元 166 年以前,中国人足迹到达最远的就是条支,条支只是文化意义上的欧洲,地理上还是属于西亚。东来的犁轩幻人更多的是满足汉朝人猎奇式的观赏欲望,并未能引发中国人真正认识欧洲的兴趣。

---

① (东汉)班固:《汉书·西域传上(卷九十六上)》,北京:中华书局,1962 年,第 2696 页。
② 张星烺:《中西交通史料汇编(第一册)》,北京:中华书局,1997 年,第 15 页。
③ 周宁:《2000 年中国看西方》,北京:团结出版社,1999 年,第 6 页。
④ 张星烺:《中西交通史料汇编(第一册)》,北京:中华书局,1997 年,第 14 页。

(二)大秦文明

大秦国形象最早出现在汉籍中。在古人地理观念中,大秦在极西之地,实际上,大秦就是古罗马帝国。

公元 97 年,东汉西域都护班超派遣甘英出使大秦,无功而返。东汉恒帝延熹九年(166 年),大秦国王(古罗马帝国皇帝)安敦遣使臣来到洛阳,这是中国与欧洲国家直接往来的开始,大秦使臣带来的神奇的玻璃与擅长杂耍魔术的侏儒眩人让未走出国土的国人惊奇不已。

另据《梁史》记载,孙权黄武五年(277 年),有大秦商人秦纶来到东吴朝廷,向孙权讲述地中海岸边的罗马帝国,引起孙权的兴趣,他派手下官员刘咸陪同回访,并送给罗马皇帝一队侏儒。可惜刘咸半路殉,罗马皇帝没能领受孙权的好意。[①]晋太康五年(284 年),又有一个"罗马使节"来到中国,献了三万幅蜜香纸。

中国历史上所知的大秦国的消息,多半来自这些旅行家商人和冒牌的"罗马使节"。

北魏抚军府司马杨炫之所撰《洛阳伽蓝记》记载了欧亚外国人杂居中国内地的情形:

> 永桥以南,圆丘以北,伊、洛之间,夹御道有四夷馆……北夷来附者,处燕然馆。东夷来附者,处扶桑馆……西夷来附者,处之崦嵫馆……自葱岭以西,至于大秦,百国千城,莫不款附。商胡贩客,日奔塞下,所谓尽天地之区矣。乐中国土风,因而宅者,不可胜数。是

---

① 郭圣铭:《世界古代史简编》,上海:群联出版社,1955 年,第 257 页。

以附化之民，万有余家……天下难得之货，咸悉在焉。①

从这番描述中可以看出，南北朝时期中国人和欧亚人之间的交往比较密切，四方"附化之民"纷纷来华，中国俨然是世界的中心。

欧洲商人和使者们多是从海路来中国的，欧洲人走向世界的脚步比中国人早。这其中的原因可以从两方面思考。一方面是中国人的传统观念作祟。战国时邹衍将世界分为九大洲，中国为其中九分之一，别称赤县神州。《淮南子》继承邹衍的理论框架，断言中国之外有八荒，八荒之外还有八极。中国先人虽不认为中国就是全部"天下"，但明确相信它是天下的中心。另一方面则是中国人的个性和生活方式决定的。中国人依靠大江大河生存形成的农业社会生活方式，较易形成安土重迁和闭关自守的个性。而在西方，海上求生存的生活方式引起的贸易繁荣、航海技术的提高以及世界性宗教的形成，这些都有利于西方人形成一种外向和开放的性格。

正因为欧洲人与南北朝时期的中国有了较为频繁的交往与联系，所以《后汉书》中对大秦国的描述是具体而生动的。《后汉书》中关于大秦国的记载有五六百字：

大秦国一名犁鞬，以在海西，亦云海西国。地方数千里，有四百余城，小国役属国者数十。以石为城郭，列置邮亭，皆垩塈之。有松柏诸木百草。人俗力田作，多种树、蚕桑。皆髡头而衣文绣，乘辎軿

---

① 张星烺编注，朱杰勤校订：《中西交通史料汇编（第一册）》，北京：中华书局，1997年，第50页。

白盖小车。出入击鼓,建旌旗幡帜。所居城邑,周圜百余里。城中有五官,相去各十里,宫室皆以水精为柱,食器亦然。其王日游一宫听事,五日而后遍。常使一人持囊随王车,人有言事者,即以书投囊中。王至宫发省,理其枉直。各有官曹文书,置三十六将,皆会议国事。其王无有常人,皆简立贤者。国中灾异及风雨不时,辄废而更立,受放者甘黜不怨。其人民皆长大平正,有类中国,故谓之大秦。①

犁鞬也就是前面的"犁轩""黎轩",可能是对亚历山大里亚(Alexandria)的翻译,后成为对整个希腊、罗马地区的称呼。《后汉书》中大秦形象的猎奇特色被削弱了,大秦是一个实在的国家,它地域城郭、王室百姓、制度交通、物产经济等各方面在书中都有详细的介绍。

《后汉书》记载大秦"以石为城郭。列置邮亭,皆垩塈之",这与希腊罗马式的建筑风格相吻合,其中有一段关于罗马政治制度的描述尤为出色,曰"其王无有常人,皆简立贤者。国中灾异及风雨不时,辄废而更立,受放者甘黜不怨"。这些文字说明大秦国家采用的是共和制,这与罗马的政治制度也是相符的。

值得注意的是中国人对古罗马人的态度。自古以来,中国人一向对华夏或者汉族以外的民族十分轻视,蔑为戎狄蛮夷,认为自己是世界上唯一的文明礼仪之邦。但《后汉书》似乎对大秦采取了尊敬的态度,大秦"其人民皆长大平正,有类中国",基本上将其视为和自己同等位置,并称之为"大秦",从这个名称上看,中国人承认了其文明。

---

① (南宋)范晔,(晋)司马彪:《后汉书(下)》,长沙:岳麓书社,2009年,第1005页。

大秦是因其有类中国，才称为大秦的，可见南北朝时期国人并未将大秦与一般的蛮族混同视之。

《后汉书》的作者范晔是南朝人，他对大秦的介绍，反映的是南朝人的知识水平，也反映了汉后200年间交通的进步。

（三）拂菻宝主

隋唐时期，大秦逐渐被"拂菻"这个新称代替，关于拂菻的记载一直延续到明代。476年，西罗马帝国灭亡，东罗马或拜占庭帝国继承地中海文明传统，定都君士坦丁堡（Constantinple），在希腊人那里叫斯丹波（Stambolin），在阿拉伯人那里叫伊斯坦布尔（Istmbul），在唐宋时代的中国，它被称为拂菻（Bolin）。

唐贞观二十年（646年），游历西域的玄奘法师撰成《大唐西域记》，书中提出四天子说，认为世界是由人、马、宝、象四主统治，"南象主则暑湿宜象，西宝主乃临海盈宝，北马主寒劲宜马，东人主和畅多人……宝主之乡，无礼义，重财贿，短制左衽，断发长髭，有城郭之居，务殖货之利……方俗殊风，斯其大概①"。650年，道宣撰写的《释迦方志》将四主的地域进一步明确，"雪山以南，至于南海，名象主也……雪山之西，至于西海，名宝主也。地接西海，偏饶异珍，而轻礼重货，是为胡国②"。对当时的人来说，四天子说代表着欧亚大陆之上四种完全不同但又同样重要的文明，西方宝主重视商业贸易，物质

---

① 玄奘、辩机著，季羡林等校注：《大唐西域记》，北京：中华书局，2000年，第42-43页。
② 道宣著，范祥雍点校：《释迦方志》，北京：中华书局，2004年，第11-12页。

富裕,但仍是轻视礼义的胡国。

《旧唐书·西戎传》对拂菻国的记载全面而详细:

> 拂菻国,一名大秦,在西海之上,东南与波斯接,地方万余里,列城四百,邑居连属。其宫宇柱栱,多以水精琉璃为之。有贵臣十二人共治国政,常使一人将囊随王车,百姓有事者,即以书投囊中,王还宫省发,理其枉直。其王无常人,简贤者而立之。国中灾异及风雨不时,辄废而更立。其王冠形如鸟举翼,冠及缨珞,皆缀以珠宝,着锦绣衣,前不开襟,坐金花床……其都城叠石为之,尤绝高峻……凡有大门三重,列异宝雕饰……其殿以瑟瑟为柱,黄金为地,象牙为门扇,香木为栋梁。其俗无瓦,捣白石为末,罗之涂屋上,其坚密光润,还如玉石……风俗,男子剪发,披帔而右袒……土多金银奇宝,有夜光璧、明月珠、骇鸡犀、大贝、车渠、玛瑙、孔翠、珊瑚、琥铂。凡西域诸珍异多出其国。①

这段文字对拂菻都城的建筑以及多珍宝的特点描述详细,都城叠石为之,高峻、南临大海等,正合君士坦丁堡京城的情形,和前人玄奘与道宣所指的西方宝主的特点相符,而且还有着大秦文明的气象。无疑,唐代的西方宝主指的就是拂菻。

唐代史籍对拂菻宝主的生动刻画反映的是大唐帝国囊括世界的大气概,唐朝长安城是世界的中心,当时有很多国家进入大唐,相比之下,罗马帝国已分崩离析,重新陷入野蛮状态,欧洲无法引起唐人的

---

① (后晋)刘昫:《旧唐书(卷一九八)》,北京:中华书局,1975年,第5313页。

关注,唐朝人认识的拂菻人是多财宝、少礼义的胡人。

但我们发现充斥史书的更多的关于拂菻的负面描述,《旧唐书·西戎传·拂菻》中关于"地生羊"的记载,"(拂菻)有羊羔生于土中。其国人候其欲萌,乃筑墙以院之,防外兽所食也。然其脐与地连,割之即死。唯人着甲走马及击鼓以骇之,其羔惊鸣而脐绝,便逐水草①"。这些文字完全是凭空想象的。"地生羊"的故事,大文豪欧阳修和宋祁所编的《新唐书》仍保留着这个记载,以后还出现在李时珍的《本草纲目》和康熙朝的《渊鉴类函》中,前后有七百年。

《宋史·拂菻国传》记载拂菻国,其形象大不如前,"国地甚寒,土屋无瓦②",更像一个漠北西域的蛮国,不再有大秦文明气象。

明代方以智《物理小识》介绍煮石法"尝随瞿稼轩年伯游隐山六洞,见一西僧,年百余,云是拂菻国人,言煮白石法,以盐涂烧,而淬礜水,乃以五加、地榆、硝石煮烂,干之成粉,任作饼食,单道开岂足奇乎?以醋酒煮,代赭石,插铁钉其中,扇之作汁③"。此时拂菻形象完全同中国的炼丹方士具有一样的风貌了。

五代、宋代时期,拂菻开始了由实到虚的演化,因此其形象与现实的情况相距很远。在北宋社会的知识体系中,拂菻从地理的空间走向想象的空间,最终成为一个神奇而又虚幻的"西方"。

值得一提的是,唐代人杜环写过一本游记《经行记》,记述自身遭

---

① (后晋)刘昫撰,廉湘民标点:《旧唐书(卷八十七 上一卷二〇〇)》(下),长春:吉林人民出版社,1995年,第3389页。
② (元)脱脱等:《宋史(卷四三二—卷四九六)》,长春:吉林人民出版社,1995年,第9702页。
③ (明)方以智:《物理小识景(印文渊阁四库全书本)》,第867册,第896页。

遇与西亚风土人情。杜环在恒逻斯战役中被阿拉伯人俘虏，到巴格达度过十余年，劫后余生，写下这本海外游记，《通典》中保存了其中一部分内容。杜环的足迹到达伊拉克、叙利亚一带，这些地方已经和拂菻大秦即东罗马帝国已经比较接近。《经行记》中有关于拂菻的记述：

> 拂菻国在苫国西，隔海数千里，亦曰大秦。其人颜色红白，男子悉着素衣，妇人皆服珠锦。好饮酒，尚干饼，多淫巧，善织络。或有俘在诸国，守死不改乡风。琉璃妙者，天下莫比。王城方八十里，四面境土数千里。胜兵约有百万，常与大食相御……其俗每七日一假，不买卖，不出纳，惟饮酒谑浪终日。①

从杜环的记述中，拂菻人肤色白里透红，男女服饰，好饮酒，食面包，七天中有一天休息娱乐，这些的确是东罗马的实际情况，进一步确定了拂菻的地理位置，"在苫国西""多工巧，善织络"指出了西方宝主国宝器高超工艺，这与魏晋时期的奇谲的大秦形象有了很大的区别。杜环的记述不再是传闻，而是他亲身所历亲眼所见的事，所以是十分真实的。

二、明朝的"妖魔"西方

蒙古人为亚欧大陆创造了一个世界帝国，也为欧洲人的世界旅行创造了条件，从中国到地中海，历史上第一次统一成一个帝国。元代东西交通畅通，威尼斯商人马可·波罗成为蒙古大汗的座上宾，并被

---

① 杜佑：《通典（卷一九三）》，杭州：浙江古籍出版社，1988年，第1040页。

派任扬州为"父母官",其记载自己在中国期间经历的《马可·波罗游记》不管真实与否,事实是它直接诱发了西方寻找神奇、富饶东方的航海冲动,随之,地理大发现的时代来临了。明朝,西方"夷狄"活生生地出现在中国人的视野里,但此时的中国人对西方人的鄙夷甚至比前人更甚。"佛郎机""红毛番"的称呼里透露的是中国人对西方人的鄙视和仇视。

(一)"佛郎机""红毛番"

佛郎机名字源自拂菻,是明朝人对葡萄牙和西班牙的称谓。据《元史》卷一四九《郭侃传》中载,旭烈兀命郭侃西渡海,收服富浪,郭侃所收富浪即居留西顿城之法兰克人,十字军之后裔也。《元史》卷四〇载,佛郎国贡异马,此处佛朗国乃罗马教皇也。《明史》皆称西班牙及葡萄牙人为佛郎机(Frangi),实际上是法兰克(Frank)的误读。

利玛窦解释佛郎机的由来,"葡萄牙人首先抵达中国南方的海岸,那里的居民把它叫作佛郎机,这是撒拉逊人对所有的欧洲人的称呼。但中国人在他们的语言中没有流音'R',而且从不使用中间元音的两个辅音,因此把这个字读成佛郎机,在广东省至今仍然这样发音[①]"。

佛郎机也指明正德年间(十六世纪初)由西方传入的一种新式火炮。正德末年,白沙巡检何儒在来华的西班牙船上看到了西洋火炮,

[①] 利玛窦,金尼阁:《利玛窦中国札记》,何高济等译,北京:中华书局,1983年,第140页。

其性能优于当时中国的火炮，于是便动员船上中国籍的枪炮匠上岸，为我国仿造了第一批西洋火炮，名之曰佛郎机。

"郑和下西洋"随从通译巩珍著述的《西洋番国志》是"西洋"最初的史料，但郑和的"官差"游历还未到欧美。1405年到1433年，郑和七次下西洋，走得很远，也接近西方，但船队最远仅航行到马达加斯加一带。"郑和下西洋"未能踏入欧美，远航草率止步，郑和出现在评话、戏曲、通俗演义中，变成天花乱坠的传奇，没人记得其现实性，当时国人喜欢编造一个自我陶醉的华夏中心主义的世界神话，实际上反映的是国人对世界的无知。

与中国相对，十五世纪，西方海上技术却呈现惊人的发展，起决定作用是两个因素：重商主义和火炮的发明。赫德逊在其著述曾说："没有贸易事业的推动力和频繁使用，大炮本身并不能成为海权。但是，没有火炮的使用，沿海城邦永远不会发展出一种与陆权大不相同的海权的……由于有了新的航海技术，葡萄牙人就能够不但取得通向印度群岛的全部海上通道，而且能够打垮为数更多的、与他们对抗的阿拉伯船队，并取得印度洋无可争议的霸权。"①

十五世纪末，欧洲通往东方的新航路被发现之后，西方殖民者纷纷东来。明正德九年（1514年）葡萄牙人乘船来到广东沿海，开始和明朝交往，《东西洋考》引旧《广东通志》记"佛郎机素不通中国，正德十二年，驾大舶突至广州澳口，铳声如雷，以进贡请封为名，

---

① [英]赫德逊：《欧洲与中国》，王遵仲、李申、张毅译，何兆武校，北京：中华书局，1995年，第13-14页。

抚按查无会典旧例，不行、乃退泊东莞南头，盖房树栅，恃火铳以自固。"①葡萄牙人初驶入广州市，大批葡萄牙商人来到中国，这在中国人认识西方的历史上是划时代的事件。②

西班牙是继葡萄牙之后第二个主动进入中国的欧洲国家。开始被称为佛郎机，后多被称为吕宋、大吕宋、干丝腊。十六世纪初，麦哲伦舰队环球远航开辟了新大陆到香料群岛的航线，麦哲伦遇难的菲律宾群岛（1521年4月26日，麦哲伦死于宿务岛海滩与土著人的一场争斗中）成为西班牙征服的对象，他们攻占了宿务，接着远征吕宋，吕宋是大明帝国的藩属，西班牙人在菲律宾任总督，中国人分不清吕宋和西班牙，西班牙人占领吕宋，就称西班牙为吕宋，后来知有西班牙，就称大吕宋和小吕宋，以示区别。西班牙殖民地菲律宾被称为吕宋，干丝腊是西班牙的译音，因西班牙人和葡萄牙人形貌相似，佛郎机是混称。丁谦《明史·各外国传地理考证》载："佛郎机即法兰西，夙号欧洲强国，自明中叶，至本朝修史时，并无人知其国之所在，但以臆度之词，云近满剌加，岂不可笑……不独不知有葡萄牙，并不知有荷兰、西班牙，概以佛郎机混称之，真咄咄怪事。"③佛郎机一名传入东土，加上葡萄牙人东来所用"舌人"是阿拉伯回商，皆沿用其旧日用呼欧人之通称，而称葡萄牙人。明人昧于外情，不加深察，遂以佛郎机称之。称西班牙人为佛郎机也是出于同一情势。

"红毛番，红毛夷"或简称"红毛""红夷"，皆明人对荷兰人称呼，

---

① 张维华：《明清之际中西关系简史》，济南：齐鲁书社，1987年，第10页。
② 周宁：《2000年中国看西方》，北京：团结出版社，1999年，第243页。
③ 张维华：《明清之际中西关系简史》，济南：齐鲁书社，1987年，第12页。

因其国人深目高鼻，毛发皆赤。后英国人东来，国人亦称之。名称既混，史事亦错置。万历末年，国人渐与荷人相习，荷兰一名遂为定称。

（二）番鬼形象

"番鬼"是粤语词汇，明朝中叶，中国实行海禁，只有广州一处允许通商。来自欧美国家的外商齐聚广州，他们长相与中国人差异很大，而且和经西北丝绸之路来到中国的胡人（主要是阿拉伯、伊朗、印度人）的"蕃客"不同。这些西方来客带来许多科技产品，当时的中国人闻所未闻，广州人把古灵精怪说成"鬼马"，因此在"番"字后面加上"鬼"，组成"番鬼"一词。由于当时中国人对于西方的认识多出于想象，多有佛郎机人烹食小儿的记录，包括顾炎武这样的"实证家"也引用这样的记录，这种认知绝非因为顾炎武的学识不够或个人偏见，而是由于这是当时国人的共同认知。严从简《殊域周咨录》卷九《佛郎机》云：

> 古有狼徐鬼国，分为二洲，皆能食人，爪哇之先，鬼啖人肉。佛郎机国与相对。其人好食小儿，然惟国主得食，臣僚以下不能得也。①

明人对葡萄牙食人风俗言之凿凿，甚至写到佛郎机人烹食小孩的方法：

> 其法以巨镬煎水成沸汤，以铁笼盛小儿，置之镬上，蒸之出汗。汗尽，乃取出，用铁刷刷去苦皮。其儿犹活，乃杀而剖其腹，去肠胃，

---

① （明）严从简著，余思黎点校：《殊域周咨录》，北京：中华书局，2000年，第320页。

蒸食之。①

如此具体细致的描写实际上都是基于某种谣传的推测。

西方人没有中国的跪拜礼节,中国官员对此十分不满,视他们为不知天朝礼节的蛮夷之辈,大部分明人认为欧洲人凶残狡诈,利欲熏心,桀骜不驯,好掠杀。

明人对欧洲人的描述充满蔑视和诬蔑,西方形象很大程度上被"妖魔化"了。直到第二次鸦片战争结束之前,西方人很少出现在中国内地,中国人也很少到西方,有关西方的信息,依旧是传闻,不是直接认识。这些恶魔番夷的形象,更符合中国的西方形象传统,更容易让大众接受,中国民间以其形貌迥异而称其为"番鬼",这个名字在广东人中仍然通用,这个称谓具有明显的敌视西方人的意味。

获得高额商业利润是欧洲殖民者东来的巨大动力之一,葡萄牙使者皮雷斯到达广州后,升旗鸣炮,以最隆重的礼节向中国表示敬意。荷兰殖民者与中国商人建立友好关系,采用各种手段与沿海地区贸易,但其主动的贸易接触却碰了钉子。天主教徒也积极谋求深入中国,让中国人了解欧洲。

明朝中后期欧洲殖民者东来以及天主教传教士来华传教,但数量很有限,中国人对欧洲的认识只是量的变化,没有质的变化。

利玛窦神父在他的书中写到,"他们的国家版图很大,边界辽远,而且他们对海外世界的全无了解却如此彻底,以致中国人认为整个世

---

① (明)严从简著,余思黎点校:《殊域周咨录》,北京:中华书局,2000年,第320页。

界都包括在他们的国家之内。即使现在,他们也和远古时代一样,称他们的皇帝为天子,即上天的儿子,因为他们奉天为至高无上者,所以天子和神子是一个意思①"。只有走出国门,亲身体验,才能深刻认识。明人还没有认识到走进欧洲的重要价值,他们有浓重的"华夷之辨"思想,藐视其他民族,惟汉民族独尊,自我中心主义严重,醉心天朝模式,漠视外来世界,对异域轻视排斥。

明万历年间,耶稣会传教士陆续来到中国,当时中国的科学技术的发展已经远远落后于西方,传教士在传播基督教教义的同时也大量传入西方现代科学技术。虽然他们带来的西学对中国学术界有所触动,一部分士大夫接受了他们传授的科学技术知识,但仍无法从根本上影响到士大夫的思想。后来由于雍正的禁教,罗马教廷对华传教政策的改变,西学传入变得不再那么积极了。

以上对清代前的西方形象的梳理,我们可以发现中国古人对西方认识是肤浅与杂乱的。在中国古代,由于受华夏中心主义或文化中心主义的影响,人们很难认同除华夏文明之外的西方文明,这种排外的文化心理很大程度上影响到清代游记中的西方形象建构。

"天下国家""中国中心"和"夷夏大防"都是华夏中心主义话语。以华夏为核心的汉民族长时期在文明发展方面居于优势地位,与周边少数民族的文化交流中形成文化落差,即中原华夏文明以高下之态势向周边输出辐射,由此形成了中原王朝士大夫阶层的文化心理优越感,

---

① 利玛窦,金尼阁:《利玛窦中国札记》,何高济等译,北京:中华书局,1983年,第46页。

内华夏外夷狄逐步转化为中国人"自我形象"的意识,并成为中国人认识外部世界的思维模式。

林语堂先生指出传统文化心理的重要特征:"在中国人的眼里,中国的文明不是一种文明,而是唯一的文明,而中国的生活方式不是一种生活方式,而是唯一的生活方式,是人类心力所及的唯一的文明和生活方式。"①

这种唯我中华文明独尊的文化心理在清代之前形成,并随着时间的推移得以内化和巩固,它在很大程度上影响清代中国人看世界的态度。

清代之前的西方形象主要记载在历代史书中,由于交通的不便,中国认识西方只能通过中介国家作为传播媒介,西方认识是建立在道听途说的传闻基础上的传奇和想象。

西方相继以"犁轩幻人""大秦文明""拂菻宝主"的形象出现在华夏视野中,不论是哪种形象,都是华夏中心主义话语下的西方形象。作为礼物送给汉王的"犁轩幻人"只是满足汉朝人的猎奇心理,根本没勾起他们了解西方的兴趣。日益强盛的东汉王朝对一个陌生的毫无威胁的海外国家是不大关心的,它更愿意把远在海西的国家和中国神话中的西王母联系起来,从而满足自己对远远西方的好奇与想象。"拂菻宝主"在唐朝人眼里只不过是重视商业贸易,物质富裕,但轻视礼义的胡国,充斥于史书的更多的对其野蛮形象的描述,这与真实的拜占庭文明相距很远。无论是对拂菻国物质的赞赏,还是对拂菻国的丑化,贯穿其中的观念是华夏文明乃唯一的文明。

---

① 林语堂:《中国人》,杭州:浙江人民出版社,1988年,第310页。

在中国古代典籍中，大秦一般指罗马帝国。《后汉书》对大秦的介绍极其详细而具体，大秦的地域城郭、王室百姓、制度交通、物产经济都有了详尽的记载，大秦的政治制度几乎和中国三皇五帝时期一样完美，这是大秦形象的成型期，大秦被确认为是令人向往的理想国度。南北朝人对大秦国的态度极其尊敬，此后的大秦形象大体是对前人描述的重复。

形象学理论认为，文学形象不是对一个先存于文本的异国的表现或一个异国现实的复制品，本土文化中的异域形象实际上是自我认识的尺度。

大秦形象的建构源自古代中国两种对外观念的角力：由早期的对西方异域的美好想象向先秦之后的华夷之辩影响下的异化形塑滑动。先秦以后中国人对西方异域的欣赏成分逐步减少，华夏中心主义观念越来越严重。大秦远在西方，其形象虽未受到明显影响，但夷狄化形塑从汉魏时代已开始，表现在形塑方式上，"后代魏晋时代的大秦形象塑造采取了拟同为主、兼及辨异的处理方式[①]"，中国眼中的大秦除了发式衣装上与中国迥异外，很多地方与中国类似，"长大平正，有类中国"。大秦形象作为他者，折射出中国人对自身文化传统的崇拜，中国人按照自身的文化想象大秦文明，对其进行美化，内心深处是自我意识的肯定。

明朝时期，禁教和闭关政策的实施使国人对海外持很明显的排斥

---

① 庞乃明：《亦真亦幻大秦国：古代中国的罗马帝国形象》，《世界历史》，2017年第5期。

态度。史籍中记载的"佛郎机""红毛番"形象大多是道听途说。西方人纷纷到东亚、东南亚开辟殖民地,他们在国人眼里是杀人放火、好食小儿的怪物,西方形象很大程度上被"妖魔化"。

在清代前的中国人的意识里,西方只是一个模糊的概念,没有具体的国家区分,直至鸦片战争打开国门后,西方国家纷纷来华,中国人才能逐步区分开西方各个国家。清代前的西方形象基本上是中国人通过间接认识而想象的,只是传奇,不是现实中的西方,但梳理出清代前的西方形象变化过程是必要的,首先,我们可以看到传统的华夏中心主义的文化心理在清代前是怎样形成并逐步得到加强的;再者,清代前的西方形象建构很大程度上影响了清代时期中国人看世界的心理和态度。

下面笔者将进一步分析清代人怎样尽力摆脱中国人传统的看世界的思维模式,逐步形成新的社会集体想象。

第二节　先行者的眼光:晚清域外游记中的西方形象

清代之前,西方在中国人眼中只是一个笼统的概念,没有具体的国别之分,对西方的认识也只是道听途说的传闻,几乎没有直接的接触和认识。但自张骞通西域至清代近两千年的历史发展中,中国人看世界的文化心理和思维模式逐渐形成并得到加强,华夏中心主义话语限制了中国人看世界的眼光,华夏—夷狄二分的思维模式深入中国人的自我意识,并成为社会集体想象的基础。这些因素都直接影响到清代中国人看世界的姿态和心理,在中西文化冲突中,清朝人该如何摆脱传统文化心理的束缚,将近代西方的新信息融入传统的社会集体想象,从而引领中国走向现代化?

清朝帝国的大门被西方坚船利炮轰开之后,中西之间的交往渐多,赴西游历的中国人越来越多,难得的是他们中间有许多人留下域外游记,从游记文本中,我们可以发现他们睁眼看世界后共有的惊奇和欣喜,由于他们个人文化功底、身份地位和所处的时代背景不同,他们构建的西方形象也呈现出不同的面目。

需要指出的是,清代游记描述了西方诸多国家,我们选择了英国作为西方的代表,清朝人眼中的英国形象实际上是清代西方形象的缩影,清朝人认识英国的过程也是清代人认识西方的过程。

一、清初海商眼中的英国:建构新的集体想象的端倪

早在元代,中英之间已有交往。清代初期,中国人海外旅行只是偶然的、个别的,和西方人的大规模来华是没有办法相提并论的,中国和西方国家的交往处于有来无往的状态。清初海商谢清高的《海录》是目前发现记录英国形象的首本海外游记,它塑造的英国形象是谢清高亲临西方后的真实见闻。

(一)早期中英之间的交往

中英两国的交往可以追溯到十三世纪。那时,由于蒙古帝国的扩张,势力发展到西欧,使欧亚的交往畅通无阻。蒙古帝国的崛起大大震动了欧洲各国,英国人也首次听说了东方的蒙古帝国和鞑靼人,在中英

两国直接接触以前，英国对于通往中国的海陆交通曾作了长期的探索。

元朝与罗马教廷也多次遣使通好。1287年，生长在北京的景教徒拉斑锁马（Raban Sauma）到罗马教廷觐见教皇时，曾到当时英国的领地加斯科尼（Gascony）觐见英王爱德华一世，呈交国书和礼物，得到回信和厚礼而归。这是有记载的中英两国的最初交往。1307年，元朝伊儿汗国又派使臣到英国递交国书，英王予以复信。当时有不少欧洲人在元朝政府中任职，如英国人巴西懂得多国语言，曾在蒙古军队中任翻译。这些都说明中英两国早在元朝就开始交往。不过这毕竟只是一种偶然发生的极其个别现象，与300年后所发生的中英关系，其动机与性质都是完全不同的。

十六世纪末，英国有一个向外发展计划，名为"契丹探险"，目的是寻找一条通往亚洲的道路，英国女王伊丽莎白也是该计划的股东之一。

早在1583年和1596年，伊丽莎白女王曾先后两次向中国皇帝致送国书，一再提出要同中国通商，希望万历皇帝给予英国通商特权。第一次的信使是英国商人约翰·纽伯莱（John Newbrry），他来到东方后，便被葡萄牙人拘禁于果阿，没能到达中国。第二次携信的商人理查·阿伦（Richard Allen），又因中途船只触礁而遇难，没能通达中国。1610年，英王詹姆士一世又向中国皇帝致送第三封国书，交由东印度公司商人尼古拉·道通（Nicholas Downton）负责呈送中国皇帝。信中再次表达同中国贸易的迫切愿望，但这次的信使同样未能完成使命。1617年1月，万丹的商馆总管很泄气地说，他找遍了所碰到的中国人，谁都不敢翻译和呈送这封国书。因为按照中国法律，私通外国罪不容诛。因此，呈送国书之事只好不了了之。

清朝建国初期，由于海禁政策的实施，中英之间的交往仍没有发展。当时，郑氏集团占据台湾，并利用岛屿在浙闽沿海进行海上贸易，因此清朝廷采取了严厉的海禁措施禁止沿海居民私自出海贸易，裁减对外贸易口岸，拆毁海船，派水军在沿海巡海，甚至在沿海地区实行大规模迁界。迁界包括两方面：一是强行将沿海岛屿上居民迁往大陆，二是强迫沿海居民迁往内地。长达20年的海禁使大陆与海外的贸易交通几乎陷于停滞。平定郑氏集团后，1685年起，清廷在广东、福建、浙江、江苏四省沿海设立通商贸易口岸，广州、漳州、宁波、云台山镇江附近成立了海关。荷兰、英国、法国、丹麦、瑞典、比利时等国纷纷来华设立商馆，各国贸易船纷纷来华贸易。乾隆年间，开始实行闭关锁国的政策，清廷封闭了江苏、浙江、福建的三个通商口岸，只保留广州对外通商。总的看来，到十九世纪初，也就是谢清高航海的时代，每年到广州贸易的商船不过70余艘，甚至更少。

正如胡秋原先生所说，"清廷有一种'恐海病'，乃采取一种闭关政策，不独不欢迎海上的外人，并且禁止中国人到海外，甚至沿海之土均为禁地[①]"。"自闭症"的可怕后果是中国人长时间没有意识到自己已经落伍了！等到西方人强制打开中国大门之后，中国就开始逐步陷入落后挨打的屈辱史的深渊中。

晚清前的中英之间的交往状况基本上是剃头挑子一头热。英国积

---

① 胡秋原：《近百年来中外关系》，台北：海峡学术出版社，2004年，第5页。

极谋取和中国建立贸易关系，但古老的中华帝国仍然固守传统的天朝上国的唯我独尊的文化心理，拒绝和英国往来。实际上，这种你来我拒的情形，归根结底是两种文化的冲突，即自给自足的封建帝国和近代的文明国家之间的冲撞，两者是无法调和的。

（二）豪富尚利之国

明末清初，有不少中国人随传教士到欧洲旅行，他们中间很少有人留下相关的文字记录，《身见录》和《海录》是比较重要的海外游记，其中，《海录》中关于英国的介绍值得我们注意，它反映了清初一个海商眼中的英国形象。

《海录》是鸦片战争前问世的一部影响非常大的海外游记，其作者是清初海商谢清高，他被称为"中国的马可·波罗"。

谢清高的生平史料很少，根据杨炳南的《海录序》和李兆洛《海国纪闻序》中记载和藏于葡萄牙东波塔档案馆的几件档案资料，研究者才略知他的生平。谢清高（1765年—1821年），广东嘉应（今梅州）人，水手，年纪不大便跟随商贾从事海外贸易，18岁在海上遭遇风暴袭击落海，被外国商船搭救，之后便跟随外国商船游历海外各国，在各地漂泊了4年，1787年后在澳门开小铺经商为生，晚年双目失明。《海录》成书于1820年，由谢清高口述，同乡举人杨炳南笔录而成。

英国是谢清高所游历过的欧洲国家之一，《海录》对英国的描述较为详细。据谢清高介绍，英国是一个富裕的岛国，同时也是一个

势力一直扩展到印度洋地区的海上殖民强国。《海录》中述及英国的情形:

> 海中独峙,周围数千里。人民稀少而多豪富,房屋皆重楼叠阁。急功尚利,以海舶商贾为生涯。海中有利之区,咸欲争之。贸易者遍海内,以明呀喇(孟加拉)、曼哒喇萨(马德拉斯)、孟买为外府。民十五以上,则供役于王,六十以上始止。又养外国人以为卒伍。故国虽小,而强兵十余万,海外诸国多惧。①

谢清高对英国的城市面貌、重商习气、国家实力等作了恰如其分的介绍。他还具体地介绍了伦敦泰晤士河上的大桥、城市自来水设施等:

> 桥各为法轮,激水上行,以大锡管接注通流,藏于街巷道路之旁。人家用水,俱无烦挑运,各以小铜管接于道旁锡管,藏于墙间。别用小法轮激之,使注于器。王则计户口而收其水税。②

此外,《海录》还详细描述英国的火枪军容:

> 军法亦以五人为伍,伍各有长。二十人则为一队,号令严肃,无敢退缩。然唯以连环枪为主,无他技能也。其海艘出海贸易,遇覆舟必放三板拯救,得人则供其饮食,资以盘费,俾得各返其国。否则有

---

① ② (清)谢清高口述,杨炳南笔录,安京校释:《海录校释》,北京:商务印书馆,2002年,第250页。

罚,此其善政也。①

在当时的中国,这些文字是第一次的真实见闻,它最早记述了西方工业文明,和当时进入现代化的英国情况是相符的。谢清高是清代最早放眼看世界的人之一,吕调阳在《海录》序中说:"中国人著书谈海事,远及大西洋,外大西洋,自谢清高始。"②

谢清高是用一个清代海商的眼光看世界的,他接触最多、感触最深的是当地有别于中国的风土人情,他记述了一个即将改变世界的文明,将欧洲文明的信息传播到了中国。《海录》对林则徐、魏源产生过影响,魏源的《海国图志》、徐继畬的《瀛寰志略》亦引用过《海录》资料。

谢清高有"中国的马可·波罗"之称,《海录》也被人们与《马可·波罗游记》相提并论,但实际上它对中国的影响力远远不及《马可·波罗游记》对欧洲的影响。虽然《马可·波罗游记》在中世纪时期的欧洲被认为是神话,被当作"天方夜谭",但它对十五世纪欧洲航海事业的发展具有巨大的推动作用。遗憾的是,清初的中国知识分子热衷于"只向纸上与古人争训诂形声",他们对古人的热情远远超过了认识世界的热情,《海录》没有引起人们过多的注意,这本珍贵的记载个人真实经历的文献没有起到应有的作用。

---

① (清)谢清高口述,杨炳南笔录,安京校释:《海录校释》,北京:商务印书馆,2002年,第250页。
② 冯承钧:《海录注》,北京:商务印书馆,1938年,第9页。

另外一部游记《身见录》(约1720年)也是比较重要的海外游记。其作者是清朝康熙、雍正、乾隆年间的樊守义(1682年—1753年),《身见录》被认为是我国第一部欧洲游记①,书中记述了巴西、葡萄牙和意大利等地的风情见闻。那里有强大的舰队、丰富的物产,也有深厚的文化传统和秩序井然的政治制度,而且,"人品聪颖清和",这个形象不仅与传统观念中的夷狄不同,也和传说中的"地生羊"不同,这本真实记录多少让一些对利玛窦著作存疑的中国知识分子改变了对西方的认识,但这部书没有得到流传,而且在国人的心态和视野里,也未必能接受这一文明异域的事实。

《海录》相比于《身见录》,对贸易、工艺、人民生活的记载较多,这也许是商人和教士的区别吧。

明末清初亲历西方的教士樊守义和商人谢清高留下了珍贵的海外游记,他们描述的西方是物产丰富、秩序井然的文明国度。实际上,他们表现的是自己的新感受,描述的是新形象,"豪富""尚利"等语词与"拂菻宝主"的"饶异珍""重财贿"貌合神离,唐代的拂菻国少礼义,豪富尚利的英国则是秩序井然的文明之邦。正如孟华所说的,"相异性便以形象为载体,在人们所熟悉的语词旧壳中争取到了与认同性杂糅并存的权力,在不知不觉中以悄无声息的方式迫使传统意义开始歧变②"。英国的豪富形象已具有了现代意义,与传统的所指发生了某种偏离,正是这种偏离为建立新的集体想象提供可能。

---

① 顾农:《最早的欧美游记》,《出版广角》,1999年第3期。
② 孟华等:《中国文学中的西方人形象》,合肥:安徽教育出版社,2006年,第370页。

二、晚清中国与英国间的碰撞：聋子间的对话

"晚清"是指清朝的晚期，但从何时开始才算清朝的晚期呢？国内学者一般主张把1840年的鸦片战争看作近代中国的起点，他们认为鸦片战争标志着外国帝国主义侵入中国的开始，西方打破了古老中华帝国的孤立自守的局面，此后中国历史发生翻天覆地的变化，开始向近代社会过渡，所以晚清大体是指鸦片战争（1840年）到清朝倾覆（1911年）的70年时间，晚清近代化是一个中西文化交融的漫长的转变过程。

（一）马戛尔尼使团的失败

从十八世纪六十年代开始，英国进入了工业革命时代，整个社会发生巨变。在海外，英国继打败荷兰后，又通过七年战争（1756年—1763年）打败了法国，从而成为西方最大的殖民强国。

1792年，英国国王以给中国皇帝祝寿为名派出了以马戛尔尼勋爵为首领的庞大使团出使中国，经过多月的航行，使团到达天津，他们希望通过外交途径获取商业与外交利益。

英国是西方工业革命后的第一强国，中国一直以来都是东方第一大国，周围的国家对它俯首称臣，但两大国的文化和观念差距甚大，中国认为"中央帝国同异邦的关系只能是宗主国与藩属的关系，异邦只能岁岁来朝、俯首称臣。长期的闭关锁国使中国当时的统治者对外部世界的进步与西方的科学文明一概不知，而为自己处于'盛世'

沾沾自喜。他们认为英国是仰慕中华文明才遣使远涉重洋为皇上祝寿的[①]"。两国间的对话注定是聋子的对话,中央帝国粗暴回绝了英国使团的所有要求。马戛尔尼的最终失败表面上看是因为他拒绝按照宫廷礼仪行三跪九叩的礼节,实际上是世界上最文明的两个社会间的文化冲突,是"自由贸易文化最发达的国家和对此最无动于衷的国家之间的相会[②]"。中国拒绝对世界开放,而英国人则不在乎他国意愿,只想打通世界市场,破除贸易壁垒,文化冲突最终酿成兵戎相见。

就在马戛尔尼来华不久前的1784年,乾隆皇帝下令撰修的清朝第二部《大清一统志》完成。这部一统志关于欧洲的记述基本上因袭明末清初传教士的说法,认为欧洲的大国是西班牙、法国、意大利等国,根本没有提到英国的名字,可见清朝政府对于世界局势的变化简直一无所知。这部一统志甚至连当时中国人自己所总结出来的较为先进的世界地理知识(如陈伦炯的《海国闻见录》)都没有加以吸收,所以书中有许多错误的说法,例如说荷兰"在西南海中",佛郎机葡萄牙"在西南海中……奉佛教",等等。

鸦片战争前的中国还可以沉醉在华夏中心主义的幻梦中,但随着时间推移到近代,中华帝国再也无法把自己隔离在世界之外了,西方殖民者已经不请自来,国门是不可能永远封闭的,英国发动的鸦片战争最终轰开了清朝的大门。

[①] [②] 佩雷菲特:《停止的帝国——两个世界的撞击》,北京:生活·读书·新知三联书店,1993年,第1页。

(二) 中国使官的海外旅游

1866年，清政府派出第一批赴泰西游历的官员，到十九世纪八十年代，中国的海外旅游者人数不断增加，范围有所扩大。这个时期的海外旅游与古代的中国文人的游学完全不同，其特殊性在于旅游的目的，单纯体验域外风情、游览海外风光的几乎没有，他们有外出谋生的商人，如林缄等，有的是饱读经书、跻身士大夫或准士大夫行列的出国考察者、驻外使节，如斌椿、志刚、张德彝、郭嵩焘、曾纪泽、刘锡鸿、薛福成等。他们感受到异域的风俗民情和文化传统完全是另外一个世界，一切是陌生而新鲜的，明显优于中国的西方物质文明给他们带来的震撼是前所未有的。海外旅游改变了古代旅游囿于国内范围的情况，打开了闭目塞听的中国人的眼界，以前的荒诞不经的"海外奇谈"成了眼见为实的世界。同时，这些旅游者也把中国文化传到海外。

中外交往不再是"有来无往"的局面。旅游促进了文化的交流与发展，加强了国家与人民之间的相互了解和友好往来。这是近代中国早期的海外旅游的特殊意义所在。

三、晚清中国的英国想象：重构中国对西方的集体想象

晚清游记很多，解读晚清域外游记中的英国形象是分析清代人走向现代化历程的重要一环。

从1840年到1911年的七十多年间，晚清游记数量众多，我们根据游记文本对英国形象描述的特点，可以将晚清域外游记分为三个阶段，并选取其中代表性的游记文本加以解读，第一阶段：十九世纪六十年代，

对英国认识的开端期，以斌椿的《乘槎笔记》《海国胜游草》《天外归帆草》、志刚的《初使泰西记》、张德彝《航海述奇》等作品为代表作；第二阶段：十九世纪七十年代至八十年代，对英国认识的发展期，代表作品有郭嵩焘《使西纪程》、刘锡鸿《英轺私记》等；第三阶段：十九世纪九十年代，对英国认识的鼎盛期，薛福成《出使四国日记》是代表作。

（一）海外胜景

在目前出版的晚清域外游记中，第一部记录英国形象的作品由斌椿书写。

1866年，以斌椿父子为首的五人旅游团是清政府派遣的第一批前往西方的代表团，本次游历由担任中国总税务司的英国人赫德组织，由总理衙门派遣，由斌椿率同文馆学生凤仪、德彝、广英、彦慧四人，游历法、英、荷兰等欧洲国家，游历时间不到四个月，斌椿回国后把游历见闻记录在日记《乘槎笔记》和两本诗稿《海国胜游草》《天外归帆草》中。

斌椿代表团游历西方之时已是第二次鸦片战争之后10年了，清政府派员游历泰西是清政府门户进一步向西方开放的表现。旅行团名为观光，实为出访。总理衙门官员认识到，自鸦片战争以来，洋人进入中国，对中国情况日益熟悉，但中国对外国情形极度无知。斌椿出行的使命很清楚，斌椿在序中写到我等"奉总署命游历泰西。饬将所过之山川形势、风土人情，详细记载，绘图贴说，带回中国，以资印证，等因[1]"。斌椿出行受到总理衙门的重视和知识分子的极大兴趣，外国

---

[1] 林鍼：《西海纪游草（序五首）》，长沙：岳麓书社，1985年，第91页。

使节也很关注，斌椿等出行前获赠记西书籍。斌椿游历是政府意志的体现，斌椿西游是晚清政府洋务史上的大事。

斌椿代表团的欧洲游历收获是不多的，游记对欧洲见闻的记录不到 2 万字，但毕竟是中国近代知识分子最早亲历欧洲的记述，在很大程度上反映了当时部分士大夫的观点，值得重视。

斌椿对游历西方是"慨然愿往"的，他在游记中记录自己对西方人的第一印象，特别是女性的姿容美，透露出明显的好感，"惟泰西各大国，则端正文秀者多，妇女亦姿容美丽，所服轻绡细，尤极工丽……夫日伺其侧，颐指气使，若婢然。耳语如梁燕之呢喃，如鸳鸯之翼，天真浪漫，了不忌人[①]"。

斌椿对英国的介绍比较详细，在英国驻留时间最长，达 38 天。斌椿在日记中详细地介绍了英国的历史地理、风情民俗、经济技术，甚至还写到政治制度方面的见闻。

对西方现代科技的介绍，比如对火轮车的介绍，火车"初犹缓缓，数武后即如奔马不可遏。车外屋舍、树木、山冈、阡陌皆疾驰而过，不可逼视[②]"。再对电梯的介绍，"小屋登楼，火轮升降。小屋可容六七人，用火轮转法，可升至楼顶。屋有暗消息，手一按，则柜房即知某屋唤人。各法奇巧，匪夷所思。肆售各物率奇创，有木马形长三尺许，两耳有转轴……殆亦木牛流马之遗意欤？[③]"对西方现代科技的介绍都是点到即止，他承认技术的优越性，但没有看到科学技术对国计民生

---

① 斌椿:《乘槎笔记》，长沙：岳麓书社，1985 年，第 101 页。
② 斌椿:《乘槎笔记》，长沙：岳麓书社，1985 年，第 104 页。
③ 斌椿:《乘槎笔记》，长沙：岳麓书社，1985 年，第 107 页。

的重要性,这是斌椿眼光的局限性。

关于英国的政治制度,如英国议会大厦"高峻宏敞,各乡公举六百人,共议地方公事。意见不合者,听者辩论,必俟众论佥同然后施行,君若相不能强也①"。他只是如实记录,隐约感觉到中西政治制度的不同,但明显认识肤浅,了解不多,根本不能明辨优劣。

斌椿有时情不自禁地对西方的政俗表示赞许。比如,英太子接见斌椿时问"伦敦景象较中华如何?昨游行馆,所见景物佳否?"云:"中华使臣,从未有至外国者,此次奉命游历,始知海外有此胜境。"②

维多利亚君主问斌椿:"敝国土俗民风,与中国不同,所见究属如何?"斌椿答:"来已兼旬,得见伦敦屋宇器具制造精巧,甚于中国。至一切政事,好处颇多。"③

斌椿坦率承认欧洲的技术物质文明强于中国,欧洲的政治制度也有值得肯定的地方。这种见识在当时未形成学习西方共识的中国,比起那些蜗居国内的保守的封建士大夫的见识已是胜出很多,但他对中国现行政治制度无批评,显示他到西方的意义只限于"采风"以长见闻,并不是向西方学习,反映了以斌椿为代表的清朝士大夫的思想状态。

对中西之间的巨大差异,斌椿没有用封建顽固派的眼光表示"憎恶""嫌弃",但游历一番,斌椿的思想没有发生根本的变化,他的直觉观感无疑给封闭的清王朝开了一扇看西方的窗户,这和以前的想象是完全不同的。斌椿西游是晚清中国走向世界的历史起点。

---

① 斌椿:《乘槎笔记》,长沙:岳麓书社,1985年,第114页。
② ③ 斌椿:《乘槎笔记》,长沙:岳麓书社,1985年,第117页。

斌椿等一行可以说是一个非正式的考察团，是清朝外交体制不成熟的体现，当时斌椿已63岁高龄，斌椿是职位不高的朝廷命官，作为官方首次派遣出国的代表，斌椿只是个无足轻重的知县，位秩不尊，临行前他被授予三品文官，"以壮观瞻"，同文馆学生不过是几个十八九岁的弱冠少年，由此看出，清统治者仍然没有摆脱"宗藩体制"的心理，在形势逼人的情形下，又不得不尝试改变以前的虚骄心态，统治者的矛盾心态在斌椿身上得到某种程度的显现。斌椿一行的游历仍可以说是中国外交走向现代化的第一次尝试。

紧跟其后亲临英国的是"初使泰西"的志刚。志刚于1868年—1870年以"办理中外交涉事务大臣"的身份，参加"蒲安臣使团"，巡回出使美、英、法、瑞典、丹、荷、普、俄、比等国，这个使团是清政府向西方国家派出的第一个外交使团，三位"办理中外交涉事务大臣"为蒲安臣、志刚、孙家谷。志刚出使归国后有记载其出使经历的笔记《初使泰西记》，"初使泰西"即是首次出使到西方国家，这在近代中国的外交史上是一个相当重要的转折点。

1840年签订《南京条约》时，英国表示希望派公使到北京，后要求"修约"，明确提出派驻公使至京。咸丰皇帝宁肯接受割地赔款，也不答应这一要求。

清廷妄自尊大，盲目排外，一直以来视欧洲人同旧日的夷狄一样，英俄派来的正式外交代表都被要求行三跪九叩礼，否则不予接待，至于中国同意与外国人通商，乃是朝廷给外人的一种特殊恩典。

咸丰的固执态度，有深层的心理原因，皇帝至高无上的权威和尊严不能动摇,他宁愿将国家、人民孤注一掷,在毫无作战准备的情况下"诱捕"英国派来的谈判的使者,结果一败涂地。清朝皇帝"死要面子活受罪"。一面拒绝互通使节,一面不断挨打吃亏。十九世纪六十年代年逐步兴起"洋务运动",洋务事务日多,鉴于以前的教训,与其临时关门,不如事先交涉。志刚使团应运而生。

志刚在笔记中着重总结议论与各国交涉的外交体会,并能提出一些积极建议:

> 中外交涉……若时常动兵,必误商政,实两不相宜之道。盖西国以通商为正务,以兵船为辅助,因兵误商,非其本意……然现在总署办理交涉事务,本多难处。若不认真,外国更必有辞;若再以洋务督责各大使,岂不更滋物议?若不及时定国是……则必至于日久因循,以至于决裂而不可收拾矣![1]

他认识到中外交往的重要性,并指出清政府要制定明确的国家政策,使中外大臣知道政府的立场,提出了要求清政府建立和健全外交体制的要求,这是一个很大的进步。出使前和出使后,志刚都是一个平庸的清朝官员,他出使泰西和斌椿游历欧洲,很大程度上是偶然的际会,并不是他们本人有什么过人之处,他们的见识也一般。

张德彝是陪同斌椿、志刚出洋的翻译,他是中国第一所国立外语学校同文馆的第一届学生,入学时十五岁,因为家境不宽裕,入塾念书常常交不起学费,而当时的同文馆通过奖励政策招收八旗子弟学习

---

[1] 志刚:《初使泰西记》,长沙:岳麓书社,1985年,第304页。

外国语言，入学者每月发银三两，学习优秀者另有奖金，三年学成后，可授予七、八、九品官职，所以张德彝进入同文馆念外国语言。张德彝在同文馆学习了三年，其后以译员身份，相继随同斌椿、志刚、崇厚、郭嵩焘等出洋，他先后八次出国，在国外度过二十七个春秋，每次都留下见闻实录，共八部"述奇"，其一至六和第八，已经收入钟叔河主编的"走向世界丛书"，第七部述奇缺失，共七十余卷，二百余万字，算是游记大家。但同文馆是洋务运动的产物，只是为总理衙门培养了一批外语译员。同文馆并没有办成真正的新式学校，同文馆的学生也没有被培养成有新文化、新思想的一代新人。

张德彝随同斌椿出国时是血气方刚的少年，正是对新鲜事物极其好奇的年龄，他的《航海述奇》比斌椿的《乘槎笔记》要具体生动得多。

十九世纪中叶的欧洲，已经建立起以蒸汽机为代表的工业文明，轮船、火车、电报和各种制造机器，已经在广泛使用。这一切给一个来自古老封建帝国的青年人带来了前所未有的冲击和新奇感。张德彝的译员身份，不同于外交大臣，没有被赋予重大的外交任务，所以他对西方的观察非常生活化，对中西文化差别的认识是很具体而又直接的。他是第一个描述火车、钢琴、自行车、缝纫机、避孕套、标点符号的。他认识到避孕套的两种功用是预防疾病和计划生育，但是，他又用儒家思想对其进行抨击，认同孟子所说的"不孝有三，无后为大"的思想，认为避孕会无后是不可饶恕的罪过。

张德彝的遗憾源自他的教育背景，他在本质上仍然是典型的传统士大夫，他不可能具有更加开放的视野。在张德彝的个人日记中，张德彝并不以自己的语言能力为荣，他教导子孙要以读书写文章为正途，张德彝的自卑感来自晚清畸形的社会风气，传统士大夫有"身家"的弟子，绝对无人肯学洋话洋文。

开端期的游记对英国的描述表现在两个方面：一方面是对物质文明的肯定与重述；另一方面是对政治制度的"采风"式介绍。游记作者对西方的物质文明进行不厌其烦的重述，这种互文性写作成为建构新的社会集体想象的生发点。但由于他们文化程度不高，社会地位也不高，他们对英国的认识比较粗浅，他们对西方政治文明只是采风式记述，并没有认识到其优越性，这反映了传统社会的集体想象对他们思想的束缚，他们内心深处仍然笃信封建的儒家纲常。

(二) 政俗皆美

郭嵩焘的英国之行在1876年底至1877年初。早在1858年的中英、中法《天津条约》中就规定双方可以互派使节，但清政府一直犹豫未决。1868年清政府为了向列强解释中国修约立场，派出由美国人蒲安臣组成的代表团作为外交使团访问英、美、普、俄等欧美列强，但是，蒲安臣擅自代表中国与美国签订条约，严重损害了中国的利益。由此，清政府决定不再派洋人代表做中国使臣。直到1875年"滇案"发生后，英国再三要求遣使，清政府再也没有办法拖延，于1876年派遣郭嵩焘为中国驻英国公使，"赴英通好谢罪[①]"。这是中国第一次派出驻外公使，

---

① 王兴国：《郭嵩焘评传》，南京：南京大学出版社，1998年，第138页。

郭氏成为首任驻外使节。

郭嵩焘作为清政府派出的第一位常驻西方的中国外交官，在沪登轮赴英，他拖着染病之躯，以近60岁高龄，慷慨跨洋七万里，历时50天，于1877年初抵伦敦就任，这在中国外交史上具有开创性的意义。

郭嵩焘以赤子之心观察世界，从山水风光、人情风俗到对西方文明的思考，从登舟西行之日起至他卸职归国止，他不懈实录，形成现在我们现在看到的《伦敦与巴黎日记》，这是当时士大夫认识世界最深刻的著作之一，也是我们研究近代文人寻求救国真理思路的重要史料。郭嵩焘的海外游记《使西纪程》出版后屡遭禁毁，但流传已广，影响深远，郭氏作为洋务派的理论家，出使英国前就主张发展民族工商业来达到自强的目的，对李鸿章等人只主张发展军事工业的做法不以为然。使英后，他对西方的认识不断加深，郭氏对中西文化进行了比较深入的对比，得出西方资本主义文化比中国封建文化先进的结论，这是他出使英国前没有的思想。

初到伦敦，郭嵩焘的第一印象是伦敦的繁华气象，"阛阓之盛，宫室之美，殆无复加矣""街市灯如明星万点，车马滔滔，气成烟雾[①]"。伦敦包容四海的开放性，郭氏都详细记录：正月初一和刘运生参观蜡人馆，看见馆内塑像都是名人，以各国帝王为多，中国人是林则徐像，"神貌皆酷肖也[②]"；游海德公园，亭子穷极华丽，内有四大洲

[①] 钟叔河编著：《走向世界丛书第4辑》，长沙岳麓书社，2008年，第99页。
[②] 郭嵩焘：《伦敦与巴黎日记》，长沙：岳麓书社，1984年，第111页。

人物塑像；游万生园看到鸟兽数百余种，多是从世界各国收集，从中国收集的就有几地，其他国家也应不少。从对英国伦敦的参观和不厌其烦的详细介绍，我们看到的是郭氏对英国伦敦的接受和喝彩，而不是反感和否定，这是郭氏能正视而不带偏见考察西方文明的起点。

在赞叹伦敦繁华气象之后，郭氏开始叹服西方的先进的科学技术，参观演示舰炮，炮子、火药，射程达七千五百余步。参观《泰晤士报》每日印刷新闻报七万张，所用工人不过三百余人，白天不过数十人。郭氏感叹"西洋博物之学，穷极推求，诚不易及也①"。

面对西方科技的强大冲击，郭氏沉思西洋文明先进的根源，这使他的识见超越了表层文化交流的局限，而开始对西方政治制度和更深层次的观念文化进行观察和比较，这在当时的中国的士大夫中都是超前的。

郭嵩焘详细地考察了英国的政治制度，并得出"西洋立国之本末"的结论。他认为西洋文明先进之本首先在于其政治制度，英国设一个总丞相，其权势相当于中国的丞相，下设上议院和下议院，由两个不同的政党组成，两党经常发表不同之政见，互相攻击，总丞相必须采纳议院中多数人的意见。英国施行民主政治，西洋国家政治向全国臣民公布，不独独由君主一人决策。英国奉行新闻言论自由，西洋一切事情，都公布在报纸上，议论得失，互相辩驳，当政者行政有违背议论的，议

---

① 郭嵩焘：《郭嵩焘全集》(10)，长沙：岳麓书社，2018年，第433页。

院群起而攻之,"故无敢有恣意妄为者①"。英国政府也不禁止人民非议朝政。郭氏在伦敦碰到一件事足以为证:英国上层在议决帮助俄国人吞并土耳其,英国人民不同意,聚集在海德公园连日喧哄,政府并没禁止,郭氏叹道"英国一两百年来,于此独示宽典,不禁人民之非议朝政,一恣其所为;以为不过践踏一坪草、断折数枝而已,不能为他害也②"。

令郭氏惊奇的是妇女也积极参政,在参观上议院开会堂,楼上楼下都是妇女。英国两位夫人评论中国政治,一位夫人论孔孟异同,"竟解从大本大原处体贴,中国日读孔孟书,有愧多矣③"。一位夫人评说刘锡鸿"中国国家应早换人接办,庶可保全友谊④"。以致郭氏感叹:"此二夫人,一能发明圣贤微旨,一解言国家大计,中国士大夫所不能逮也。"⑤

郭氏发现西洋文明的原动力除了政治法律制度外,英国的教育制度也是重要原因。其间他参观了英国的多处学校,从小学教育到大学教育,他都反复考证,他认为英国的立国之本在于重视人才培养,重视教授学问,"人才学问相承以起,而皆有以自效,此其立国之本也……中国秦汉以来二千余年适得其反,能辨者鲜矣"。教授内容以实学为主,涉及物理、化学、生物、地理、人文等,不像中国只教学诗词歌赋。看见英人所撰《汉文诗解》"盖英人之通中学者,倾年八十余矣⑥"。郭氏也感叹英国的女子教育,英国设女子师范学校,女子也可以从事教

---

① ② ③ ④ 郭嵩焘:《伦敦与巴黎日记》,长沙:岳麓书社,1984年,第682—683页。
⑤ 郭嵩焘:《郭嵩焘全集》(10),长沙:岳麓书社,2018年,第565页。
⑥ 郭嵩焘:《郭嵩焘全集》(10),长沙:岳麓书社,2018年,第151页。

师职业。当听说日本仿行西法机器，国家日益强大，郭氏不禁感慨"国之富强岂有常哉？惟人才胜而诸事具举，日新月盛，不自知耳①"。

郭氏考察西方国家富强的原因，他认为国富是建立在民富的基础之上，富民是国家的财力之源，并提出"富国先富民"的观点，这与专制帝国只知富国的观点是大相径庭的。他认为西方国家富强由于国家行政务求便民。政府设置的各个机关部门，都是为了方便人民的生活，为人民解决问题，他还发现"便民"和济国是紧密联系的，如邮局，远至数万里，近至同居一城，只要沾上邮票，邮局即为传递，每年创收数百万磅，可云利国，也为便民。在经济方面，英国国家财政主要是来源于商业税收，关税、酒税、印税、房租税、邮局税、电信局税以及各种杂税，还有发放国债的债息，"三代制用之经，量入以为出，西洋则量出以为入②"，而英国这种取之民用之民的税收制，能够君民一心，强国富民。

综上所述，郭嵩焘塑造的英国形象有以下特点：英国政治民主，人民参加议政，享有舆论自由；教育课程全面，注重实学，能培养出国家需要的人才；国家经济来源于商业税收，国强民富，商业发达；军事力量强大，军事武器先进，远远超过中国；英国妇女受教育，知识丰富，也参与政治活动。可以说，英国在郭氏的眼中是学习的模板，是用来批判旧中国的镜子，晚清的落后、封闭、迂腐，一切的病症在郭氏出使后的所见所闻中暴露无遗，如果说以前未出国前自己的议论

---

① 郭嵩焘：《郭嵩焘全集》(10)，长沙：岳麓书社，2018年，第345页。
② 郭嵩焘：《伦敦与巴黎日记》，长沙：岳麓书社，1984年，第526页。

批评还是自发的，是自己多年办洋务的经验之谈，那么这本日记中的所感所想则是自觉的议论建议。他已经从酣睡中彻底醒来了，但他同时代的人还酣睡着，做着甜蜜的梦，把这位先知先觉者当作离经叛国的汉奸，这是郭嵩焘的不幸，也是中国的不幸！

郭氏对剧变时局与同时代的人有着不同的认识，他认为"夷人之变，为旷古所未有"，西夷从海上来，绝对不同于中国内部历代以来的夷狄入侵，他鄙视那些京师士大夫不考察实际情况，而空发议论，以致贻误国家。郭氏一开始就选择了一个与众不同的观察、认识问题的角度，他认为既然西洋各国欲与中国通商取利，而不在危害中国，两国可以互通商务，而不必剑拔弩张，见则脸红。"洋人本以商贾之利与中国交接，正当廓然处以大众，而使商人应之，明示天下所以与洋人交接之意，无所庸其隐秘。""洋人之利在通商，无觊觎中国土地之心。"[①]郭嵩焘正是具有了这种鄙弃传统敌视外来文化的开明态度，他才可能以西洋文明作为"他者之镜"对中华文明提出质疑。

郭嵩焘认为西洋有立国之本末，有自己的文明发展史，不是中国人眼中的蛮夷。这种夷夏观点也是超越同时代人的。出使后，他才知道，中国在世界中的位置，中国在西洋人眼中的形象。西洋人把世界各国分为几等：政教修明的国家是文明国家，欧洲诸国即是；半开化的国家是半文明国家，中国和土耳其、波斯就是；非洲各国就是野蛮人，是未开化的国家，相当于中国人认为的蛮夷。西洋"视中国，亦

---

① 郭嵩焘著，杨坚校补：《郭嵩焘奏稿》，长沙：岳麓书社，1983年，第343页。

犹三代盛时之视夷狄也①"。郭氏认为中国已处于全面的弱势，这个弱甚至已至整个文化系统，"三代以前，皆中国之有道制夷敌之无道。秦汉而后，专以强弱相制，中国强则兼并夷敌，夷敌强则侵凌中国，相与为无道而已。自西洋通商三十余年，乃似以其有道攻中国之无道，故可危矣②"。郭氏对中国的道统的否定是惊世骇俗的，他对西洋文明的肯定是建立在深刻的观察和反思基础上的结论，相比林则徐，他要开明得多，林则徐一生都没有抛弃对西方社会的鄙视，尤其是他居然相信西方人腿脚屈伸不便。

他进一步指出要明本末之序。国内李鸿章等洋务派的行为是舍本逐末，出国留学生宜先读书后学艺，留学生应兼习英国语言文字。总之，西洋政治制度是本，科学技术是末，科技要学习西方，更重要是学习西方的政治制度。这种观点到十九世纪末期的晚清时代仍然是正确的，超前的。超前往往和理想化分不开，理想是一种有现实依据的文化成果，即依据人类群体谋生存求发展的有限经验所做出的一种预期。③

郭嵩焘日记中塑造的英国形象受其文化追求、文化理想以及观念主张所制约。郭氏对西方形象的称赞或怀疑，不是无缘无故的，都是他对西方态度立场的展示，是他表述自己对外见解的载体。"人们对任何一种文化的选择、认识和解释，常常同时又是自己观念和立场的展示，其中所凸显出的是本土的文化心理，而且任何关于他者的新信息

---

① 郭嵩焘：《郭嵩焘全集》（10），长沙：岳麓书社，2018 年，第 420 页。
② 郭嵩焘：《郭嵩焘日记》，长沙：湖南人民出版社，1983 年，第 548 页。
③ 张静：《郭嵩焘思想文化研究》，天津：南开大学出版社，2001 年，第 25 页。

都必须在传统视野内重塑再造后才能被接受。"①

郭嵩焘塑造的英国形象有着理想的成分，他对西方文明的盛赞是中国晚清社会地主阶级当权派中开明分子企图摆脱国败民弱困境而愿意吸取西方文明成果的表现。在《伦敦与巴黎日记》中，我们看不到郭氏对西方的否定的词汇，都是赞叹和褒扬之词，"表现出一种对异国他者的向往甚至狂热，而呈现出某种乌托邦式的文化幻象②"。郭嵩焘对西方文化的全盘肯定与理想主义和平外交路线是一致的，郭氏主张"循理"外交，遵循事务本身的是非曲直，以"理、情、势"三个基本原则加以处理。他认为因为中国积弱，所以以理论之，不应该蛮干，主张以谈判代替对抗。这种外交思想有其务实的一面，在洋人讲理的情况下是可行的，但是在当时中外实力对比极其悬殊的情形下，西方殖民主义者为了牟取在中国的极大利益，它们能一直和中国以"理"相待吗？晚清中国和西方的贸易很大程度上也不是公平贸易，如果我们只是一味看到他们的先进，而看不到他们对中国的侵略性，这也是不理智的。

从《伦敦与巴黎日记》中我们可以看到一个超越时代的思想家和洋溢济世报国热情的文人身影，正如他自己所预言，"流传百世千龄后，定识人间有此人"。

刘锡鸿在中国近代是鲜为人知的小人物，但作为清政府派出的首

---

① 葛桂录：《他者的眼光——中英文学关系论稿》，广西：宁夏人民教育出版社，2003年，第4页。
② 葛桂录：《他者的眼光——中英文学关系论稿》，广西：宁夏人民教育出版社，2003年，第6页。

任驻英副使，其在"睁眼看世界"的年代中也占有很重要的位置。他既不像腐朽顽固的守旧大臣那样对西洋一无所知，又不同于思想开放的洋务派那样积极改革，可以说他处于"中间"状态，思想既开放又封闭，既先进又落后，这种在中西文化交流中的矛盾心态在近代中国传统官僚知识分子中具有典型性。

刘锡鸿在英国待了九个月，其对英国认识的矛盾性暴露无遗。西方先进的现代文明还是引起了他的观察和思考的，他不完全否认西方的先进性，但他往往又不忘自己封建王朝顺臣的身份，常常援引中国古代的教义解释西方文明，认为西学中源。

英国的城市面貌让他耳目一新"街路之宽洁，第宅之崇闳，店肆之繁丽，真觉生平得未曾见也[①]"。

刘锡鸿记述了英国政治制度的优越性。如英国议会，"凡开会堂，官绅士庶各出所见，以议时政。辩论之久，常自昼达夜，自夜达旦，务适于理、当于事而后已[②]"，辩论各不相假，论定后即俯首相从，不存胜负之见，相比之下，中国人则显得虚伪，不说实话，不做实事，有所议论，心里不同意，口里却答应，到执行的时候，又不按照协议办理。他对其评论道："官政乖错，则舍之以从绅民。故其处事恒力争上游，不稍假人以践踏；而举办一切，莫不上下同心，以善从之。盖合众论以择其长，斯美无不备；顺众志以行其令，斯力无不殚也[③]"。其民主政治的优越性见于笔端，但他不敢过分赞美，在后面介绍地方

---

① 刘锡鸿：《英轺私记》，长沙：岳麓书社，2002年，第70页。
② ③ 刘锡鸿：《英轺私记》，长沙：岳麓书社，2002年，第83页。

选举的时候，把英国的选举制度与汉代、明朝的选举制等同，从而表明自己作为大清臣子的忠顺姿态。

他描述了英国政俗之美，"无闲官、无游民、无上下隔阂之情，无残暴不仁之政，无虚文相应之事……两月来，拜客赴会，出门时多，街市往来从未闻有人语喧嚣，亦未见有形状愁苦者，地方整齐肃穆人民鼓舞欢欣，不徒以富强为能事，诚未可以匈奴、回纥待之矣①"。刘锡鸿粗浅地描述了英国"政通人和"的景象，食古不化的头脑受到现实的刺激还是有些转变，不得不承认今"夷"不同于古"夷"。

刘锡鸿介绍英国的先进科技，但往往以传统的仁义治国思想批驳西方实学。他认为中国无需造火车，政策上下贯通最重要，交通方面并不重要，"方今政府，谋于朝廷之上制造大火车。正朝廷以正百官，正百官以正万民，此行之最速，一日而数万里，无待于煤火轮铁者也②"。反映出他看待西方现代科技眼光的狭隘。

他参观泰晤士报馆，观看机器印报，电驰风掣，所需人力少，效率高，但刘锡鸿经过人力和机器一番比较后，认为不必用机器，因为机器的使用夺走了人工作赡养家庭的机会，"是二万数千人之生命，托于此矣，何为必用机器，以夺此数万人之口食哉③？"

刘锡鸿大发议论，"彼之实学，皆杂技之小者。其用可制一器，而量有所限者也。子夏曰：虽小道，必有可观者焉；致远恐泥，君子不

---

① 刘锡鸿：《英轺私记》，长沙：岳麓书社，2002年，第109-110页。
② 刘锡鸿：《英轺私记》，长沙：岳麓书社，2002年，第142页。
③ 刘锡鸿：《英轺私记》，长沙：岳麓书社，2002年，第99页。

为。非即谓此乎①?"他认为实学是雕虫小技,不是正途。接着他长篇大论中国的圣人之道,认为仁义才是安家立国之根本:"外洋以富为富,中国以不贪得为富。外洋以强为强,中国以不好胜为强。此其理非可骤语而明。究其禁奇技以防乱萌,揭仁义以立治本,道固万世而不可易。彼之以为无用者,殆无用之大用也夫!"②其封建士大夫的顽固性由此可见一斑。

刘锡鸿塑造的英国的认识有以下特点:英国政俗皆美,人民安居乐业,但其民主选举制度与中国古代选举制度相类似,并无新鲜之处。现代科技大大提高了工作效率,但只是雕虫小技,不是封建文人应该追求的。

西方文明有胜于中国之处的现实是他不得不承认的,但他否认学习西方的必要性。首先,他认为西方优越的制度早已存在于上古三代之制中。这种托古比附、西学中源的思想是晚清士大夫进行中西比较时经常采取的思维方式,他们企图从传统文化中找回文化尊严和民族尊严,并恢复和捍卫古老的文化传统。

祖宗制法皆有深意,历年既久而不能无蔽者,皆以私害法之人致之。为大臣者,第能讲求旧制之意,实力奉行,悉去其旧日之所无,尽还其旧日之所有,即此可以复治。若改弦更张,则惊扰之甚,祸乱斯生,我中朝敢不以贵国为戒乎?③

---

① 刘锡鸿:《英轺私记》,长沙:岳麓书社,2002年,第128页。
② 刘锡鸿:《英轺私记》,长沙:岳麓书社,2002年,第130页。
③ 刘锡鸿:《英轺私记》,长沙:岳麓书社,2002年,第125页。

他反对改革变化，认为祖宗旧法有深意，要坚持旧制，不能改变。西游并没有改变他骨子里的封建思想观念。

再者，他强调中西国情的差异。他认为中国国情的特殊性不适合学习西方，"英人无事不与中国相反，论国政则由民以及君，论家规则尊妻而卑夫，论生育则重女而轻男，论宴会则贵主而贱客，论文字则自右而之左，论书卷则始底而终面，论饮食则先饭而后酒；盖其国居于地轴下，所戴者地下之天，故风俗制度咸颠而倒之也①"。

他列举英国人生活中种种和中国颠倒的现象，得出滑稽的结论，华夏文化的优越感不言自明，但这些鸡毛蒜皮的生活习俗只是各个民族本身固有的，差异本是不可避免的，并不能说明两个民族文化孰优孰劣，刘锡鸿对西方习俗的揶揄只能说明他的狭隘与短视。

刘锡鸿还攻击和他观点相反的郭嵩焘。郭嵩焘对西方习俗表示赞赏，在行动上，他主动接受一些西方的生活方式和生活作风，以取代以前的陋习和礼节，他与洋人交往时礼节比较灵活，并不一定遵从天朝礼法。例如，他在赴洋人的宴会时，依西方礼俗，与女性挽手入席，以夫人的名义举行盛大的茶会，邀请英国政府官员和各国使节，这些都成为了刘锡鸿攻击郭嵩焘的把柄，这些行为在中国的传统士大夫眼里都是惊世骇俗的、有违儒家伦理的。

但郭嵩焘的行动有其理论认识基础。他有自己的夷夏观，他认为，三代以前汉民族文明程度高于其他民族，中国"有道"战胜"夷狄之无道"，秦汉以后，中原汉族与少数民族，谁的实力强，谁就是胜利者，

---

① 刘锡鸿：《英轺私记》，长沙：岳麓书社，2002年，第205页。

"道"指文明程度,他承认近代中国落后于西方,在西方人眼里,中国只能算是半文明程度的国家,而中国国内的士大夫还以"天朝上国"世界中心自居,自欺欺人,真是很可悲。

刘锡鸿的思想是随着时代和环境的变化而变化的,是不变中有变,变中有不变。他变与不变的主要宗旨还是为了仕途,鼓吹"洋务",是为了博得名声,以引起别人的注意;反对"洋务",是为了获得朝廷中李鸿藻等守旧派的赏识,以获得进一步升迁。①刘锡鸿战胜郭嵩焘是历史必然,郭嵩焘走在时代前列,但刘锡鸿是与时代同步,身临西方世界,先进的物质文明是不可否认的,言语中也不免有赞赏之意,但内心深处总有一种东西束缚他,使他处于对西方不能完全接纳的矛盾心态,虽然眼睛睁开了,但心灵并未打开。刘锡鸿个人的思想的变化恰恰是中西文化矛盾冲突的一种反映。

丁三青在其著作《现代性与近代中国》一书中提出"过渡人"概念,刘锡鸿是中国晚清社会转型期的"过渡人"。"过渡人"是晚清社会的一个群体,从性格上看,一方面,他既不生活在传统世界里,也不生活在现代世界里,即"'过渡人'是站在传统——现代的连续体上的人②";另一方面,他既生活在传统的世界里,也生活在现代的世界里。"过渡人"是痛苦的人,痛苦来自价值困窘与情感上的冲突。中国过渡人面临的最大问题是"自我认同"的问题,"自我认同"则交困于新、旧、中、西之间,这是两个文化发生"濡化过程"中常有的现象。

---

① 张立胜:《略论刘锡鸿守旧思想的成因及特点》,《德州学院学报》,2006年第1期。
② 丁三青:《现代性与近代中国》,徐州:中国矿业大学出版社,2000年,第10页。

刘锡鸿就是这种"过渡人"。

郭嵩焘与刘锡鸿考察西方时的思想分歧实质反映了中国传统知识分子面对中西文化激流的冲突和碰撞所做出的不同的价值选择。"在中西文化交流史的背景下，郭刘的思想分歧凸显出中国传统知识分子面对两种异质文明的冲突所做出的两种不同的回应，即走向世界或回归传统，这也是中国传统士人在传统社会向近代社会转型时期的两种基本价值取向。郭刘思想分歧的典型意义也就在这里。"①

从形象学的意义上说，和刘锡鸿相比，郭嵩焘的英国形象建构更具创新性，他对英国经济、政治、教育等现代文明的充分肯定反映了他急于借英国之镜，效仿英国，改变中国封闭落后现状的欲望，同时，他的描述成为晚清建构新的集体想象的重要组成部分，其后的使官游记很多描述都是重现他的描述。

（三）尽善之国

郭嵩焘之后，清府相继派遣陈兰彬使美、何如璋使日、刘锡鸿使德，一批驻外使馆的建立，标志着中国终于初步走向了世界。中国派遣的驻外公使虽屡遭阻挠，但最终还是进入了"夷狄之邦"，这说明历史和社会的进步不以人的意志为转移。

1889年，薛福成受命为出使英、法、意、比四国大臣。当时，出使国外并没有什么美好的结局。代表朝廷出使西方的郭嵩焘，国内顽

---

① 刘斌：《走向世界还是回归传统——郭嵩焘、刘锡鸿思想比较研究》，《湘潭师范学院学报》，2006年第5期。

固势力攻击和诽谤说他"未能事人,焉能事鬼",郭嵩焘最后落得一个罢官回乡、抑郁而终的下场。出使法国的曾纪泽主持与俄国的修约谈判,收回了伊犁,但最后同样免职回国,以致曾纪泽一腔热血,寝食难安。薛福成深知外交工作对国家民族的重要性,因此,明知危途,却绝不畏葸不前。

薛福成(1838年—1894年),字叔耘,号庸盦,江苏无锡人。出使西欧四国使薛福成的思想变得成熟了。在旅途中,他认真观察思考旅途见闻,"昔郭筠仙侍郎每叹羡西洋国政民风之美,至为清议之士所牴排……此次来游欧洲,由巴黎至伦敦,始信侍郎之说[1]",他感叹只有亲眼所见,才知西方之"美"。

他认识到中国只是大千世界中的很小的一部分,否定了中国固有的关于中华为世界中心的偏狭的地理观念,他提倡讲究商务,反对闭关。他认为:"盖有商,则士可行其所学而学益精,农可通其所植益盛,工可售其所作而作益勤;是握四民之纲者,商也。此其理为从前四海之内所未知,六经之内所未讲;而外洋创此规模,实有可操之券,不能执中国'崇本抑末'之旧说以难之……盖在太古,民物未繁,原可闭关独治,老死不相往来;若居今日地球万国相通之世,虽圣人复生,岂能不以讲求商务为汲汲哉!"[2]

中国传统观念一直把商列为四民之末,《春秋·谷梁传》云"古者有四民:有士民、有商民、有农民、有工民",《管子·小匡》云"士

---

[1] 薛福成:《出使四国日记》,长沙:湖南人民出版社,1981年,第59页。
[2] 薛福成:《出使四国日记》,长沙:湖南人民出版社,1981年,第17页。

农工商四民者,国之石民也"。士农工商,士为首农为本。在清以前,一直就是这么个调子。工和商历来受到歧视,甚至是不能参加科举考试。从清末的洋务自强运动开始,国家开始转型,从农业国向工业国过渡,从以农为本过渡到以工为本,薛福成认为在当今,国家要发展,经济要繁荣,一定要学习西方,以商务为本,"舍振兴商务,无他术矣……中国富而后诸务可次第修养[①]"。西方的通商贸易是联系各国的纽带,务商是顺应世界潮流,这是薛福成观念迈向近代化的起点。

他积极主张向西方学习,"欧美两洲各国勃焉兴起之机,在学问日新,工商日旺,而其绝大关键,皆在近百年中;至其所以横绝地球而莫与抗者,不过恃火轮舟车及电线诸务,实皆创行于六七十年内,其他概可知矣……斯殆造化之灵机,无久而不泄之理,特假西人之专门名家以阐之,乃天地间公共之道,非西人所得而私也。中国缀学之士,聪明才力岂逊西人?特无如少年精力,多縻于时文试帖小楷之中,非若西洋亿兆人之奋其智慧,各以攻其专家之学,遂能直造精微[②]"。西方的现代科技不是西方的专利,它是全人类追求的目标,是全世界国家都要走的道路,只是各国的步调不一样,有先有后,西方国家在这方面先走了一步,这是西方的优势,我们中国向西方学习也是正常的。这种洞彻中西差距、虚怀若谷的清醒认识是远远超过当时的其他人的,是难能可贵的。

他提倡学习自然科学,"吾华读书之士,明其道者忽其事;工师之流,习其业者昧其理。多未明晓西法,故不能相互引证,抉其精要,

---

① 丁凤麟、王欣之:《薛福成选集》,上海:上海人民出版社,1987年,第79页。
② 薛福成:《出使四国日记》,长沙:湖南人民出版社,1981年,第68页。

然其学未尝不可攻而能也……风气既开，有志之士锲而不舍，蕲使古今中西之学，会而为一，是则余之所默企也夫①"。

薛福成在欧洲各国参观访问，广泛接触西方各界知名人士，视野的扩大使其思想发生重大变化。他对中国的现状和未来产生新的认识，他集中精力考察欧洲的社会得失，通过对议院、工厂的考察，他悟出一个道理：欧美国家之所以先进，中国之所以落后，其要本在于制度的不同。他称赞西方君主立宪政体，预示封建专政必然改变，以后的国政"寝久亦必改变，与英、法、德诸国相同②"。他认为西方各国的政治制度以英国的君主立宪制为好，"然如美国则民权过重；法国则叫嚣之气过重；其斟酌适中者，惟英、德两国之制颇称尽善③"。这时的薛福成明确西方政治制度优于中国的封建制，制度改革是必然趋势，这说明他已名副其实地成为早期改良思想家。

1879年，薛福成出国前曾撰《筹洋刍议》，这篇文章主张发展工商业，实行关税自主，抵制外国商品倾销，扩大丝茶出口，以改变外贸入超，他认为中国必须振兴工商业，强调发展运输业、农业、工业是振兴工商业的三个要端。他详细阐述进行洋务运动的理论根据，他指出变法是历史进程的必然规律，强调中国在经济、技术、军事等很多方面需要变法，变法的目的是取西方器数之学使中国实现富强，从而使中国不受列强的蔑视和宰割。

---

① 薛福成：《出使四国日记》，长沙：湖南人民出版社，1981年，第7页。
② 丁凤麟，王欣之：《薛福成选集》，上海：上海人民出版社，1987年，第362页。
③ 薛福成：《出使四国日记自序》，长沙：湖南人民出版社，1981年，第134-135页。

薛福成的《筹洋刍议》虽没有像早期改良思想家们那样明确提出改革中国的封建政治，实行资产阶级的君主立宪制度，但他思想的触须触及了早期改良派关注的各个问题，特别是他那些否认传统的封建观念，认为"人人欲济其私"等观点，更是直接反映了当时正在形成的资产阶级的思想，这部著作已带有早期资产阶级改良主义思想的色彩，其对中国思想界的影响是极其深远的。《筹洋刍议》与冯桂芬的《校邠庐抗议》、陈虬的《庸言》、郑观应的《盛世危言》一起，被人们公认为十九世纪后叶中国思想理论战线上的重要成果。出国后，他的思想已经比《筹洋刍议》中的见识大大提高了一步。

薛福成眼中的英国形象是尽善尽美之国，不论是科学技术、商业经济和君主立宪制，都是现代文明国家的代表，是中国应该效仿的楷模，他认为中国封建制度改革是必然趋势，中国摆脱落后现状的必由之路就是学习西方。薛氏已经比较彻底地摆脱了传统的集体想象，没有传统的夷夏偏见，而是把西方国家和中国放在同等发展的地位进行比较，西方的先进之处是人类共同的文明成果，中国完全可以学习西方，为我所用。

综上所述，晚清域外旅游者建构英国形象的过程分为三个阶段。开端期的游记对英国的描述表现在两个方面：一方面是对物质文明的肯定与重述；另一方面是对政治制度的"采风"式介绍。当时，两次鸦片战争爆发，中国和西方国家签订了一系列不平等条约，西方列强的商品和资本输出逐步瓦解中国传统的封建经济，社会危机初现端倪。初出国门的游记作者被英国先进的技术文明吸引，他们不厌其烦地重述西方的现代技术，赞赏其先进性。这种不断地重写、重言是一种互文性写作，它影响后世的游记作者对西方的描述，并成为建构新的社会集体想象的生发点。但是毕竟他们文化程度不高，社会地位也不高，这决定了他们对英国的认识比较粗浅，他们对西方政治文明只是采风式记述，并没有认识到其优越性，这反映了传统社会的集体想象对他们思想的束缚，他们内心深处仍然笃信封建的儒家纲常。

发展期的晚清游记作者对英国形象的认识相对深入，表现为一是对经济制度和科技文明的美化，二是对民主政治制度优越性的直观认定。十九世纪六十年代，洋务派力图发展中国军事、民用、教育等，中国资产阶级产生并且发展，中国洋务派对西方的先进的军事力量和经济制度有所了解，同时中国的大门日益对西方开放。此时的游记作者相对于开端期在思想意识上也成熟很多，他们不再否认西方的技术文明，而是愿意像洋务派那样"以夷制夷"。他们对英国经济制度、政治制度作做较深入的观察和思考，强调英国的经济制度和科技文明程度胜于中国，对英国的民主政治制度的优越性有直观感受，但还没有深入的理性认知。郭嵩焘是走在时代前列的先行者，他较大程度地摆脱了传统士大夫的思维模式，充分肯定英国的文明程度不输中国，甚至超过中国。他对英国形象的建构基本脱离了传统的集体想象，成为新的英国集体想象物的积极因素。

郭嵩焘与刘锡鸿考察西方时的思想分歧实质上反映了中国传统知识分子在传统社会向近代社会转型时期的两种价值取向：走向世界还是回归传统。刘锡鸿是近代中国传统官僚知识分子中的典型，他个人的思想的变化恰恰是中西文化矛盾冲突的一种反映，他挣扎在传统想象和近代认知之间,所以他构建的英国形象,既有新的集体想象因素,但又笼罩在传统的思维模子里,比如对英国先进科技文明的肯定和英国政俗之美的描述,但他又找出传统儒家思想说明英国的文明不适合中国国情,中国不应该学习英国。

十九世纪九十年代的晚清游记进入鼎盛期,当时的中国政府的弱势已全面显现,甲午中日战争中清朝的失败就是证明,中国社会的内部矛盾日益加剧,许多中国知识分子开始思考中国的命运。此时的游记作者亲眼目睹西方国家的先进,游记作者通过游记文本描述了一个尽善尽美的现代文明的典范国家,英国形象被极度美化,成为晚清中国的乌托邦镜像,它反映出晚清知识分子面对外忧内患、极度贫弱的中国现实急切地寻求救国之路的文化心理和欲望。英国形象的基本特点一是经济制度、科技水平远胜于中国,二是英国的民主政治制度是中国学习的楷模。薛福成赞赏西方君主立宪政体,提倡学习西方的民主政治制度,初步提出改革政治制度的思想主张,具有了初步启蒙思想的色彩。

任何一个民族关于异族异域的形象,都是在长时间的历史过程中,从零散的传闻、添枝加叶的想象、逐渐积累的知识与不断变化的价值视野中发展起来,形成一种关于特定异域的形象传统。而该形象传统一旦形成,就成为一种接受与改造异域信息的既定的期待视野,任何信息传入,只有在该视野内才能显现和构造。

晚清游记经过三个阶段的发展,逐步完成了中国人对英国新的集体想象的建构。晚清游记中英国形象的描述越来越受到晚清士大夫阶层的重视，他们传播的西方的信息慢慢整合到社会集体想象物中。国内士大夫开始接触介绍西方历史、地理及一般状况的书刊，比如《瀛寰志略》《海国图志》等，他们开始看到书中记载西方富强繁荣的文字，大多持半信半疑的态度，曾国藩看了《瀛寰志略》之后，认为书中记载"颇张大英夷"，郭嵩焘也震诧不已，出国游历后方改变看法，曾纪泽出使到香港时方相信郭嵩焘《使西纪程》中关于西方富强的记载无一不符合事实，薛福成也认为"昔郭筠仙侍郎每叹羡西洋国政民风之美，至为清议之士所牴排。余亦稍讶其言之过当①"。出使后的薛福成则相信郭嵩焘的这一记述是真实的。

晚清游记的作者因其身份的特殊使他们在建构晚清对于西方的集体想象中担任重要角色，他们很大程度上是清代乃至后代中国人对西方的社会集体想象物的建构者。

第三节 "中和"之美：单士厘游记中的近代女性形象

鸦片战争后，中国门户逐步开放，中外接触交往日益增多，但清末知识女性走出国门考察异域大大晚于男性，且人数很少，能留下观感记载、创造业绩的女子更是凤毛麟角。"在1900年以前到欧美的中国人中，妇女只占百分之几以下的少数，其中称得上观察者的知识女性屈指可数，能够用著述表明自己思想和见解的更是绝无仅有了。"②她

---

① 薛福成：《出使四国日记》，长沙：湖南人民出版社，1981年，第58页。
② 单士厘：《癸卯旅行记归潜记》，长沙：岳麓书社，1985年，第657页。

们的活动在当时犹如一闪而逝的流星，使黑暗的夜空闪现了一线光明，单士厘就是其中一颗闪亮的女性启蒙明星。

单士厘（1858年—1945年），号受兹，自幼受到良好的教育，聪颖过人，博学能文。她的丈夫钱恂，是维新派的知名人士、清朝著名的外交家，光绪年间，先后出任过清政府驻日本和欧洲各国使节。1899年，单士厘冲破封建礼教束缚，跟随丈夫出国长达10年之久，游遍日本和欧洲各国，所到之处，观光名山大川，采集社会风土人情，更为重要的是她把自己游历的过程用文字记录下来，这就是她的两本游记:《癸卯旅行记》和《归潜记》。单氏的两本游记如实记载了近代早期知识女性迈出国门看世界的所见所思，其思想意义至今仍给我们启示。

一、女学思想—单士厘构建近代女性形象的基础和核心

单士厘的丈夫钱恂在为《癸卯旅行记》作的题记中道出她写游记的原委，"方今女学渐萌，女智渐开，必有乐于读此者。故稍为损益句读，以公于世[①]"。单士厘也在自序中写出自己的心曲，"惟此一段旅行日记，历日八十，行路逾二万，履国凡四，颇可以广闻见。录付并木，名曰《癸卯旅行记》。我同胞妇女，或亦览此而起远征之羡乎？跻予望之[②]"。由此看出，单士厘写作游记，除了意图用自己的笔道出自己对中国文化的思考外，更重要的是为了启蒙中国近代女性，这是她作为晚清第一位女性旅行家的特殊之处，从这个意义上讲，单氏无疑是中

---

① 单士厘:《癸卯旅行记归潜记》，长沙：岳麓书社，1985年，第683页。
② 单士厘:《癸卯旅行记归潜记》，长沙：岳麓书社，1985年，第684页。

国近代女性启蒙的一颗闪亮的明星。

西方侵略性的坚船利炮轰开中国的大门后,对中国危机的焦虑在晚清士子阶层普遍存在,而跨越国界的旅行中目睹的物质文化上的差异、制度知识上的不同都可能加剧这种焦虑,单士厘也有这种焦虑。与晚清士人不同的是,单士厘以女性独特的视角思索中西文化间的质别和中西方女性角色的差异。

1899年,单士厘跟随担任清政府驻日使节的丈夫东渡日本,此后几年内,她"无岁不行,一航,或再航,往复既频,寄居又久,视东国如乡井①",此时的日本向单士厘展示了它学习西方的巨大成效,单士厘积极融入日本生活,和日本女人交朋友,并学会了使用日语,她有意识地留意观察中日文化之间的差别,并如实记下自己的思考。

单氏认识到日本富强并跻身世界列强的原因在于重视教育,她大加赞赏日本教育,并力倡中国教育应该是男女并重的教育,甚至女子教育比男子教育更加重要,"要之教育之意,乃是为本国培育国民,并非为政府储备人材,故男女并重,且孩童无不先本母教。故论教育根本,女尤倍重于男②"。日本教育内容充实,德育、智育、体育兼备,注重吸收新技术,特别重视小学和中学基础教育,十五岁以内的青少年都能在学校接受基础教育,这是教育重要性得以贯彻的根本。中日教育两相比较,她不胜感慨,她的子女和媳妇只能到日本留学,因为在中国没有适合的学校。她指出中国教育内容陈旧不切实际,更令人难以忍受的是

---

① 单士厘:《癸卯旅行记归潜记》,长沙:岳麓书社,1985年,第684页。
② 单士厘:《癸卯旅行记归潜记》,长沙:岳麓书社,1985年,第687页。

女子教育状况:"中国近亦论教育矣,但多从人材一边着想,而尚未注重国民,故谈女子教育者犹少;即男子教育,亦不过令多才多艺,大之备政府指使,小之为自谋生计,可叹!况无国民,安得有人材?无国民,且不成一社会!中国前途,晨鸡未唱,观彼教育馆,不胜感慨。"①

作为晚清时期的一名女性,单士厘的女学教育观是难能可贵的。首先,她指出教育应该是培育国民的教育,女子享有和男子平等受国民教育的权利。其次,她指出女子教育比男子教育更加重要,原因大概有两点:一是幼儿教育中母亲对儿童的影响相当大。母亲是栽培幼苗的园丁,作用重大,"欲培佳种先诸母,长养新苗去蓬莠②";母教甚至重于师教,孩子的教养来自母亲的教导,离开母亲的教导,孩子就可能迷失本性,"世禄之家,鲜克有礼,然五六岁时,必尚天良未泯,何也?母教故也。迨出就外傅而渐即浇漓,至应考试、得科第、登仕版,而日就于不可问。何也?离母远也。细想诚然""中国人类尚不至遽绝者,徒以人人得母教故"。③二是中国女德教育足以令国家强大,"中国女学虽已灭绝,而女德尚流传于人人性质中,苟善于教育,开诱其智,以完全其德,当为地球无二之女教国。由女教以衍及子孙,即为地球无二之强国可也④"。

由此看出,单士厘把女学提到强国富民的至高地位,女子接受国民教育和女德教育是单士厘女学思想的核心部分,这也是她的启蒙意

---

① 单士厘:《癸卯旅行记归潜记》,长沙:岳麓书社,1985年,第687页。
② 单士厘著,陈鸿祥校点:《受兹室诗稿》,长沙:湖南文艺出版社,1986,第31页。
③ 单士厘:《癸卯旅行记归潜记》,长沙:岳麓书社,1985年,第698页。
④ 单士厘:《癸卯旅行记归潜记》,长沙:岳麓书社,1985年,第697页。

识所在。她对女学寄予很大的期望,"全国精神基女学,领邦风气赖君开。骊歌又唱阳关曲,海上三山首重回①"。

二、传统和现代并行不悖的理想女性形象

单士厘在《癸卯旅行记》和《归潜记》中建构了她心中的理想女性形象,并且她身体力行,俨然是一位蔑视封建礼法、提倡文明开化的启蒙时期的知识女性。

单氏首先阐明中国妇女的地位和状况。她说,"中国妇女本罕出门,更无论冒大雨步行于稠人广众之场②","中国妇女向以步行为艰③",这说明了中国旧式妇女足不出户、愚昧无知的情况,又揭露了因缠足陋习给妇女带来的身心之苦。

单氏不管是在外国还是在国内都表现出一位敢为风气先的晚清中国新知识女性的风范。在日本东京,对于她来说,步行是常事。1903年,单氏从东京出发,先赴大阪参观日本"第五回国内博览会",当天,大雨竟日,她却步行参观不辍,至晚始归寓所。她认为"今日之行,专为拓开知识起见,虽踯躅雨中,不为越礼,况尔待舅姑而行乎?但归东京后,当恪守校规,无轻出④"。在这里传统的女德仍然得到肯定,做一名现代知识女性和传统女德毫不矛盾,可以并行不悖。回到江苏

---

① 单士厘,陈鸿祥校点:《受兹室诗稿》,长沙:湖南文艺出版社,1986年,第44页。
② 单士厘:《癸卯旅行记归潜记》,长沙:岳麓书社,1985年,第692页。
③ 单士厘:《癸卯旅行记归潜记》,长沙:岳麓书社,1985年,第697页。
④ 单士厘:《癸卯旅行记归潜记》,长沙:岳麓书社,1985年,第692页。

老家，她仍然引领新风，到母舅家里是月夜步行，这样做的目的是"特以步行风同里妇女①"；因为到国外常常和外国人打交道，回国后，中国青年向她请教女学，她竭诚相告，女德教育不是蒙昧主义教育。到罗马教堂，音乐甚有名，"予恒率孙辈伫门外听之，不觉神往，孙辈侍听，亦自然有一种静肃气②"。

单氏比较日本和欧洲妇女，认为日本女性更值得中国女性效仿。单氏对欧洲妇女形象不予好评，她认为西方女子长于应酬，但流于表面忽视内在的修养，西方女德不足取，"西方妇女，固不乏德操，但逾闲者究多。在酬酢场中，谈论风采，琴画歌舞，亦何尝不表出优美；然表面优美，而内部反是，何足取乎？③"相反，她对日本女性给予赞赏，"东国人能守妇德，又益以学，是以可贵④"。通过对日本和欧洲女德的比较，她看到日本女德的优势，同时她认识到中国女德的可贵。

单氏理想中的中国女性应是将闺范教养、民族国家未来与家庭身份融为一体，她认为新一代知识女性可以不排斥家庭中传统女性相夫教子的角色。新女性没必要完全放弃纲常伦理下的女德，中国女德优于西方女德，她主张女德与女学可以并行不悖，日本的女性两者并具，是中国新女性应该学习的楷模。

单氏的理想女性形象应和了晚清男性精英对于中国近代女性形象的理想建构。晚清中国启蒙思想家提出了"良妻贤母""国民之母"和

---

① 单士厘：《癸卯旅行记归潜记》，长沙：岳麓书社，1985年，第697页。
② 单士厘：《癸卯旅行记归潜记》，长沙：岳麓书社，1985年，第787页。
③ ④ 单士厘：《癸卯旅行记归潜记》，长沙：岳麓书社，1985年，第692页。

"女国民"女性新形象。梁启超在《倡设女学堂启》开篇对女性提出了新的要求,"上可相夫,下可教子,近可宜家,远可善种①",相夫教子和宜家善种成了贤妻良母的新标准。女性从为家庭而生存变为为社会承担一定的义务,为善种强国做贡献,女性要具有相夫教子的能力,因此要具备一定文化知识。这种女性既能成为男子的贤内助,又能为强国善种尽到责任,与传统的贤妻良母形象有很大的区别。二十世纪初出现了"国民之母"与"女国民"的女性社会形象,欲铸造国民,则必先铸国民之母。其基本要求是通过接受教育使女性提高素质,来提高全民素质。女性应成为"女国民""国民"二词,非但男子负担起资格,女子也纳此范围,女国民所表示的是"男女有平等的权力"。女国民的形象超越贤妻良母的角色定位,体现了女性由家庭向社会的回归。

单士厘对中国近代女性形象的构想同时也是借异域之镜重新审视自己文化中的女性角色的结果。若将形象制造者称为"自我",被制造者称为"他者",那么自我只有和他者组成一对才有意义,因为两者是对立、互补、互为参照的。②有比较才有鉴别,自我通过与他者的比较,区分异同,进而达到自我身份的确认。他者是与自我密不可分的另一个自己,他者构成了自我反观自身的一面镜子,自我通过借助他者这一面镜子,可以更好地辨识自己的形象。单氏在接受中西两种文化时,发现中西妇女地位的巨大落差,这不能不引起她的反思,正是从中西妇女相异中,单氏重新给中国妇女定位。单氏在游记中实事求是地介

---

① 梁启超:《饮冰室合集文集(第一集)》,上海:中华书局,1989年,第19页。
② 孟华:《比较文学形象学》,北京:北京大学出版社,2001年,第5页。

绍中西妇女的相异之处，但她并没有明显的褒西贬中的意思，相反，她没有盲目认同西方，而是站在中国传统文化的基础上理解女性、建构女性形象，中国女性从家庭走向社会，其间要跨越的困难是很大的，单氏的女性形象建构给我们描绘了一幅温情的画面，站在新旧两个世界，女性不用和以前的自我完全割裂，女性同时具有双重身份，她们既是家庭的贤妻良母，同时又是与时代并进的知识女性。

三、"中和"中西文化的姿态

单士厘游记建构的中国近代女性形象给我们提供了思考女性地位和权力的新基点。与同时代的女性启蒙者相比，单氏的女性形象建构里少了一点和传统对立的锋芒，多了一点实际可行的因素，这种建构给我们重新定位女性的地位和权力提供了具有积极意义的启示。

意大利学者翁贝尔托·埃科认为两种不同的文化相遇，由于相互间的差异，会产生文化间的冲撞，有三种可能性：一是征服，结果要么是一种文化模式改造另外一种文化，要么是一种文化毁灭另一种文化；二是掠夺，尊重异族文化，力图理解它，并将其基本因素纳入自身肌体中；三是交流，这是相互影响和尊重的双方流程。[①]

很明显，在多元共存的世界，第三种情况更符合事实，文化交流是相互影响和尊重的双方流程，那么怎样实现这种双向交流呢？乐黛云教授在《文化相对主义与"和而不同"原则》[②]一文中提出"和而不

[①] 乐黛云、勒·比松：《独角兽与龙》，北京：北京大学出版社，1999年，第1页。
[②] 乐黛云、张辉：《文化传递与文学形象》，北京：北京大学出版社，1999年，第12-17页。

同"异质文化交流原则。从哲学意义上讲,"和"是和谐,是统一,"同"是相同,是一致;"和"是抽象的,内在的;"同"是具体的,外在的。"和而不同"追求内在的和谐统一,而不是表象上的相同和一致。黑格尔把"同一"区分为两种:一种是抽象的同一,排斥一切差别的同一;另一种是具体的同一,包含差别于自身的同一。他认为这是在哲学上区别好坏的关键,无差别的同一本身不包含差别和矛盾,也就不可能有运动和发展。黑格尔说:"假如同一、差异和对立这几个最初的反思规定都用了一个命题来提出,那么,矛盾这一规定就更加应该用'一切事物本身都自在地是矛盾的'这一命题来包括和表达,并且诚然是以这样的意义,即:这个命题比其他命题更加能表述事物的真理和本质。矛盾出现于对立之中时,它不过是发展了的无,无已经包含在同一之中并且表明了同一命题什么也没有说。这个否定进一步把自己规定为差异和对立,而这现在就是建立起来的矛盾。"[①]

　　黑格尔这里所说的"包含差别于自身的同一",用中国哲学的概念表达,也就近似于"和而不同"。坚持"和而不同"的原则来处理不同文化间的关系,意味着我们首先要承认不同文化有着自己不同的传统,他种文化也有存在的权利,坚持不同,就是使自己的存在形式相对化,能够站在一定距离之外,或站在他种文化立场,从不同角度审视自己,既不轻易把自己认同的原则强加于人,也不盲目顺从别人的传统。"和而不同"要求我们能在自身文化发展的过程中,吸收外来文化的有利因素,同时不失掉自身文化传统,从而大大丰富自身文化的内涵,各种文

---

① 黑格尔:《逻辑学(下卷)》,北京:商务印书馆,1981年,第65-66页。

化"并育而不相害""并行而不相悖",这就是"和而不同"的表现。①

1840年鸦片战争带来中国"千年未遇之大变局",中国传统文化受到西方文化的强烈冲撞,晚清社会经历巨大的变革引起的社会转型冲击着延续了几千年的社会性别制度,改变着传统的两性关系。近代以前,尽管有很多叛逆女性和开明男性抨击和抗争过男女不平等现象,但始终未能动摇男尊女卑的不平等制度,只有到了近代,人的存在、权利受到尊重,女性地位引起关注,传统性别关系打开缺口,并逐步发生变化。随着西方文化越来越多地渗入中国,西学东渐对国人的妇女观念产生了巨大的影响。单士厘生活的时代正是中西文化发生冲撞的时期。1899年,单士厘第一次到日本,维新运动中提出的开民智、兴学校、固国本等思想,给了她很大的影响。时代的潮流和发展趋势把单氏推到启蒙运动的浪潮中,单氏的启蒙思想是在中西文化的碰撞交融中以及特定的社会历史环境的影响下形成的,她走出国门亲身感受中西文化之间的巨大差异,她在认识到西方现代文明的先进性的同时,并没有全盘否定中国传统文化,而是站在新旧两个世界的联系点上"中和"两种文化,这是难能可贵的。

第四节 理性的凝视与回眸:郭沫若笔下的日本女性形象

香港人罗森的《日本游记》被钟叔河称为我国近代最早的一部日本游记。1854年,罗森跟随美国培理舰队来到日本,并写下《日本

---

① 乐黛云、张辉:《文化传递与文学形象》,北京:北京大学出版社,1999年,第17页。

游记》，比 1877 年首批驻日使团赴日早二十多年。《日本游记》主要介绍明治维新之前的社会状况，当时的日本实行闭关锁国政策，一切以中国为师，对西方人极其疑惧，学者迂腐保守，老百姓谦逊温和，与明治维新后的日本人完全不同。罗森的游记中透露出中国"师者"的优越感。

1877 年，中国向日本派出第一批驻日使节，他们写下了旅日游记，其中代表性的游记有：何如璋的《使东杂咏》《使东述略》和黄遵宪的《日本杂事诗》等。日本经过明治维新后发生了翻天覆地的变化，它已经走上了全面学习西方的资本主义道路，火车、轮船、邮政、电报等这些新鲜事物让中国使官惊叹不已，但这些传统士大夫仍然没有摆脱"天朝上国"的思维模式，他们对明治维新后的日本的科技文明大加赞赏，但对日本文化上的欧化持怀疑态度。这表明当时的中国人并没有失去文化上的自信。自魏源在 1842 年提出"师夷长技以制夷"始，直到十九世纪六十年代到九十年代的洋务运动，当时中国上层知识精英仍然认为中国文化是本，西方科技是体，中国需要学习的是西方的科学技术，而不是西方的文化。因为他们相信中国在文化方面仍然是领先世界的，更别说在曾经以中国为师的蕞尔小国——日本面前，他们仍然可以居高临下地俯视它。

鸦片战争失败后，中国的弱势显现，一批文人士大夫和知识分子开始反思夷夏之辨的合理性。晚清使官或随从的域外游记也表现出对"华夏中心主义"的疏离，使官的特殊身份使他们很大程度上是清代乃至后代中国人对西方的社会集体想象物的建构者、鼓吹者。

但"华夏中心主义"的破灭是在甲午战争之后,中国曾经的学生——日本打败了中国。

可以说,十九世纪以前的相当长时间,中国是日本的老师,中国文化传入日本,并渗透到日本的政治、经济、社会文化等各个领域。但是,到了十九世纪以后,中日关系发生了变化。1868年,日本开始明治维新,改拜西欧为师,走上了资本主义工业化道路,经济文化获得迅速发展,相比之下,清朝统治下的中国积贫积弱,再经鸦片战争,国力更加衰败。1894年,中日甲午战争爆发,日本海军大胜中国的北洋舰队。对于中国人来说,甲午战争输给日本所受的精神打击比鸦片战争败给西方人要大得多。千年的中日关系彻底颠倒了过来,也击碎了中国人文化上的自信。日本,这个中国昔日的学生,摇身变成了中国的老师。中国由俯视日本变成了仰视日本。我们以郭沫若的小说《喀尔美萝姑娘》为例,探析日本"喀尔美萝姑娘"形象折射出的近现代中国人看日本的复杂心态。

一、文化冲突下的畸恋

《喀尔美萝姑娘》讲述的是"我"——一个中国留日生暗恋一位日本女子以及恋情破灭后投海自尽的故事。日本女子是一位卖喀尔美萝的下层平民(喀尔美萝是日本的一种用糖熬制的甜食),她在"我"寓所附近的花坛旁边的小巷里卖喀尔美萝,眼睛很美,睫毛很浓密。就是这一双眼睛引发了"我"对她的狂热的激情。"我"是这样描写她的眼睛的:"那是不能用言语来形容得出的,那是不能用文字形容得出的!

她是那么莹黑，那么灵敏，那么柔媚呀！……眼睫毛是那样的浓密，那样的鲜明，那样的富有生命力呀！啊，我恨我不是诗人，我假如是诗人，或者也可以形容得出几分之几的她的美处。"①由眼睛到她整个人，"我"完全被迷住了，"她把眼低垂下去，脸便晕红了起来，一直红到了耳际。可爱的处女红!令人发狂的处女红呦！"②作者甚至写到"我"对喀尔美萝姑娘的欲望，这种疯狂的爱恋是超越任何世俗观念的单纯的感情，喀尔美萝姑娘是没有社会地位的下层女子，"我"对她的家庭和性格没有任何了解，两人只是见过几面，我们"甚至没有任何交谈"，"我"就对她产生了不可遏制的情感，这实在是不可思议的，但如果从恋情背后的文化内涵来透视这段匪夷所思的爱情，这也不是不可能的。

形象无疑是一种象征语言，传递着形象制作者对"他者"形象的理解。当形塑者在制作他者形象时，会受到形塑者的制作地点、制作时间、制作时的情绪状态、制作时的外部环境等因素的影响。比如形塑者在异国与在本国制作的"他者"形象肯定是不一样的，这中间隔着一个空间的距离。在异国制作"他者"时是一种体验，而在本国制作"他者"时更多的是一种想象或回忆。无论在哪一层面上，被制作出的"他者"形象都不可避免地是对真实的"他者"的某种否定、对"我"的空间生命的延续或补充。按照比较文学的形象学理论，"他者"

---

① 郭沫若：《郭沫若文集·文学卷编（第九卷）》，北京：人民文学出版社，1985年，第209页。
② 郭沫若：《郭沫若文集·文学卷编（第九卷）》，北京：人民文学出版社，1985年，第10页。

形象是一种总和，是对一种文化现实的描述，是情感与思想的混合物，它是一个作家、一个集体物用思想中的在场成分（即对异国进行想象和理解）去置换一个缺席的原型（异国）。

中国留日学生对日本女人的形象建构，即是中国留日生自我对日本女人他者的想象。日本女人作为被观察的对象，是被观察的客体，中国留日生是观察的主体。形象是因自我的需要和欲望而塑造的，与他者本身并无多大关系。日本女人只是中国留日生自身欲望的投射物。

在《喀尔美萝姑娘》中，郭沫若塑造的日本女人喀尔美萝姑娘温柔、文静，是"我"心目中的完美女神，"我"把自己的所有感情都寄托在对她的爱恋上，姑娘没有对"我"说一句话，两人只是见了几次面，"我"对她不是很了解，这种有点盲目而带着乌托邦色彩的美好想象完全是"我"对喀尔美萝姑娘的幻想，喀尔美萝姑娘是缺席的被观察者，"我"对她的所有美好想象是出于"我"自身的需要而产生的，不管姑娘本身是贤淑还是卑劣，这些都不是"我"关心的事情，问题的关键在于此时正是"我"作为一名中国留日学生意志消沉、生活颓废之时，"我"无心念书，对自己的婚姻生活不满，对自己的祖国也没有归属感，"我"需要一个精神寄托，需要一段新的感情生活来寻回生活的激情，寻回生活的意义，而这时无意中"我"看见了喀尔美萝姑娘，她羞涩的少女脸庞，因为甜食分量少而特意多给了"我"一颗糖果，这种体谅的善意的举动，深深地触动了"我"内心的脆弱情感，"我"像是寻回了久违的尊严，在异国长期受到的心灵的压抑和屈辱似乎在这个陌生的少女身上得到了补偿。于是，"我"觉得应该倍加珍惜，"我"

像步入了感情的迷宫,一旦涉足就无法回头,"我"开始凭着自己对姑娘的一厢情愿的暗恋,每天逃避着妻子,追随着喀尔美萝姑娘的身影,姑娘自始至终都不知道有这样一位中国青年在痴恋着自己,这是多么可笑但又可信的恋爱。

中国"华夏中心主义"的观念在中国几千年文明史的发展过程中形成,它借助华夏文化这一他者之镜确认自己的理想形象。随着儒家道德思想的不断完善和社会政治制度及交往方式的相对封闭,中华帝国的优越感不断加强。在晚清之前中国人的大国优越感从未消失过,日本在国人眼里只是蕞尔小国,是处于被动想象的地位,中国人有着主动观察日本的文化优势和心理,中国人可以以一种宽松的文化心理去构想日本(或者西方),日本女性形象就是这种想象的产物。日本女性的形象建构正是"华夏中心主义"观念的反映,善良、美丽的日本女子散发出迷人的光彩,是"我"盲目的带有乌托邦色彩的异国想象,是"我"对日本女子的主观美化。

但这种因为自大的文化心理对西方(包括日本在内)"美人"的居高临下的构想随着鸦片战争的爆发而有了改变。在鸦片战争中,一个拥有五千年文明的泱泱大国竟被向来被中国人视为"夷狄"的英国所打败,这不能不引起有识之士的痛心和反思。有许多人已经清醒地认识到,由于历史上的落后与现实中对外战争的失败,中国的国际地位进一步沉沦,已不是中国看不起西方而是西方看不起中国,西方"美人"的玄想开始破灭。这种一厢情愿的"他者"幻象是没办法经受现实考验的。

二十世纪二十年代，日本资本主义的高速发展很快将这样一个传统上十分落后的岛国送入世界强国之列。中日经济发展水平的极大差距，给来自中国的留学生们以极大的震撼。置身于外国的土地，人们才会意识到自己是一个外来者。这种异乡人的被排斥感是那些没有居身日本的人无法理解的，面对日本这个高速运行的庞然怪物，中国留学生们只有哀叹和无奈。他们既是一群异邦人，又是一群多余者，现实和理想的差距折磨着他们。他们的视线聚焦到国籍意识淡薄、以善良温柔著称的日本女子身上，对日本女子的爱恋成为一种麻醉剂抚慰着孤寂的异乡人的灵魂。

"我"是有妇之夫，家里有一位贤惠的妻子，还有一个孩子。瑞华作为"我"的妻子陪"我"一起到日本留学，靠着微薄的政府发放的官费补助生活。每天妻子给"我"一角钱坐电车到图书馆看书，晚上回家吃完饭，"我"就向妻子讲述"我"在图书馆看过的内容，这种简单的生活并不是一个怀着救国理想的中国留学生想要的生活，物质上的贫困不是最主要的，更主要的是精神上的贫困，而这种精神困境是留日中国学生的普遍状态，清纯的日本女子成了中国留学生心灵慰藉的港湾。"我"在精神上背叛了贤惠的妻子，晚上抱着妻子睡觉，却做着和喀尔美萝姑娘的爱欲的美梦。这种偏执的情感转移也许还有更深层的原因，这就是"我"的社会身份——中国留日学生。

日本女人这一"他者"形象一旦遭遇现实，自我对"他者"想象的自信就会受到考验，自我的主动姿态就不再那么坚定，西方"美人"的玄想只能面临破灭的结局。"我"作为丈夫，有着一个男人对妻子的责任，作为中国人，有着一个国民对中国的责任，这双重责任让"我"不堪重负。于是，"我"选择了逃避，"我"在一个普通的日本少女身上找到了寄托，"我"似乎又找到作为男性的尊严和作为中国人的自信。但这种寻找是虚幻的，因为这段恋情自始至终只是"我"的一厢情愿，这种精神的迷醉只存在于"我"的想象中，在现实面前是经不住任何考验的。

"我"在准备向喀尔美萝姑娘坦白感情的时候，喀尔美萝姑娘竟然不知去向，中国人的身份阻碍了"我"与她之间感情的正常发展。隐瞒自己的真正身份，"我"能一厢情愿地躲在自己的想象中，不用接受现实的考验。"他者"形象仍然存在。"我"自始至终都是把自己放在主动构想"他者"的位置上，喀尔美萝姑娘处于缺席的位置，她充当了"我"满足私欲和期望的工具。可以这么说，如果此时不是喀尔美萝姑娘，而是另外一位日本女子，"我"也可能痴痴爱恋。因为这种"他者"想象是乌托邦式的，是不可能经受住现实的考验的，所以这段恋情的结局可想而知，"我"终于背负着对中国人的身份的负担和对喀尔美萝姑娘的深深思念跳海自尽。这是一个弱国子民和一个颓废男人的悲剧。

二、中国留日学生的日本观

为了使落后的中国走向现代化，通过向近在咫尺的日本学习西方文化成为中国人的共识。1896年，中国首次派遣13名学生赴日留学，拉开了中国留日史的序幕。从1896到1937年的41年间，中国留日学生高达5万人。

王晓秋考察了1840—1919年间近代中国人的日本观的变迁，认为有以下特点：一是从轻视到重视，以鸦片战争为界，之前是轻视，之后是重视。二是从走马观花到深入调查研究。早期出使日本的晚清使官多数是短期访问日本，他们的游记多是走马观花、浮光掠影的印象。十九世纪八十年代后，专门派去考察日本的官员对日本进行了深入的调查研究。三是从全盘效仿到初步批判。[①]郭沫若把日本留学生涯比喻为"有期徒刑"。他在自传体小说《行路难》中倾诉留学日本之苦："我为什么要到日本来！……拢共只有四五百块钱的家资，吃不上两三个月不是便要讨口了吗？固定的收入没有分文，要全靠着做文字来卖钱，这是多么危险的事情，多么扫脸的事情哟！……他凝视着的眼眶，竟被灼热的眼泪汹涌起来了。凡这十几年来，前前后后在日本所受的闷气，都集中了起来。"[②]物质的贫乏固然是难以忍受，更难以忍受的是日本人对中国人的蔑视态度。与郭沫若同期留日的王拱璧在《东游挥汗录》一书中写到日本人称呼中国人"支那"时的鄙夷心态，"自从倭人击败清国之后，称我中华为'支那'，这已成为国民教育的方针。此'支那'二字……可以代表华人的蒙昧。于是'支那'二字便在日本流行开来，成为倭人轻蔑华人的语言[③]"。郭沫若在《关于日本人对中国人的态度》一文中说，"支那"这个词从日本人嘴巴里讲出来，像是比欧

[①] 中国霞山同学会编：《日本文化教育研究文集》，沈阳：辽宁教育出版社，1992年，第47-64页。

[②] 郭沫若：《郭沫若全集》（文学卷，第九卷），北京：人民文学出版社，1985年，第294页。

[③] 中国郭沫若研究学会《郭沫若研究》编辑部编：《郭沫若的日本留学时代》，《郭沫若研究（第八辑）》，北京：文化艺术出版社，1990年，第275页。

洲人讲起犹太人还要坏。郁达夫在自传中写道:"国民中的大多数——大和民族,则老实不客气,在态度上言语上举动上处处都直叫出来说:'你们这些劣等民族,亡国贱种,到我们这管理你们的大日本帝国来做什么!'①"

郭沫若22岁到日本留学,前后二十年(1914年—1934年),他的大部分青春时光都在日本度过。在当时的郭沫若心目中,日本是从东方文化走进西方文化的踏板、桥梁。他曾在《我的幼年·前言》中写道:"我写的只是这样的社会生出了这样的一个人,或者也可以说有过这样的人生在这样的时代。"②在《少年时代·序》中写到,他写传记的目的是"通过自己看出一个时代"。郭沫若的日本生涯不仅仅是他个人的人生经历,它也见证着两个民族之间时代关系,更见证了那个时代两种文化之间的交流。

需要注意的是,活跃在中国现代文学文坛上的众多作家,大多有留学日本的经历,创造社、语丝社的成员基本都是留日文人,比如,鲁迅兄弟、郭沫若、郁达夫、陶晶孙等。他们对日本的认识,不是受制于既有的观念,也不是凭空想象出来的,而是长期旅居日本,与日本人和文化近距离接触之后的真实而又具体的感受,并经过自己的理性判断总结出来的认识。比如郁达夫,在留日文人中,他对日本的认识算是最深刻、最理性的:一方面他对明治维新后的日本充分肯定、

---

① 李兆忠:《看不透的日本 中国文化精英眼中的日本》,北京:东方出版社,2006年,第101页。
② 郭沫若:《沫若自传》(上卷),北京:求真出版社,2010年,第2页。

激赏，流露出喜爱之情，对他来说，明治维新后的近代日本是一个充满生气、励精图治、气象一新的国家。"明治维新，到现在不过七八十年，而整个国家的进步，却尽可以和有千年文化在后的英法德意比比。"①"若在日本久住下去，滞留年限，到了三五年以上，则这岛国的粗茶淡饭，变得件件都足怀恋；生活的刻苦，山水的秀丽，精神的饱满，秩序的整然，回想起来，真觉得在那儿过的，是一段蓬莱岛上的仙境里的生涯……"②相比之下，中国社会是杂乱无章的。这种认识是相对客观的。另一方面，由于近代以来中日之间关系的变动，触动了留日学生的敏锐神经，郁达夫内心对日本的感情很矛盾，喜爱之外，还夹杂着弱国子民因深受日本的蔑视而萌生的愤恨之情。"十年久住的这海东的岛国，把我那玫瑰露似的青春消磨了的这异乡的天地，我虽受了她的凌辱不少，我虽不愿意第二次再使他来吻我的脚底，但是因为这厌恶的情太深了，到了将离的时候，倒反而生出了一种不忍与她诀别的心来。"③郁达夫对日本既眷恋又憎恶的双重情感，是批判的，又是自省的，他痛恨日本对中国人的蔑视欺辱，又反省自身的缺陷，认为唯有富强和文明才是中国的出路。

近代中国留日生有着相似的留学经验，虽然观察的视角不一，思维方式、主客观需求也存在着差异，但他们总体上还是形成了比较一致的日本观。他们对日本的印象总体是好的，认为日本是中国人学习

---

① 郁达夫：《散文精读·郁达夫》，杭州：浙江人民出版社，2018年，第211页。
② 郁达夫：《散文精读·郁达夫》，杭州：浙江人民出版社，2018年，第211-222页。
③ 郁达夫：《郁达夫文集（第3卷）》，北京：当代世界出版社，2010年，第21页。

的榜样。中国留日学生在日本的体验夹杂着仰慕与憎恨的感情,一方面,明治维新之后的日本资本主义获得蓬勃发展,留日学生置身自由、文明的社会氛围中,兴奋不已,另一方面,外来"支那人"的身份使他们在爱情、学业、生活等各方面处处受挫,日本社会对中国的弱国子民、萎缩停滞的他者设定影响着他们的自我认识,相形之下,中国全方位的落后显露无遗,他们为中国的落后感到屈辱和痛苦。日本先进文明的强势吸引力与日本人对中国人的歧视使中国留日学生对日本普遍产生了爱恨交织的矛盾心态。

第五节 异域的延伸:许地山与林语堂的南洋叙事

据史料考证,"南洋"一词最早出现在宋朝赵抃(1008年—1084年)的《清献集》中,"南洋"指南边的小溪。宋代用"南洋"指江南岸边或中国南部沿海地区。[①]明朝的陆楫的《古今说海》中"南洋"指的是南洋群岛一带,当时的南洋也被称作"西洋",郑和下西洋,到达的实际上就是南洋群岛。1918年,赵正平的《南洋的定义》一文指出,狭义的"南洋"指马来半岛以及马来群岛,广义的"南洋"指散布在太平洋上的岛屿,东不属美洲、西不属亚洲,包括马来群岛以及东面的大小群岛、南面的澳大利亚与新西兰。还有最广义的"南洋",指印度支那半岛、马来半岛、马来群岛、大洋洲等,包括印度、澳大利亚、

---

① 李金生:《一个南洋,各自界说:"南洋"概念的历史演变》,《亚洲文化》,2006年第30期。

新西兰以及附近的太平洋诸岛。①南洋这一概念是以中国为中心观念的产物。我们采用的"南洋"的地理位置一般指狭义的"南洋",即如今的东南亚国家。南洋处于亚洲的东南部,位于赤道附近,天气炎热,热带雨林植物繁多,椰子林、橡胶树密布,多民族聚居,衣服五颜六色,人与景与中国迥异,极具异域风情。

有可靠文字记载的中国人下南洋的历史从秦汉开始,《史记》《汉书·地理志》等文献记载,中国与缅甸、越南等国自汉代就互有往来。唐代,很多中国海商前往南洋经商并定居,被称为"唐人"。下南洋在福建、广东、台湾一带也被称为"过番","过番"属于闽粤方言,指到南洋一带谋生。宋代朝廷重视海上贸易,中国与东南亚之间的商船往来频繁。宋代海商来自沿海各省,尤其以福建商人最为活跃,居住在东南亚的华侨福建人所占比例最大。明末清初,大量的难民、抗清失败的明军掀起了移民东南亚的高潮。1895年英国在马来半岛开拓橡胶园,发展橡胶工业,急需大量劳工,下南洋的中国移民剧增,据统计,1895年以后,每年下南洋的移民在15万到25万之间。②

关于南洋形象的描述较多地集中在两个时期,首先是晚清出现了大量的南洋游记,多出自使官和随从之笔,如斌椿的《乘槎笔记》、张德彝的《航海述奇》、郭嵩焘的《使西纪程》等。他们出使西方时途经南洋,上岸短暂停留,顺便游历,对南洋的描述少有个人情怀的抒发。

---

① 薛莉清:《晚清民初南洋华人社群的文化建构 一种文化空间的发现》,上海:生活·读书·新知三联书店,2015年,第52-53页。
② 王润华:《华文后殖民文学——中国、东南亚的个案研究》,上海:学林出版社,2001年,第79页。

再者是二十世纪二十年代至四十年代，中国有一批现代文人作家曾游历南洋，并留下文字记录。这些作品往往带有浓厚的情感色彩，文学性较强。

许地山曾到缅甸华人学校任教三年，老舍、巴金、徐志摩等赴欧留学都曾途经南洋，并作短暂停留，艾芜从中国四川、云南边境徒步到缅甸，司马文森曾到菲律宾做童工，郁达夫曾到新加坡担任《星洲日报》主编，巴人为抗日曾到新加坡、缅甸活动。这些文人作家根据亲身经历创作南洋题材作品，为我们了解中国现代文人知识分子对南洋的看法留下宝贵资料。

由于南洋特殊的地理位置，二十世纪以后，西方各国在南洋建立起庞大的殖民体系，英属缅甸、英属马来亚、法属印度支那、荷属东印度、葡属东帝汶以及美属菲律宾等。南洋成为西方资本主义工业发展的原料产地、加工厂和投资市场。由于遭受西方殖民者政治、经济上的掠夺，南洋社会发展缓慢，底层百姓生活艰苦，但殖民主义客观上还是促进了南洋当地经济的发展，甚至还使其带有现代化的某些特征。

中国现代作家关照南洋的视角是双重的，一是猎奇的视角，他们只是游历者，站在中国传统文化立场看南洋，关注异域风情。在他们眼里，南洋开发较晚，地广人稀，土地被原始森林、灌木丛林所覆盖，居民多以种植橡胶园为业，这里面有大中华或中原心态的运作，但不同于西方的"东方主义"。二是反思的视角，首先，南洋的现代经济繁荣与中国的落后封闭形成对比，他们向往充满活力的南洋生活，反思中国社会的问题。再者，南洋饱受西方殖民者的凌辱和剥削，底层百姓生活艰辛，这与近代中国的境遇相似，近代中国历史是一段不断遭受西方列强侵略的屈辱史，相同的历史境遇使得作家对南洋持同情态度，因而中国和南洋之间是温和的距离，而不是对立的关系。

下南洋的华侨并非像西方殖民者那样不劳而获、作威作福，他们同当地居民一样要依靠双手，辛勤劳作，艰难求生。许多作家写到南洋华侨的艰难生活，他们和当地居民同样遭受西方殖民者的掠夺。那些从广东和福建沿海漂洋过海下南洋的华侨，怀抱着黄金梦，但残酷的现实是他们终生做工，衣食无着，更悲惨的是那些"猪仔"，他们是被贩卖到东南亚橡胶厂做劳工的人，为了赎回自由身，他们要花好些年还债。新客和"猪仔"受殖民者雇佣的工头的欺诈和虐打，一旦染病就会被抛弃，自生自灭。巴人的《印尼散记》中记述"有十个工厂的小木廊或硕莪厂，一年死三个工人不算一回事。做过这种小木廊或硕莪厂的工的，只要十年，就被熬成一副骷髅架；活着，也是个没有感觉、不辨是非的东西[①]"。司马文森的小说《南洋淘金记》详细讲述了移民南洋的华侨的辛酸史，很多来自历史史料，华侨遭受的虐待与剥削触目惊心。

我们选择许地山和林语堂的南洋题材作品分析中国现代作家看南洋的心态。

一、许地山的南洋叙事

在我国现代文学史上，许地山（1893年—1941年）是最早涉及南洋题材的作家。许地山，名赞堃，号地山，笔名落华生，祖籍广东潮

[①] 巴人：《印尼散记》，长沙：湖南人民出版社，1984年，第40页。

阳，1893年出身于台湾的一个官宦世家。父亲许南英出身进士，持家甚严，能诗善文。中日甲午战争后，许南英搭乘外轮经泰国返回广东任县知事。不久，全家搬到福建漳州。闽粤与东南亚国家联系十分密切，许地山因为地域关系，也曾游历南洋，这为他创作南洋题材小说提供了条件。他的小说数量不多，含书信体和童话体小说在内不足30篇。许地山被郑振铎誉为"一朵绚丽耀眼的奇花"，因他的作品带有浓厚的宗教色彩和诡异的浪漫情调。

许地山1921年发表的短篇小说《命命鸟》是我国新文学第一篇异域题材的小说。他的小说总是充满浓郁的宗教气息、神秘的异域色彩，尤其是与南洋地域有着紧密联系，沈从文评价许地山"用的是中国的乐器，奏出了异国的调子"。面对鸦片战争后积贫积弱的国势，抱有匡时济世情怀的中国知识分子普遍把眼光投向东洋日本和西洋欧美，因为是主动积极向强国取经，他们往往对留学地抱有敬佩感和亲和态度。而许地山下南洋是为了寻求生命的奥秘，这显得有些另类。五四时期的作家往往以带有文化优越感的心态居高临下俯视南洋诸国，因为中国封建时期国势比南洋诸邦强大。鸦片战争之后虽然中国战败，但在文化上还自视甚高，他们看南洋时有"好奇心态、研究心态，更有居高临下的意味[①]"。许地山把南洋异域当作了他心灵对话的空间，他早期作品中那些发生在南洋异域的情爱故事都是他与南洋文化对话的媒介。"许地山既有宗教家的虔诚，又有文学家的热情，不单想弄清佛说

[①] 南治国：《凝视下的图像——中国现代作家笔下的南洋》，《暨南学报（哲学社会科学版）》，2005年第3期。

什么、怎么说,而且想弄清佛为什么说。"①

《命命鸟》取材于许地山听到的一个真实的缅甸故事,展现了佛教对缅甸传统文化习俗及人生观的深刻影响。十九岁的许地山当时正在缅甸仰光华侨创办的共和学校担任音乐教师。出国前,他曾问父亲和哥哥关于生命的价值的问题,父亲认为应秉持儒家的"达则兼济天下,穷则独善其身"的人生哲学,哥哥则认为挣钱做官才是有价值的人生,这两种说法许地山都不认同。他自小就受到母亲和舅父佛学思想的影响,他带着疑惑决定去"佛教之国"——缅甸解开生命的奥秘。1913年至1915年,在缅甸的三年时间,他漫游缅甸和马来亚各地,舅父信仰佛教,指引他研读佛经。这段异域经历对许地山思想的影响很大,它直接激发了许地山的佛学兴趣。《命命鸟》讲述的是一对十五六岁的缅甸青年男女,本是同窗,自由恋爱,但却遭到外在力量(父辈、社会习俗)的阻扰,最终双双投湖自尽。"他们二人的感情几年来就渐渐浓厚。这次见面的时候,又受了那么好的感触,所以彼此的心里都承认他们求婚的机会已经成熟。"②可是他们的家长却各自打着各自的算盘,敏明的父亲希望女儿在事业上多帮他几年,并且因为一对恋人分别是"龙和鼠"的生肖相克,敏明的父亲找来了蛊师打算用画符念咒的方法毁坏二人两小无猜的感情。加陵的父亲固执地要求加陵去当和尚,"为白象主忏悔""为父母积福""为来世极乐预备",因此也不同

---

① 曾小逸:《走向世界文学:中国现代作家与外国文学》,长沙:湖南文艺出版社,1986年,第101页。
② 许地山:《许地山小说全集》,长春:时代文艺出版社,2000年,第7页。

意加陵和敏明的婚事。一对真心相爱的年轻恋人因为在现世生活中无法在一起而厌弃了这个世界,最终选择投湖去新的世界,"他们走入水里,好像新婚的男女携手入洞房那般自在,毫无一点畏缩[①]"。

要理解这个缅甸婚恋故事,必须把它放在缅甸的宗教文化背景下分析。缅甸是佛教国家,佛教在缅甸已经流传一千多年,被尊为国教。佛教思想渗透进缅甸人生活的方方面面。《命命鸟》笼罩着浓厚的佛教氛围。敏明与加陵在寺庙学校学习,两人的恋情首先面临的巨大阻力是缅甸文化中的婚姻禁忌。婚姻禁忌是缅甸婚姻文化中最重要的传统之一,缅甸有8种属相:"礼拜一属虎、礼拜二属狮、礼拜三上午属象、礼拜三下午属无牙象、礼拜四属鼠、礼拜五属天竺鼠、礼拜六属龙、礼拜天属秒翅鸟……星期六出生与星期四出生的人、星期五出生与星期一出生的人、星期日出生与星期三上午出生的人、星期三下午出生与星期二出生的人,都是不能结婚的。如果结婚的话,夫妻俩的生活就不会幸福。"[②]敏明与加陵的婚姻受到的阻挠之一就是两人属相不和,一个属龙,一个属鼠,星期四出生的属鼠,星期六出生的属龙,星期四与星期六出生的人不能婚配。但还有更重要的原因,缅甸人觉得追求宗教信仰比婚姻生活更重要。因此加陵的父亲想让加陵去当和尚,并不想他这么早就结婚。这也与缅甸人的佛教信仰有关,缅甸人从出生就受到佛的教诲,临睡前要叩拜祈祷,男孩子5到16岁要到寺庙学

[①] 许地山:《许地山小说全集》,长春:时代文艺出版社,2000年,第16页。
[②] 张秋琳:《论〈命命鸟〉与缅甸婚恋文化的背离与承继》,《枣庄学院学报》,2018年第5期。

习，到了结婚年龄还俗，然后到老年继续出家。缅甸人每个人都会有几次出家经历，男人出家次数不限，时间长短不限，几天，几个月，几年的都有。出家当和尚是缅甸人的宗教义务，是沿袭的传统，是答谢父母的方式。和尚在缅甸地位相当高，男人只有出家当一次和尚，社会才承认其地位，还俗后才能够享有结婚的权利。缅甸男人人生的两件大事：一是出家，一是结婚。所以加陵父亲的想法是先出家当和尚，然后再还俗结婚，在缅甸人看来也算是合情合理，阻挠两个年轻人恋情的与其说是家长，不如说是缅甸的宗教文化习俗。

有论者认为许地山在小说中过度强调命运的不可逆，而忽略了缅甸文化中强调人的主观能动性的一面，"许地山只看到了佛教人隐忍甚至认命……这是作者对缅甸文化了解不足导致的，因为中国佛教对传统文化的影响与缅甸不同[①]"。的确如此，毕竟许地山在缅甸停留的时间不长，《命命鸟》中讲述的这个故事从情节层面看完全类属"梁祝"故事模式，但许地山并不是想塑造痴男怨女形象，他想追问生命的意义。"命命鸟"是佛教意象，他对人生意义的思考必然带有宗教色彩。故事的女主人公敏明本来是痴情的凡俗女子，突然大彻大悟，成为看破痴情的佛教圣徒。她在瑞大金傍晚的佛光照拂下进入幻境，一个声称认识她的朋友带她游历彼岸世界，她看到那些口口声声说着"我很爱你，你是我的命，除你之外，我没有爱过别人"忠贞誓言的命命鸟在情尘花瓣的重压下，不断更换着恋人，当花瓣被狂风吹散之后，昔

[①] 张秋琳：《论〈命命鸟〉与缅甸婚恋文化的背离与承继》，《枣庄学院学报》，2018年第5期。

日的恋人反目成仇，互相撕咬。她忽有所悟道破天机"你们的感情真是变化无常啊"。她想到她和加陵之间的爱情又何尝不是这样，尘世间的人事变迁如同吹散情尘的狂风，随时都可能改变他们相爱的心，爱情就是那些如尘土般的花瓣，多么不可靠啊！但敏明看破的绝不仅仅情爱，而是整个凡尘，她走到绿绮湖中祷告"我自万劫以来，迷失本来智性，因此堕入轮回，成女人身[1]"。当加陵问她是否可以亲吻她时，她毫无表情地继续走下去，她已看破一切。敏明的爱情观带有宗教禁欲主义色彩，她借否定尘世生活的意义否定人间爱情。陈平原说，与苏曼殊相比，许地山是真正的圣徒。许地山借敏明的顿悟探讨生命的奥秘，很明显带有浓重的佛教价值观。陈平原断言，"在中国，真正理解并接受泰戈尔的宗教思想、政治思想和文艺思想的，是许地山，而不是徐志摩等诗人。"[2]我国"五四"时期的哲理小说中，许地山的作品显得卓尔不群，原因就在于浓厚的佛教色彩。陈平原说，"佛经艰奥，许地山居然能深入浅出，全然没有食而不化的毛病。"[3]

除了缅甸佛教文化影响下的民俗书写，缅甸的异域风情在小说中俯首可拾。比如，对缅甸寺庙学堂的描写，"地上铺满了日本花席，八九张矮小的几子横在两边的窗下。壁上挂的都是释迦应化的事迹，当

---

[1] 许地山:《许地山小说全集》，长春：时代文艺出版社，2000年，第15页。
[2] 陈平原:《陈平原小说史论集（上）》，石家庄：河北人民出版社，1997年，第40页。
[3] 曾小逸:《走向世界文学：中国现代作家与外国文学》，长沙：湖南文艺出版社，1986年，第102页。
[4] 许地山:《神秘奇特 异域情韵 许地山小说全集》，北京：中国文联出版公司，1996年，第1页。

中悬着一个卐字徽章和一个时计④"。对加陵的服饰描写很有特点,"他的头上包着一条苹果绿的丝巾;上身穿着一件雪白的短褂;下身围着一条紫色的丝裙;脚下踏着一双芒鞋,俨然是一位缅甸的世家子弟①"。缅甸男子用丝质包头,男女下身都穿着筒裙,脚穿人字拖鞋,加陵的装扮是典型的缅甸男子形象。对缅甸第一大公园——绿绮湖的描写,"湖边满是热带植物。那些树木的颜色、形态,都是很美丽,很奇异。湖西远远望见瑞大光,那塔的金色光衬着湖边的野树、蒲葵,直像王后站在水边,后面有几个宫女持着羽葆随着她一样②"。这些缅甸风景描写很有异域特色。

《商人妇》也是一篇南洋题材的小说,惜官为了帮助因赌博而变得一穷二白的丈夫林荫乔出海经商,四处借钱,心甘情愿变卖家产支持丈夫。可是丈夫在南洋发迹之后早已将惜官抛之脑后。惜官不远万里来到新加坡寻夫,好不容易见到了久违的丈夫,他却早已另寻新欢组成新家,不但对惜官冷眼相待,将其简单安顿之后就不闻不问,更让人意想不到的是,他与马来西亚妻子合谋把惜官卖给印度商人阿户耶做妾。惜官的噩梦开始了,她不断遭受丈夫其他四个妻妾的虐待(印度丈夫有六个妻妾),她与其中唯一善待她的妻子相处融洽,但不久这个妻子死了。当她终于熬到印度丈夫去世,恢复自由之身之时,惜官对前丈夫林荫乔仍然没有心灰意冷,她一如既往地选择相信他并且盼

---

① 许地山:《神秘奇特 异域情韵 许地山小说全集》,北京:中国文联出版公司,1996年,第1页。
② 许地山:《神秘奇特 异域情韵 许地山小说全集》,北京:中国文联出版公司,1996年,第5页。

望着两人能够重归于好。她不计前嫌,再次踏上寻夫的旅程,但当她重回新加坡时,丈夫却已经举家搬迁,了无踪迹了。这从表面上看这是传统的"商人重利轻别离"的故事,女主人公惜官比起传统文学中的商人妇遭遇更加悲惨,不但被抛弃,而且被骗卖身为妾,到完全陌生的印度与毫无情感的印度商人生活,丈夫的其他四个妻妾还合伙欺负她。许地山把人间如此多的苦难加诸惜官身上,绝非只是重复沦落天涯的哀叹,惜官不是被抛弃的怨妇,而是在苦难中洞悟人生的圣徒,她是约翰·班扬笔下的"基督徒",十年留守故土、寻夫南洋被弃、婚居印度被欺这些波折是她朝圣路上必经的苦难,她绝不怨天尤人,她包容一切,接受一切。

实际上,二十世纪初期,下南洋的中国人已有相当规模,"聚居南洋的华侨总数有 300 多万人……新加坡、马来西亚华侨百余万人多为矿工、种植园,商贩亦众,多富商[①]"。据 1935 年中国太平洋学会对流民出洋的原因所作的调查显示,因"经济压迫"而出洋者占 69.95%。[②]惜官的丈夫林荫乔在老家福建开糖铺,因为赌博输掉生意,又借不到资金重新开张,在家乡实在待不下去了,只好下南洋到新加坡碰运气,他开了一间杂货铺,经营的不错。小说没有写林荫乔如何发迹,但从他在马来妻子面前唯唯诺诺,甚至和马来妇人合谋卖妻的表现可以看出,他的成功离不开马来妻子的帮衬。唐商娶番妇的历史古已有之,从现实的角度考虑,那些在老家活不下去的小商贩,漂洋

---

① 沈健:《历史上的大移民:下南洋》,北京:北京工业大学出版社,2013 年,第 132 页。
② 沈健:《历史上的大移民:下南洋》,北京:北京工业大学出版社,2013 年,第 6 页。

过海在异地谋生路，而熟悉当地民情风俗的番妇能帮助自己经商，一旦生活好转，自然想落地生根，不作回乡之念了。林荫桥抛弃妻子再娶番妇，是无数重利轻义的商人的一个缩影，惜官的不幸也不是个例，而是当时下南洋经商家庭众多女子不幸的写照。

惜官的"天路历程"是她逐渐成长的过程，从最初的性格坚强，到主动面对困难，最后大彻大悟，成为传播福音的教习。许地山并不是想讲婚姻故事，他仍然想通过一个乡下妇人的成长经历探寻人生的奥秘：人当如何面对生命中的苦难？当惜官意识到自己被卖给了一个五十多岁的印度商人，她想自杀，但冷静下来后，她觉得"我激烈的情绪过了，不但不愿死，而且要留着这条命往前瞧瞧我的命运到底是怎样的[1]"。这时的惜官很坚强，有点和命运较劲的姿态。来到印度，她入乡随俗，把小脚放了，鼻子上打了窟窿，带上钻石鼻环，穿上回族衣服，变成了一个回族婆子。她还学会了孟加拉文和阿拉伯文，从伊斯兰教教义中学会忍受人生的苦难，但她并不排斥印度教徒，反而关心隔壁婆罗门小寡妇并时常周济她。惜官学会了主动面对困难，并能冒着被丈夫责骂的危险帮助弱小。丈夫去世之后，她带着孩子从夫家逃了出来，并在车站遥望启明星洞悟，她原谅了林荫乔，坦然接受命运的安排，"如果不是番妇的迷惑，绝不会把最爱的结发妻子卖掉……如果我情愿在唐山受苦，不去新加坡找他，也不会发生这样的事[2]"。这种敞开的心态也为她能接受基督教奠定了基础，她用了七年

---

[1] 许地山：《许地山小说全集》，长春：时代文艺出版社，2000年，第24页。
[2] 许地山：《许地山小说全集》，长春：时代文艺出版社，2000年，第26页。

时间去教会学校学习,毕业之后到附近村庄当教习。这时的惜官已经成熟了,当"我"对她的遭遇表示同情,她反而显得很淡定,"人间一切的事情本来没有什么苦乐的分别,你造作时是苦,希望时是乐,临事时是苦,回想时是乐。眼前所遇的都是困苦,过去,未来的回想和希望都是快乐①"。

《枯杨生花》的故事背景也是新加坡。小说讲述了这么一个故事:在福建海边的渔村里,云姑年少时和日辉情投意合,可是阴差阳错嫁给了日辉的族兄,二十岁的云姑出嫁刚一年就守了寡,她带着小儿子金成仁孤寂度日。金日辉是个读书人,忌讳叔嫂之恋会遭人诟病,一直不敢接受云姑的爱。成仁长到五六岁时,村里人造谣说成仁是金日辉和云姑的私生子,金日辉受不了村里人的风言风语,决定出走异乡,临走前把地契交给云姑,让她送成仁到学堂念书,培养他成才。金日辉到了新加坡结婚生子,改名叫金思敬,事业小有所成,待儿子长大后,自己退居二线过起世外桃源的生活。云姑的儿子长大后也到新加坡经商,但迟迟没有给云姑来信,云姑决定亲自到南洋寻子。云姑到新加坡寻子的过程实际上正是寻觅爱人的过程,在金日辉眼中云姑是他一生最敬重、最喜欢的人,在云姑心中,与日辉的过往是她心史上最有趣的一页。两人在新加坡再次见面时,中间相隔三十多年,云姑已是60多岁的老太太了,但两人之间的感情没有什么变化。金日辉把云姑接到自己修筑的郊外住所,愉快地过起二人世界了。两位老人终于团圆,晚景幸福。虽然对于常人而言,他们年少时的擦肩而过与那

---

① 许地山:《许地山小说全集》,长春:时代文艺出版社,2000年,第32页。

些蹉跎的青春岁月不能再挽回,他们的故事只是在悲剧之中找到了人生晚期的最后一丝温暖与安慰,但在作家笔下,他们的感情并没有因岁月的流逝有分毫变质。正如小说的文头诗"身不过是粪土,是栽培心花的粪土。污秽的土能养美丽的花朵,所以老死的身能结长寿的心果"。身体衰老了,但心不老,仍然保持不变。

这种爱情观在许地山另外一篇小说《黄昏后》也有反映。《黄昏后》中的男人主人公关怀是留洋学生,学的是雕刻艺术,学成回国后被请到上海做通译,当时正是甲午中日战争,中国战败,关怀觉得羞耻,和家人在广州湾附近山下生活,但五年后,这个地方也被法国占领,妻子因为生二女儿难产去世,现在大女儿15岁,小女儿10岁了。关怀对去世的妻子情感未变,"我常以你妈妈的坟墓为她的化身,我觉得她的身体已经比我长的大,比我长的坚强,她的声音,容貌是遍及到处的。我瞧她的身体就是那个坟墓,我对着那墓碑就和在这屋里对你们说话一样[1]"。关怀对妻子的情感并没有随着时间消失,也没有随着妻子离世而有丝毫消减。他背负着养育两个女儿的重担,否则早就追随妻子而去。隐藏在爱情故事背后的还有家国情怀,"为了躲避这种羞耻,谁知这事不能由我做主,好像我的命运就是这样,要永远住在这蒙羞的土地似的[2]"。

《缀网劳蛛》的故事背景是马来半岛,佛教、伊斯兰教、基督教各种宗教信仰汇集此地,多种文化杂糅。故事原型来自许地山翻译的印

---

[1] 许地山:《许地山小说全集》,长春:时代文艺出版社,2000年,第67页。
[2] 许地山:《许地山小说全集》,长春:时代文艺出版社,2000年,第64页。

度民间故事集《二十夜问》中"第五夜"金品的故事。主人公尚洁纯粹是为了报恩而和长孙可望结婚,并生儿育女,但两人缺乏爱情基础。后来,因为尚洁帮助一位受伤的陌生男子,导致丈夫误会,尚洁被丈夫逼出了家门。尚洁来到偏僻的土华岛,过着自食其力的生活。她并没有感到痛苦,仍然平心静气地生活,还用基督教义感化当地人。丈夫在牧师的感化下,意识到自己的错误,诚恳地请尚洁回家,尚洁跟随丈夫回家,过上平静的夫妻生活。与《命命鸟》相比,《缀网劳蛛》更多呈现的是中国本土意识。尚洁被丈夫误会,被情急愤恨之下的丈夫持刀刺伤,尚洁伤得不轻却依然默不作声,随后将财产全部留给丈夫,独自生活,白天采珠,闲时念些经文,平静甚至有些惬意地开启了新生活,对丈夫从未怨恨。尚洁以一种宗教精神对待一切,不怨不怒。长孙可望最后也受到宗教的感召,接回了尚洁,尚洁也不惊不喜,表现得宽容平和。尚洁表现出一种人生态度:人像蜘蛛一样,命运如同一张网,人应努力掌握自己的命运,面对无可避免的"破网",一方面要听其自然,另一方面要慢慢补缀。"蜘蛛"哲学包含了宗教元素,她的"人生无常""生本不乐",得失随缘,不喜不怒的人生态度带有佛教命运观的色彩。许地山受到中西两种文化的影响,他的作品通过讲述婚恋故事,表达的是作家跨文化视域中的融通体验。正如沈从文评价许地山:"这调和,所指的是把基督教的爱欲,佛教的明慧,近代文明与古旧情绪,揉和在一处,毫不牵强地融成一片。作者的风格是由此显示特异而存在的。"[①]

---

① 沈从文:《论落华生》,《读书月刊》,1931年第1期。

许地山的小说大部分是婚恋题材,他曾经表示,"爱情就是生活,若是一个作家不会描写,或不敢描写,他便不配写其余的文字[①]"。许地山惯用带有异域风情的婚恋故事表达自己的宗教人生观,他笔下的婚恋悲剧多有他自己情感经历的影子。他的婚姻生活并非一帆风顺。他有过两位妻子,第一位是林月森,夫妇二人琴瑟和鸣,只可惜红颜薄命,林月森在去往北京的路途中病逝上海,从此二人生离死别。失去挚爱的许地山悲痛不已,那种在漫漫长夜之中细细回味与妻子之间的点点滴滴的孤独感,逐渐形成了许地山的关注女性的写作视角,他也写下了不少怀念亡妻之作。《黄昏后》格调典雅、幽深,将丧妻之痛描写得刻骨铭心,神圣不可侵犯。他曾在《海底孤星》中道出了自己的肺腑之言:"丧妻的悲哀是极神圣的悲哀。"[②]青年许地山在多处表现出对亡妻执着的眷念,同时也并没有放弃对美好爱情的热烈追求。九年后,他与第二任妻子周俟松成婚,两人心心相印,但是因为周家是北京的名门望族,他们的婚姻也曾受到周家父母的反对。周俟松性格坚韧,是许地山的贤内助,这无疑启发了许地山继续挖掘女性身上的种种闪光之处。可是,婚姻生活当然不可能是完美无瑕的。随着距离的缩短,两人身上的缺点被放大呈现。终于,在回台湾探亲的途中,两人积蓄已久的"战争"终于爆发,谁也不肯让步屈服,最后妻子撂下狠话说:"我再也没法与你生活在一起!"[③]两人不欢而散,后来许地山

[①] 许地山:《许地山小说全集》,长春:时代文艺出版社,2000年,第98页。
[②] 许地山:《许地山小说全集》,长春:时代文艺出版社,2000年,第115页。
[③] 刘振修:《作者许地山的"爱情公约"》,《文史博览》,2015年第1期。

主动道歉，有了被传为历史佳话的"爱情公约"。许地山正是有了爱情婚姻的个中体验，才明白婚恋之中的种种悲欢离愁：相爱之人不一定能陪伴自己一生，家长的干涉是年轻恋人情感升华的绊脚石，甜蜜的婚姻也免不了为了琐碎之事争吵。一前一后两段情感经历是许地山独特的精神财富，是许地山创作婚恋悲剧的源泉和选择女性为表现对象的成因。

许地山之所以能将爱情悲剧描绘得既神秘又神圣，与他自己的宗教信仰有着千丝万缕的关系。许地山一生漂泊不定，母亲和舅父笃信佛教，这对他的宗教信仰产生很大影响，他接受佛教一生皆苦的观念，一生爱国崇佛。许地山23岁加入基督教会，他之所以加入基督教，主要接受耶稣崇高的牺牲精神、宽恕和平等博爱的精神，而且在五四新文化运动时期，受当时社会思潮的影响，陈独秀曾把基督教作为救世良方，基督教精神被世俗化为救世济人的理想。许地山认为宗教是人类不可或缺的信仰，"宗教的领域最大，可以说占人生之最大部分。人的行动，若仔细分析，少有不含宗教色彩的"。[①]许地山虽然加入基督教，而且从未脱离基督教会，但他的信仰不纯粹，而是杂糅儒道佛的思想。1926年许地山从国外留学归来，还专门中转到印度罗奈城印度大学研究佛学，1934年到印度大学研究佛学。许地山是现代具备宗教气质和情操的作家，他对于佛教、道教、基督教都有精深而独到的研究，他一生致力于道佛以及基督教的融合沟通。"许地山是基督教的皮，佛教、道教的骨。许地山情感的因素倾向于基督教，但理智的因素倾

---

① 许地山著，文明国编：《许地山自述》，合肥：安徽文艺出版社，2014年，第118页。

向于佛教、道家,他从基督教博爱思想出发,却走向了佛教宿命论、道教清静无为的归宿。"①

总而言之,《命命鸟》取材于一个真实的缅甸故事。敏明的爱情观明显带有宗教禁欲主义色彩,她借否定尘世生活的意义来否定人间爱情。《商人妇》中的林荫桥发达后抛弃旧爱另寻新欢,甚至将惜官司像商品一样转卖他人,惜官仍然没有怨恨,始终用宽容之心对待薄情寡义的丈夫。从林荫桥骗卖老婆的"因",到遭致生意破产的"果",可以窥见佛家的"业报观"。《缀网劳蛛》的尚洁对入室盗窃的贼人也能心怀怜悯之心,对于刺伤和抛弃自己的丈夫也能选择原谅。这些主人公面对苦难的苦乐观和宽容心,处处展示了许地山宽恕、平等、博爱、自我牺牲的基督教思想。在宗教意识的支配下,女主人公们在苦难的命运面前才不甘示弱,拥有顽强拼搏、不屈不挠的坚韧心性。惜官历经苦难,可依然对命运不卑不亢,坚韧执着地在曲折的人生道路上探索出路。尚洁把自己当作缀网的蜘蛛,她认为,人生本来就是不圆满的,面对命运的刁难,我们能做的就是像蜘蛛一样不要放弃挣扎的希望,勇敢地发挥自己微薄的力量迎难而上。在这些小说中,许地山借助宗教哲理,使心灵得到平衡,使情感得到净化,坚定了生存的意志同时激发了行动的欲望。面对人生的不如意,我们不应该消极面对,而是鼓起勇气继续前进。这是许地山的小说饱含宗教色彩之下带给读者最震撼人心的力量。作为一名宗教研究者,许地山超越了某一特定宗教的局限。除了佛家思想和基督教思想以外,许地山对伊斯兰教、

---

① 马玉红:《怀疑论者许地山》,《现代小说批评》,2016年第1期。

道家的各类学说都有研究,并试图将各宗教文化进行融合。他在《宗教的生长与灭亡》中表示:"我信诸教主皆是人间大师,将来各宗教必能各阐真义,互相了解。宗教的仇视,多基于教派的不同,所以现在的急务,在谋诸宗教的沟通。"①在许地山的作品中经常不带任何偏见地同时涉及多个宗派的教义。

孔思汉曾指出:"我认为一个中国人在生活环境、生活方式、期望、语言、教养和国民性等方面,如果没有汲取相当一部分儒家传统简直不可思议。"②诚然,许地山生长在书香世家,传统文化对其人格之中的女性观的塑造产生了不可磨灭的影响,这在作品中也得到了深刻的体现。作为一名五四时期新文化运动中的启蒙者,一方面,许地山将女性神圣化,视之为智慧的化身和力量的源泉。另一方面,他从万千不幸女性的立场出发,揭露女性的悲剧命运,书写女性的人生苦难。在回忆性散文《读〈茉莉与百合〉因而想及我的祖母》中,许地山提及了自己有两个祖母的故事,"吃斋祖母"素官与祖父情投意合,就因为在守孝期间与夫郎打闹就被扣上了"不守制""不敬夫"的罪名而被无情地扛回家去。"当事的四弟那时实在是成了懦夫了!他一点勇气也没有,因为这'不守制''不敬夫'的罪名太大了,他自己一时也找不出什么话来证明妻子的无罪,有赦免的余地。"③虽然两人依然相爱,可是谁也不敢反抗封建大家长的决定,礼教的势力最终无情地分离了新

---

① 许地山:《宗教的生长和灭亡》,《东方杂志》,1922年第19期。
② 秦家懿、孔汉思:《中国宗教与基督教》,吴华译,北京:生活·读书·新知三联书店,1990年,第249页。
③ 许地山著,文明国编:《许地山自述》,合肥:安徽文艺出版社,2014年,第10页。

婚的夫妻。此后，祖母一心念经修佛，即使是亲爱的丈夫偶尔前来探望也绝不与之过分亲昵，余生都在为自己的过错忏悔。可以说，许地山追求的浪漫爱情，在一个父母之命的婚姻制度中又加上三纲五常的束缚，情爱故事必然是悲剧。

作家笔下的惜官、云姑都带有新女性的特点，她们勇敢地踏出了第一步，敢于走出家门，走向社会，并成为圣徒，但是她们贤妻良母的身份并没有改变。惜官对因为赌博而变得一穷二白的丈夫从未指责，变卖家产支持丈夫过番碰运气，即使自己被无情地卖给印度商人为妾，对丈夫依然没有一点儿怨言，始终坚信是番妇所为。此外，惜官身上保持着保守贞洁的传统思想，在被卖给第二任丈夫时，她曾试图寻死，最终为了印度儿子她选择留在印度，独自带着儿子隐居乡间，在母亲这个身份中找到了新的归属。《黄昏后》中"妻子难产"是一个象征性事件，隐晦地说明了想要成为母亲必定要做出牺牲，体现了浪漫爱情与贤妻良母之间的矛盾。中华民族将传宗接代作为女性的使命，我们深切地爱着自己的父母与子女，夫妻之爱始终处于一种弱势的地位。为了给心爱的男子繁衍子嗣，贤妻良母们即使需要付出生命的代价也在所不惜，并且依然深爱着自己牺牲性命和爱情换来的孩子。从这个角度看，这些女子的婚恋悲剧又可以视为传统封建思想毒害的产物，是人物内心深处积淀着的传统伦理观念而逐渐引发的性格悲剧。

许地山先生在中国现代文坛中独具匠心、卓尔不群。他和其他五四时期文学先驱一样，写作内容紧紧围绕"为人生"的主题，目光始终聚焦于中国社会和人生问题，坚守的始终是社会的人文价值。许地山描写的这些爱情故事，不像冰心那样一味地歌颂温馨美好的人间之"爱"，也不似王统照那般执着地追求"爱"，更不像郁达夫作品中处处体现的是对"性"的渴望却很少有"爱"的表现。许地山的作品虽写爱情，却几乎没有关于"性"的描绘，虽然写的是悲剧情爱，却"哀而不伤""悲而不痛"，字里行间流露着浅浅的感伤之美，而不是会令人歇斯底里的惨痛，行文洋溢着一种理性的美，细细咀嚼之下，不难悟出隐藏在故事背后一个个微妙的人生真谛。许地山小说的婚恋悲剧描写，在五四小说中独树一帜，焕发着别样的光彩。

与众不同的是，许地山的笔下的许多女性摆脱了五四时期"娜拉出走——不是堕落就是回来"的悲剧，为五四小说注入了新鲜血液。这些新女性人物形象突破了家庭的局限，开始承担起了一部分社会责任，与此同时，敢于追求个性解放、拥有一套独立积极的人生观念，并在自我奋斗中努力实现个人的人生价值。尚洁在婚姻中能够宠辱不惊。在海边采珠时，她并没有心灰意冷，而是更加勤恳。离开丈夫，她依然能够过得舒服自在。惜官的人生经历饱含血泪，但是她却依然能够笑对人生，认为世间的苦即为乐，乐即为苦，二者本来就不是对立存在的。她依靠自食其力，在村里当教习，离开男人之后依然另有一番自己天地。拥有这样坚韧生命力的女人，是不容易被生活的苦难击垮的。反观五四时期其他作家，丁玲作品中最终体现的是对爱的失望，郁达夫表现出性的苦闷，卢隐则揭示性的悲哀。许地山笔下的女性虽然没有完全摆脱封建思想的桎梏，但是明显有了进步，她们内心平和而坚韧，茅盾评价许地山的时候说："他在他的每一篇作品里，都试着要放进一个他所认为合理的人生观。"①诚然，许地山的情爱书写展现了他独特的个人魅力和人生价值观。许地山在《空山灵雨》中曾明确表达过自己的人生观："在一切的海里，遇着这样的光景，谁也没有带着主意下来，谁也脱不了在上面泛来泛去，我们尽管划吧。"②这些都是作家许地山对大千世界中芸芸众生的生命启迪，"万物皆有裂痕"，我们要勇敢地让光照进来。《黄昏后》全文充满深情，作者借男主人公关怀之口吐露心声："养育的工夫虽然是苦，我却以为这是父母二人应当共同去做的事情，不该让为母的独自担任这番劳苦。"③此外，作者还提出了既然女子再嫁会遭人耻笑，男子续弦也不值得提倡。这一系列深情的话语，皆是作者个人对于情感的感悟与体验。

许地山一直用同情之心关注着女性命运，用平等之心看待女性，有时候还将女性神化。在他的作品中，女性总是闪烁着万丈光芒的人格魅力。对比之下，男性则显得黯然失色。他本质上是一位崇尚女性的文人，传统女性身上坚韧不拔、无怨无悔、吃苦耐劳的精神，都是许地山敬佩和崇拜的对象。许地山用他一贯坚持的"否定精神"，否定了在中华民族根深蒂固地对女性的歧视现象。他对于女性的不幸命运时常表达了自己无限的悲悯之情，他理解、尊重甚至崇拜她们。他在作品中不断鼓舞女性的独立意识，宣扬男女平等的思想，由衷地希望女性能够摆脱几千年来的被统治、被压迫的命运，摆脱从属地位，可以真正走出家庭，走入社会，赢得和男子平等的独立地位和拥有支配

---

① 周俟松、杜汝淼：《许地山研究集》，南京：南京大学出版社，1989年，第196页。
② 许地山：《空山灵雨》，天津：天津教育出版社，2007年，第49页。
③ 许地山：《许地山小说全集》，长春：时代文艺出版社，2000年，第65页。

幸福人生的权利。即使身处"五四"这个社会思想大变革的时期，对于女性从属地位的思想本质上并没有动摇，许地山的人格魅力在时代的激流中熠熠生辉。不管是许地山先生本人的人格魅力，还是其作品中的女性人物拥有的精神品质，都是中国现代文学史上难得一见的珍宝。

许地山的南洋题材小说写出了南洋的自然风光，与人物的感情紧密地交融在一起。海岛、椰子、棕枣、胶树林、赤道下炙热的阳光为小说故事提供了浪漫、神秘、真切迷人的异域风情。他笔下的南洋形象并非写实的，而是带有作家主观感受和想象的。作家的主要目的是探讨普世的终极价值，与旅日作家站在异域看东洋的情境不同，许地山是站在中国看南洋。旅日作家的作品中充斥的是中国人作为弱国子民在中日两个国家实力悬殊中产生的屈辱感、漂泊感，而在许地山作品中，基本上看不到中国本土与南洋之间的对立。除了中华文化相比南洋文化相对进步之外，许地山的写作意图主要是反观中国，寻找中国文化之根。他的小说杂糅佛教、基督教、道家、儒家各种思想，但又不偏执任何一种教派，最终的药方正是中国大地上流传的"天行健君子自强不息"的信念。[①]

二、林语堂的"山地文化观"

与许地山同时代又是同乡的作家林语堂，他的南洋题材小说也表现出强烈的故土意识，我们通过分析他的南洋题材婚恋小说《赖柏英》

[①] 李朦、孙良好：《许地山笔下的南洋形象——以〈命命鸟〉〈缀网劳蛛〉为中心》，《温州大学学报》（社会科学版），2015年第5期。

解读他的"山地文化观"。

　　1905年,林语堂出生于福建漳州的平和县坂仔村,父亲林至诚靠自学识字,是个牧师,带有儒家风范,"虽然父亲是牧师,却绝不表示他不是一个儒家①"。林语堂六岁进入坂仔村的铭新小学,但父亲对乡村小学的教学条件和师资不满意,于是,十岁的林语堂随三哥转到厦门鼓浪屿的教会小学读书,接着在厦门的教会中学寻源书院读中学。每年暑假回家,林至诚还教他们读中国传统的儒家经典。林语堂没有古文功底,靠父亲零零碎碎教授一点古文。林语堂的大学是圣约翰大学,毕业后到清华大学执教英文。林语堂曾给自己写过一副对联:"两脚踏东西文化,一心评宇宙文章。"

　　施建伟在《中西文化的溶合》文中将林语堂的文化观归纳为"中西文化溶合观②",但溶合观的形成经历了一个漫长的过程,夏婉璐把林语堂的文化观分为三阶段:第一阶段是二十世纪二十年代,即"语丝时期",林语堂对中国文化持否定态度,试图以西方的文化价值观改造中国的国民性。他与鲁迅、陈独秀一样批判国民性弱点,甚至赞同"欧化的中国"的主张。在《论士气与思想界之关系》一文中,他觉悟到中国思想的问题,"所谓老大帝国阴森沉晦之气,实不过此土气而已。我想无论是何国的博士回来卷在这土气中央绝不会在做什么理想③。"在《论性急为中国人所恶》一文中,他肯定鲁迅的思想革命,但认为"性之改造"更难,所谓"性之改造",即去除中国人的惰性慢性,变

---

① 林语堂:《林语堂作品集》,拉萨:西藏人民出版社,2000年,第38页。
② 施建伟:《林语堂研究论集》,武汉:湖北教育出版社,1997年,第42页。
③ 万平近:《林语堂评传》,上海:上海远东出版社,2008年,第28页。

为孙中山先生那样的救国救民的"急躁性"。他认为中国人的惰性慢性深受传统的中庸哲学和乐天知命思想的影响。中庸哲学即中国人惰性之结晶，中庸即无主义之别名，所谓乐天知命亦无异不愿奋斗之通称。①林语堂把"土气"两个字概括为"老大帝国阴森沈晦之气"，林语堂对国民性的思考，不同于鲁迅的思想革命，他偏重性情改造。

第二阶段是二十世纪三十年代初，林语堂对中西文化优劣开始有了较为理性、成熟的看法。"一战"之后，西方社会的信仰危机使中国知识分子由全盘西化转向中西互补。从小在教会学校接受西式教育的林语堂开始恶补中国文化，他的文化立场也开始转变。

第三阶段是 1936 年移居美国之后，林语堂将中西文化放在世界文化的坐标中，从中西文化互补的高度，探讨中西文化汇通之道，而不是简单地用一种文化取代另一种文化。《孔子的智慧》（1938 年）完整表达了林语堂的孔子观。他认为儒家思想的中心性与其人道精神具备吸引力，其本身即有非凡的力量，不可能被西学推翻。他认为儒家思想仍然是一种活的力量，影响我们民族的立身处世之道。这本书一直是西方读者了解孔子及其学说的入门之作。林语堂的《机器与精神》一文辩证分析物质文明和精神文明之间的种种关系。东西文明同有物质与精神两方面，物质文明并非西洋所独有，精神文明也非东方的奇货。机器文明与手艺文明是相对的，因为机器文明的人，未必就没有精神文明，他批评"外国物质文明虽高，中国精神文明更好"的论断。他与鲁迅一致批判旧文化，"我们愿意保护我们的旧文化，而我们的旧文化却不能保护我

---

① 万平近：《林语堂评传》，上海：上海远东出版社，2008 年，第 28 页。

们。只有现代化才能救中国""今日谈国事所最令人作呕者……无人肯承认吾民族精神有根本改造之必要……最大的魔障,乃吾人一种颓废习气之空气,在此空气内,一切维新都可变出唱戏式的笑话"。①

林语堂在二十世纪二三十年代创作的移民小说《唐人街》,属于中国最早的移民文学之一。小说表明林语堂正处于中西文化溶合观的转折期,他隐约看到西方社会背后的精神危机,因而小说有意张扬文化中国形象。《唐人街》中的老杜格是中国传统文化的象征,他说世界上没有坏人,每个国家都有害群之马,但他们不是真正的坏人,所有的人都很相似。你可以做你想做的事,不需要害怕别人。②老杜格认为美国是个法治国家,人们遵从法律,生活自由。具有道家气质的冯老二教育汤姆"你希望将来做什么,你就去做什么,这就是美国。你可以免费上学,只要你诚实,根本就没有人会来打扰你③"。小说通过冯老二一家的奋斗,说明华人移民的美国梦可以依靠勤劳致富实现。老汤姆一家经营一家手工洗衣店,后来依靠存款开中国餐馆,过上富足的生活。小说一方面肯定美国社会的文明进步,另一方面对华人移民融入美国社会给予信心与肯定。

但同时,小说也表现出对中国传统文化的颂扬,对"孝"的伦理观念、重男轻女、传宗接代的观念等给予肯定。而且,我们可以从小

---

① 董大中:《鲁迅与林语堂》石家庄:河北人民出版社,2003年,第197页。
② 林语堂:《唐人街》,选自《林语堂名著全集(第四卷)》,唐强译,长春:东北师范大学出版社,1994年,第65页。
③ 林语堂:《唐人街》,选自《林语堂名著全集(第四卷)》,唐强译,长春:东北师范大学出版社,1994年,第20页。

说中的两段恋情窥探林语堂的文化观。

《唐人街》中老汤姆的儿媳佛罗拉是"中国式好媳妇",她是意大利裔美国人,长着西方人的面孔,性格热情奔放,她勤劳、孝顺、恋家。从思想文化层面看,佛罗拉是"中西混血儿"。洛伊从小跟着父亲老汤姆在洗衣店工作,深知父亲创业的艰辛,他很孝顺,也希望找个孝顺的媳妇,佛罗拉与父母一起在唐人街摆摊卖水果,洛伊看出佛罗拉有一颗少女的孝心,因此,他大胆追求佛罗拉。佛罗拉一家也没有因为自己是白人而瞧不上洛伊,洛伊对佛罗拉带着崇敬之情,他很珍惜和佛罗拉的感情。而佛罗拉需要的是家的温暖,洛伊家乃中国式的大家庭,这正符合她的心理期许,热热闹闹的,大家关系很亲密,她帮助洛伊叠衣服、算账,完全像个中国媳妇。洛伊与佛罗拉几乎毫无争执,只有两次分歧也被轻松化解,一次是佛罗拉想让洛伊独立出来自己单干,但洛伊只想和父母一起相互照应,根本无分家之念,他告诉佛罗拉,留在家里可以孝顺父母,照顾弟妹,虽然负担很重,但亲情更加重要,佛罗拉被洛伊说服。另一次是他们的孩子出生,佛罗拉想让孩子入教受洗,因为老汤姆家只有佛罗拉是基督教徒,她怕老汤姆一家不同意,但没想到全家人都没意见,甚至洛伊的母亲还被佛罗拉带着进入教会。老汤姆夸奖佛罗拉像个中国女人,是个好媳妇,好嫂子,整天辛苦工作,而且不和公婆、丈夫吵架。实际上,洛伊与佛罗拉的跨国婚恋不是纯然建立在男女情爱基础上的,更多是两种文化互羡的产物,这是所有异国婚恋都不可回避的文化背景。林语堂的中西文化溶合观可以从洛伊和佛罗拉的婚恋可见一斑。

汤姆与艾丝的恋情也很典型,林语堂笔下的艾丝是具有道家思想的理想的东方女性形象,是"赖柏英式"的人物。她出生于福建,在国内念大学读到三年级,中途辍学来到美国,在唐人街教孩子们学汉语,气质娴熟。她的父亲在抗战时期被日本人炸死,只有母亲一个人还在国内生活。她受父亲影响,吸收道家思想,与美国化的伊娃完全不一样,她身上的东方气质深深吸引了汤姆。汤姆十岁来到美国,一度被美国的机械文明吸引,他认真观察,不断思索,身边的人都告诉他美国很好,生活富足、政治民主、身心自由,只要你努力,你想干什么就干什么,只要不违法。汤姆一度沉迷于美国强势文化之中,中国文化对他的影响逐步减弱。艾丝的出现让他意识到自己对中国文化了解很少,艾丝唤醒了汤姆身上的东方文化基因,汤姆的态度的转向揭示了西方社会物质丰裕的背后的精神危机,比如小说中二哥的故事,汤姆的二哥是个完全美国化的中国人,崇拜金钱,"你必须学会如何操纵他①"。但他的去东方化的生活方式的选择没有给他带来稳定富足的生活,反而是汤姆与洛伊实现了美国梦。艾丝与汤姆的结合,反映出林语堂更注重中西文化的和谐共处,而不是将两者对立。他强化的是文化中国形象,并以文化中国解构现实美国的优势,尤其是化解美国社会背后的精神危机。

林语堂晚年发表的移民文学《赖柏英》是他的压轴之作。1963年,

---

① 林语堂:《唐人街》,选自《林语堂名著全集(第四卷)》,唐强译,长春:东北师范大学出版社,1994年,第2页。

《赖柏英》由美国世界出版公司在海外出版，1976年台湾出现中译本。小说反映出林语堂晚年对中国传统文化的回归态度。

林语堂称《赖柏英》是"自传小说"，实际上它是一部"半自传体小说"。男人主人公新洛的性格和经历有不少林语堂的影子，林语堂幼时乳名叫"和乐"，新洛的漳州童年生活几乎是林语堂本人生活的翻版，而且女主人公赖柏英也确有其人，她是林语堂母亲的义女的女儿，比林语堂晚一辈，两人从小是玩伴。但小说很多情节是虚构的，比如，新洛大学毕业后到新加坡当律师，以及与韩沁、婶婶之间的情感纠葛，赖柏英最后与新洛在新加坡团聚等情节都是虚构的。文学来源于现实又高于现实，我们可以解读隐藏在小说婚恋故事背后林语堂的文化观。

小说的主要情节是新洛在新加坡与三个女性的情感纠葛，其间穿插新洛与故乡的初恋情人赖柏英的爱情故事。细读文本，我们可以发现小说存在两条线索，一条是新洛的回忆，主要是童年时期新洛与赖柏英的恋情，这是虚线。另一条是新洛在新加坡的三段情感纠葛，主要是新洛与欧亚混血儿韩沁同居、叔叔的姨太太琼娜爱恋新洛、富家千金吴爱丽小姐因失恋而自杀，这是实线。实线中又以新洛与韩沁的爱情写的最是详细，超过新洛与赖柏英的感情书写。

韩沁是中葡混血儿，母亲年轻时嫁给葡萄牙水手，被称为"咸水妹"，"咸水妹"的意思是嫁给白人水手的女人。韩沁三岁时，葡萄牙父亲抛弃娘俩。后来，母亲带着年幼的她来到新加坡，贫困度日，母亲希望女儿嫁给一个稳重有薪水的男人，这样他们娘俩可以摆脱目前的困境，新洛是她中意的人选。但韩沁狂放不羁，瞧不起中国男子，不甘心做没钱的小职员的妻子。她和新洛同居不久，就与欧洲男子姘居，最后随葡萄牙籍船长远走高飞。

小说中的男主人公新洛受儒家、道家思想影响，他拒绝富有的吴爱丽，爱上家境贫困的韩沁，蔑视金钱财产，反对世俗的婚恋观念。他迷恋韩沁的异域风情，韩沁热情奔放，健康，有活力。这种迷恋一直持续到韩沁离开他之后很长时间，他对韩沁的迷恋有点不可思议，直至赖柏英从故乡漂洋过海来到新加坡，填补了韩沁离开之后的情感空白。

小说的情节设置有些奇怪，甚至有点本末倒置，新洛与韩沁的恋爱经历占主要篇幅，远远超过新洛与赖柏英的感情书写，要解开这个谜，我们必须意识到，支配小说情节的是林语堂的"山地人生观"，以及以此为基础的爱情观。决定新洛与韩沁之间关系的力量是中西两种文化的冲突，而不是男女情爱。林语堂把新加坡作为中西文化交锋的实践场，新洛骨子里希望韩沁是赖柏英式的贤妻良母，但韩沁最初与新洛在一起是为了安全感，为了摆脱像母亲那样孤独无依的生活，但要她放弃自由的生活，她觉得代价太大了，骨子里她崇拜的是欧洲男人，瞧不起中国男子。所以两人的矛盾实质是两种文化的冲突。

小说结尾，韩沁写给新洛的道歉信充分说明她骨子里是欧洲人，她不可能和中国人一起生活的，她天生就是这个样子，不能做新洛的太太。信中写道："我虽然具有一半的中国血统，但在心理上，我却是属于欧洲的。我天生就是欧洲人,也许就因为这个缘故,所以跟你在一起的时候,总是不能尽情放开自己,使自己快乐起来,好像自己总是感觉到自己的另一部分,应该处于另一个世界似的……冥冥中似乎有一股莫大的驱力,任谁也无法抗拒它的安排。"[1]

《赖柏英》破译了一个"文化密码"——林语堂为什么对家乡的山景有一种异乎寻常的特殊情感。像林语堂这样对家乡山水迷恋到如此痴醉的,并不多见。[2]小说开始就写道"他感觉到,自己是完全不属于现在这种新加坡式的生活[3]",赖柏英从漳州寄给他的花束,"使他想起它的美丽,也令他忆起女人明眸的微笑……在海平面上的云彩上端,他仿佛看见故乡村庄里,十分熟悉的浅蓝色'南山'棱线,起伏的山丘,宜爽幽谧的树林和柏英的小屋。他依稀觉得自己听到了她的声音,在那荔枝林里回响[4]"。

故乡坂仔村的自然环境在林语堂记忆中如诗如画:"坂仔村之南,极目遥望,但见远山绵亘,无论晴雨,皆掩映于云雾之间。北望,嘉溪山矗立如锯齿状,危崖高悬,塞天蔽日。冬日,风自极狭窄的狗牙谷呼啸而过。置身此地,人几乎可以与天帝相接。"[5]十岁之前,林语堂在坂仔村度过无忧无虑的童年,他喜欢玩水,到溪边捉鱼,他的童

---

[1] 林语堂:《唐人街》,选自《林语堂名著全集(第四卷)》,唐强译,长春:东北师范大学出版社,1994年,第198-199页。
[2] 施建伟:《近幽者默 林语堂传》,北京:华文出版社,2017年,第442页。
[3] 林语堂:《林语堂名著全集(第九卷)》,长春:东北师范大学出版社,1994年,第2页。
[4] 林语堂:《林语堂名著全集(第九卷)》,长春:东北师范大学出版社,1994年,第2-3页。
[5] 林太乙:《林语堂传》,选自《林语堂名著全集(第二十九卷)》,长春:东北师范大学出版社,1994年,第256页。

年是粗野的、无拘无束的。林语堂认为自己的一切灵感和美德都是坂仔的山水所赋予的：雄伟的高山塑造了他的个性，长流不断的溪水赐予了他的灵性，神秘的大自然激发了他丰富的艺术想象力，为他提供了一生取之不尽、用之不竭的艺术源泉。在他的审美趣味和思想性格里，随时能发现坂仔山水的影子，他一再自诩自己是"山地的孩子"，有学者把他的思想观点概括为"山地人生观"。"在童年时我的居处逼近自然——有山、有水、有农家生活。因为我是个农家的儿子，我很以此自诩。这样与自然得有密切的接触令我的心思和嗜好俱得十分简朴。这一点，我视为极端重要，令我建树一种立身处世的超然的观点而不至流为政治的，文艺的，学院的和其他种种式式的骗子……我有一些健全的观念和简朴的思想，那完全是得之于闽南坂仔之秀美的山陵，因为我相信我仍然是用一简朴的农家子的眼睛来观看人生。"①农家子弟在自由自在的山野生活中，获得自然纯朴的人生态度，这使他终身受益。

1936年旅居美国之后，林语堂对道家推崇备至，"倘若强迫我在移民区指出我的宗教信仰，我可能会不假思索地对当地从未听过这种字眼的人，说出'道家'二字②"。

林语堂的"山地文化观"除了与家乡闽南山地自然地理有关外，还与父亲、家庭环境有关。闽南漳州山清水秀的自然地理环境使林语堂骨子里流淌着自然之子的血液，比较容易接受道家思想。父亲林至

---

① 林语堂：《林语堂自传》，选自《林语堂名著全集（第十卷）》，长春：东北师范大学出版社版，1994年，第5页。
② 林语堂：《老子的智慧》，选自《林语堂名著全集（第二十四卷）》，长春：东北师范大学出版社，第17页。

诚的幽默豁达、友好和善的家庭氛围也融入林语堂的个性气质里。林语堂的父亲林至诚对林语堂影响很大,父亲具有闽南人吃苦耐劳特点,有点小聪明,肩挑糖果等叫卖,靠个人奋斗获得一定社会地位。虽没念过书,但做牧师,向村民宣讲教义,平时还经常调节村民纠纷,完全是乡村士绅的角色,为了乡民的利益他敢与官员叫板。林语堂的敢骂敢为,不"趋时尚,看风头"的性格,大概是受其父的影响。[①]林至诚诙谐爽快,朴实直率的性格使他们在坂仔村人缘很好,这种乡村的平等氛围也融入林语堂的个性之中,他不慕权贵,不排斥穷人。林语堂还遗传了父亲的幽默。父母的宽厚、诙谐、平等是孩子自由成长的温床。林至诚24岁进入教会学习神学,这改变了他的命运,使他成为一个牧师。这与祖母是基督教信徒有关,起码父亲不讨厌教会,在当时社会对基督教会误解很多的情况下,能作出这个选择也是要有勇气的。因此他希望儿子上世界上最好的大学:牛津大学和柏林大学,这使林语堂从小就树立学习西学的目标。

林语堂的家庭是待人友好和善的基督教家庭。在当时,乡民对基督教存在多种误解,对林至诚的宣教也并不一定能听懂多少,"我也不知道他的神学立场究竟是怎样",对于林至诚而言,当上牧师是改变贫穷生活的出路,他们可以住在教会的屋子里,礼拜堂、钟楼、荷花池、菜地、后花园,所有这些教会的财产都是林家生活环境,这就已经超出一般村民的居住条件,每月20块钱的薪水是一笔可观的收入,林家

---

① 林语堂:《八十自叙》,选自《林语堂名著全集(第十卷)》,长春:东北师范大学出版社,1994年,第249页。

的几个儿子到厦门上学也是免费的。林语堂出生就是基督教徒,对深奥教义不见得有多少理解,但基督教教人友善,"我们兄弟姐妹是不许吵架的,实际上我们也没吵过架。理由是:每个人都要友好和善"。①对人友好和善似乎是林家人给人的印象,林语堂也有这个性格特点,"一个人一生出发时所需要的,除了健康的身体和灵敏的感觉之外,只是一个快乐的孩童时期——充满家庭的爱和美丽的自然环境便够了。在这条件下生长起来,没有人是走错的②"。独立思考、独立判断是基督教带给幼年林语堂最珍贵的财富。父亲的朋友范礼文(A. L. Warnshuis)看到林至诚对西方文化感兴趣,常常从上海给他们寄刊物。林至诚对西方文化的兴趣也影响了林语堂。当林至诚谈到牛津大学柏林大学时眼里的光亮或许是上帝给予这位偏僻乡村中国信徒的最好回报。林语堂的理想是做英语教员、物理教员,这两者都是基督教的副产品。

实际上,林语堂的"山地文化观"包含了"道家文化中超脱享世、任性任情、特立独行的人生态度③"。二十世纪三十年代,林语堂创办《论语》《人间世》《宇宙风》,提倡有性灵的闲适小品,闲适既指内容上以谈天闲聊的方式写出人生况味,反对文学成为政治附庸,又指表现形式上无拘无碍,以幽默轻松的性灵文风为主。他说"真有性灵的文字,人人最深

---

① 林语堂:《林语堂自传》,工爻、张振玉译,北京:群言出版社,2010年,第206页。
② 林语堂:选自《林语堂名著全集(第十卷)》,长春:东北师范大学出版社,1994年,第4页。
③ 汤奇云:《中西文化融合的无奈与对山地文化的追寻——从文化的角度看林语堂的长篇小说〈赖柏英〉》,《嘉应大学学报(哲学社会科学)》,1998年第1期。

之吟咏诗文，都是归返自然，属于幽默派，超脱派，道家派的[①]"。林语堂无拘无束、坦诚幽默的个性与道家闲适的人生态度不谋而合。

　　林语堂的道家思想在他的小说创作中多有体现。他最重要的小说《京华烟云》第一部的名字就是《道家的女儿》，开篇以庄子的《大宗师》为导言。第二部《庭院的悲剧》中借《齐物论》的"旦暮遇之也"来写小说中的人物在"入世"的生活中，在生死祸福、穷达荣辱的演变中，去体悟"浮生若梦"的道家思想。第三部《秋之歌》借《庄子·知北游》篇中对于臭腐与神奇之间的相互转化，来喻指生命原本就是互为转化、循环不已的，万物也是同源一体的。因此，人生在世，生不必大喜，死不必大悲，生死乃是人生最平常的事。整部小说是对道家思想的形象化阐释，其中世世代代家庭人事的变故、思想道德的变迁、生命的产生与消亡以及大的社会、历史的演进，都没有逃脱《庄子》的哲言。《唐人街》中老杜格和冯老二的生存智慧也带有道家色彩，冯老二以老子的思想领悟生存之道，他的不争、谦卑为他在美国立足打拼提供精神资源。老杜格总结长寿秘诀"硬的和松脆的东西迟早都会破裂，但柔然的东西仍然存在着[②]"。《唐人街》中的理想女性艾丝也是具有道家思想的东方女性形象。《赖柏英》中的新洛对故乡山水的依恋、对城市商业文明的贬斥都带有道家思想的色彩。

[①] 林语堂、梅中泉：《论幽默》，选自《林语堂名著全集（第十四卷）》，长春：东北师范大学出版社，1994年，第6页。
[②] 林语堂：《唐人街》，选自《林语堂名著全集第4卷》，长春：东北师范大学出版社，1994年，第304页。

陈平原说"中国现代史上,着眼于东西文化综合,努力于以东方文化拯救人类,在西方产生一定影响的'东方哲人',一是以儒家救世界的辜鸿铭,一是以佛教救世界的梁簌溟,再就是以道家救世界的林语堂[①]"。

[①] 陈平原:《林语堂与东西文化》,杭州:浙江文艺出版社,1987年,第67页。

东方幻象

西方人笔下的人间乐土抑或地狱

梳理西方文学与文化想象中的中国形象,我们发现中国形象不是真实的中国,而是西方关于文化他者的幻象,是西方文化的自我审视,表达的是西方的文化欲望和文化利用。汉学家雷蒙·道森(Raymond Dawson)在《中国变色龙:对于欧洲中国文明观的分析》中指出"欧洲人对中国的观念在某些时期发生了翻天覆地的变化。有趣的是,这些变化与其说反映了中国社会的变迁,不如说更多地反映了欧洲知识史的进展。因而,构成本书框架的是观察者的历史,而不是被观察对象的历史……中国在欧洲人的想象中呈现出不同的形象……中国更恰如其分的象征是变色龙,而不是龙[①]"。西方人眼中的中国形象呈现两极:一极是中国是人间天堂,表现为赞颂、美化中国,对中国加以理想化、乌托邦化描述;另一极是中国是人间地狱,表现为贬抑中国,对中国加以妖魔化、丑化描述。乌托邦是超越的、颠覆性的社会想象,而意识形态是整合的、巩固性的社会想象。社会想象的历史运动模式建立

[①] [英]雷蒙·道森:《中国变色龙——对于欧洲中国文明观的分析》,北京:中华书局,2006年,第16页。

在离心的超越颠覆与向心的整合巩固功能之间的张力上。意识形态形象将群体基本价值观投射到他者身上,适应通行的象征性模式,从而消解他者,乌托邦形象颠覆群体价值观,是对群体的象征性模式的离心描写。

周宁把西方人眼中的中国形象分为三个时期:1250年—1750年,占主导的是乌托邦化的中国形象,他认为1250年前后出现大旅行与仰慕东方的心态,也是西方的中国形象的起点。中国形象是"大汗的大陆""大中华帝国""孔夫子的中国",从物质财富、制度文明到哲学思想都是被美化的;1750年—1900年,占主导的是意识形态化的中国形象,1750年前后英国的黄金时代到来,经过"光荣革命"、英法七年战争和英荷三次战争,英国确立了西方帝国的优势地位,并通过鸦片战争最终摧毁了中华帝国,彻底扭转了东西方力量对比。中国成为启蒙大叙事的否定面,中华帝国是停滞的、专制的、野蛮或半野蛮的东方帝国的典型。1900年以后,两种类型交替出现。①

无论是赞美或批判,反映出西方作为形象塑造者不同时期的文化欲望,对于前者,美化后的中国是西方寻求突破的他者借鉴,对于后者,妖魔化中国是西方资本主义国家推行帝国主义强权政治的需要。

要注意的是,即使是同一时期,中国形象也并非是单一的,比如,十八世纪,欧洲人推崇中国风。文艺复兴时期的大师们曾经对中国文化心向往之,他们对中国合乎理性的儒家伦理道德和开明君主制加以理想化,中国的建筑、瓷器、家具和装饰风格都受到他们的热捧。中

---

① 周宁:《跨文化形象学》,上海:复旦大学出版社,2014,第4-5页。

国成为了西方社会力图摆脱中世纪思想禁锢的他者借鉴。

同时，十八世纪以来，欧洲对中国贬抑的声音也很大，比如，孟德斯鸠、休谟、亚当·斯密、黑格尔。孟德斯鸠十分关注中国文化，他把政体分为共和、君主、专制三类，他认为中国是一个专制国家，它的原则是"恐惧"。中国立法者把宗教、法律、风俗都混同礼教，当道德沦丧之时，国家很容易陷入无政府状态。休谟在十八世纪中叶提出"中国停滞论"，根本原因是因为中国人没有勇气违背祖制成规，因此庞大帝国的科学进步非常缓慢，近乎停滞。亚当·斯密把十七世纪耶稣会士的中国记录与十三世纪的《马可·波罗游记》中的记述相比较，从经济角度评价中国：中国早期繁荣富庶，但后期并未发展。

中国，一向是世界上最富的国家。其土地最沃，其耕作最优，其人民最繁多，且最勤勉。然而，许久以前，它就停滞于静止状态了。今日旅行家关于中国耕作、勤劳及人口状况的报告，与五百年前客居于该国之马哥孛罗的报告，殆无何等区别。若进一步推测，恐怕在马哥孛罗客居时代以前好久，中国财富，就已经达到了该国法律制度所允许之极限。①

黑格尔是欧洲中心论，称中国是永无变动的单一，他评价孔子思辨的哲学"一点也没有"，只有一些善良的、老练的、道德的教训。

我们从西方想象中国的历史坐标系中挑出几个有代表性的例子，一是十九世纪的德国作家海涅笔下的中国形象，他想象遥远的中国是

---

① [英]亚当·斯密:《国富论（上卷）》，郭大力、王亚南译：北京：中华书局，1949年，第85页。

丑陋的、负面的，这是西方中心主义的产物，也是西方的"社会集体想象物"的投射。二是二十世纪三十年代的英国作家詹姆斯·希尔顿的小说《消失的地平线》，他把中国西藏某处的一座喇嘛寺庙——香格里拉塑造成拯救人类文明的"诺亚方舟"，香格里拉由此成为"人间天堂"的代名词。希尔顿的乌托邦幻象反映的是处于两次世界大战之间的西方社会，面临严重的物质、精神危机，他们将摆脱危机的出路设定在遥远的不同于西方文化的东方世界。三是二十一世纪中国奥运会举办前夕，美国好莱坞拍摄的中国题材电影《功夫熊猫》，它反映了新时期西方人对中国形象新的建构，它引入大量的中国元素，但文化内核是美国的，它不是刻意地美化或丑化，而是塑造正面的中国形象的同时融入美式文化思维，实质上是对中国文化进行同化。这是后殖民时期特有的文化现象。另外，我们还以日本作家芥川龙之介的《中国游记》为例，探析二十世纪初日本眼中的中国形象，当时日本脱亚入欧，完全站在西方的立场看近代中国，芥川龙之介带着对日本欧化的厌弃和对古典中国的期盼来到中国，表现的是日本文人对古典中国的向往和对落后的近代中国的蔑视，他的中国观是二十世纪初日本社会集体想象物的产物。

第一节　魔力烧酒：海涅笔下的魔性中国

海因里希·海涅（Heinrich Heine，1797年—1856年）是德国著名的革命民主主义作家，他一生创作了大量的诗歌、游记和散文，还撰写了许多深刻有力的文艺评论及其他论著，对后世产生了深远的影响。

他的作品为中国读者所熟知,主要的作品有组诗《时代的诗》、游记《哈尔茨山游记》、文艺评论《论浪漫派》等。海涅作品中涉及中国的文字寥寥可数,且分散在他创作的各个不同时期,一直以来并不被人注意,但是如果细心阅读海涅关于中国的描述,将会发现他加入了同时代的负面中国形象的大合唱,但奏出了与众不同的音符。

一、形塑者的观看与想象

海涅把离他遥远的中国描述成一个可怜的、令人同情的对象,并把它作为自己讽刺时弊的陪衬物。张玉书在《海涅研究》中指出,海涅在他的著作中多次提到彬彬有礼的中国马夫和在柏林展览自己的中国人,还有爱喝烧酒的中国皇帝和好闻撕绸裂帛之声的中国公主。然而他写这一切,都是作为背景、衬托物,是为了去讽刺、挖苦、嘲弄、调侃他所仇视和厌恶的一切。海涅的兴趣不在于遥远的中国,而在于他身边的现实,他从没有正经地、严肃地谈论中国。①

(一)对自然地理的扭曲

在《论浪漫派》中,海涅写道:"那儿大自然的诸般现象都绚烂雕琢,别致耀眼,硕大的花朵形同巨人,纤小的树木犹如侏儒,层峦叠嶂全都精雕细刻、玲珑剔透,佳果累累全都甜香四溢、鲜美佳妙,奇禽异鸟全都毛羽斑斓形态怪异。"在海涅的笔下,大自然是怪异的、是

---

① 张玉书:《海涅研究:1987年国际海涅学术及讨论会》,北京:北京大学出版社,1988年,第295-297页。

可怕的、是可笑的,"连风儿也显得愚蠢可笑①"。

显然,这样的描写过于夸张和片面,反映了海涅对中国的无知。他对中国地理自然的描绘,完全出于虚构和幻想。虽然世界地理自然景观无奇不有,但把整个中国的地理自然都描绘成极其夸张的奇异世界显然有失偏颇,这样的语句出现在文艺评论中亦有失水准。

(二)对人物形象的丑化

对于中国人的印象,海涅说:"那儿的人尖头尖脑,蓄着发辫,留着长长的指甲,见了面打恭作揖。""他们不会高声大笑。""为了忍住不笑,他们就绷着脸,装出极端滑稽可笑的怪相。"②众所周知,中国人并非人人尖头尖脑,留着长长的指甲,海涅的幻想只能是以偏概全。海涅对中国人外形的丑化是与他们西方所谓的文明、开化等一厢情愿的自我标榜相对的,同时也是西方人贬低"他者"的惯用手法。中国人的辫子成了西方人嘲笑、愚弄国人的标志性象征。

十九世纪早期,欧洲漫画中的中国人形象分为两种:满大人和茶叶商人。这两种人都拖着古怪的长辫子,成为欧洲人取笑的对象。十九世纪中叶,欧洲最早最有影响力的漫画刊物《笨拙》中出现大量的拖着长辫子的满大人形象,"那些提炼得比较恰当的漫画元素,总是不断地在漫画中一再得到体现,最终成为一种大众共享的印象模式。"③

---

① ② 张玉书:《海涅选集》,北京:人民文学出版社,1984年,第120-121页。
③ 施爱东:《16—20世纪的龙政治与中国形象》,北京:生活·读书·新知三联书店,2014年,第82-83页。

在当时的欧洲人心目中，满大人就是典型的中国人形象，名字都叫"中国佬约翰"（John Chinaman），共同特征是古怪的长辫子、肥胖的身躯、八字须、长指甲、脖子上戴着串珠、长烟管等。呈现一副不知廉耻、奸诈狡猾的滑稽相。海涅对中国人长辫子的揶揄来自当时西方社会对中国男性形象的集体想象。

海涅在《中国皇帝》这首诗中写道："我的父亲是一个俗汉，一个庸俗无聊的小人。"[①]海涅以一个中国人的视角来写中国人，说自己的父亲是"俗汉"，是"庸俗无聊"的小人。这反映了他对中国人人格方面的贬低。一直以来，西方文人笔下贬低中国人的描写从来没有停止过。不只是海涅，西方许多作家笔下丑化中国人的描写比比皆是。英国著名散文名家德·昆西的自白中，有这样的描写："中国是一个无生命力的国度，中国人是非常低能的民族，甚至就是原始的野蛮人。"[②]巴罗在1804年的《中国见闻》中对中国作了这样的评价："这个民族总的特征是傲慢和自私的，伪装的严肃和真实的轻薄，以及优雅的礼仪和粗俗的言行的牢固组合。表面上，他们在谈话中极其简单和直率，其实他们是在实践着一种狡诈的艺术，对此欧洲人还没有准备好如何去应付。"[③]孟德斯鸠说："这个民族的生活以礼为指南，但他们却是地球上最会骗人的民族。"[④]西方人就是这样，以一种社会集体想象的方式对异域做出离奇的幻想。

---

① 张玉书：《海涅选集诗歌卷》，北京：人民文学出版社，1985年，第324-326页。
② ③ 葛桂录：《一个吸食鸦片者的自白——德·昆西眼里的中国形象》，《宁夏大学学报》（人文社科版），2005年第27卷第5期。
④ 傅红春：《西方人谈中国文化传统》，《唯实》，1996年第6期。

(三) 对人文方物的幻想

"无可否认，中国之于西方，是作为异质文化来接受的。"[①]十九世纪，中国文化渐渐被西方文人摒弃，而且成了被批评的对象。西方文人大都继承了德国狂飙突进运动对中国的批判立场。在《中国皇帝》这首诗中，"烧酒"这一为全体国人熟知的普通事物，在海涅的眼中却是离奇的，"这是一种魔术的饮料""只要我喝了烧酒，中国就立刻富强""我的老婆也怀了孕""病人都恢复了健康""我国内所有的穷人，都穿着绒衣、绸衣逍遥"。[②]海涅的这些描述，透着一种对中国文化的无知。"我们不要宪法，我们要棍子、皮鞭。"[③]这样的描写则把中国完全塑造成了一个野蛮的、可怕的、完全没有自由和民主的愚昧国家。作者对于古老中国的想象在潜移默化中不自觉地把中国与"丑陋"联系在一起，强化了中国的"落后和愚昧"。

在《论浪漫派》中，海涅还对中国的语言进行了扭曲。例如他说："论性格老成早熟，说的却是一种孩子气的单音节语言。"在海涅看来，中国历史悠久的语言透着一种难以理解的诡异。他认为中国人单音节的语言发音是令人费解的、幼稚的。"语言、文字、历史等历来都是殖民者和被殖民者文化冲突的主战场，殖民者总是企图通过贬低被殖民者的语言文字，甚至妄想用殖民者的语言文字取而代之和篡改被殖民者的历史，试图抹杀被殖民者的民族主义。文人总是试图通过美化自己的文化和书写自己的历史来恢复自己民族的民族记忆和民族身份，

[①] 薛维华：《中国公主：作为异国情调的中国形象》，《岱宗学刊》，2001年第2期。
[②][③] 张玉书：《海涅选集诗歌卷》，北京：人民文学出版社，1985年，第324页。

以达到'激发本民族人民对抗异族文化侵略的目的。'"① 这是西方文人殖民心态的反映，是建立在以自己利益为出发点的基础上对他者的贬低，也是当时西方社会的普遍心理的反映。

二、海涅中国形象的建构及原因

海涅作品中对中国形象的描述，深刻地反映了西方文化对中国形象的扭曲和妖魔化。中国形象在西方文化中是如何被构筑的，中国形象在西方的历史上占据怎样的位置？海涅笔下那个否定的、妖魔化的中国形象如何形成？探赜索隐，我们不难发现"他者"眼中扭曲的中国形象的成因。

中国作为一个异国形象，有言说"他者"和言说"自我"的双重功能，不仅成为德国人反思自我的"他者之镜"，同时也成为我们反观自我形象的一面珍贵的镜子。"一国文学中对异国形象的寻找通常并不是现实的客观呈现，而是具有乌托邦或意识形态色彩，前者重在颠覆、质疑本国的现实，后者旨在维护、保存本国的秩序。"②

（一）形塑者的视角

海涅，作为德国的一位著名作家，他本人并没有亲自到过中国。张玉书说："海涅的这幅中国漫画来自何处呢？我想，除了当时德法报刊上寥寥无几的、有关中国的歪曲的消息之外，考虑到当时有关中国的

---

① 申富英、王湘云：《论〈尤利西斯〉中的中国形象》，《兰州大学学报（社会科学版）》，2008年第4期。
② 姜智芹：《颠覆与维护——英国文学中的中国形象透视》，《东南学术》，2005年第1期。

德文、法文著述，大概是浏览了法国传教士都·哈特所编纂的于 1736 年出版的《中国祥志》。他当然知道马可·波罗的游记……海涅从来没有表示出他对中国有什么兴趣，在东方国家中他向往憧憬的是印度。"[1] 海涅对中国的所有认识都源于阅读，这就不可避免会带上西方集体对于东方国家的偏见。在《论浪漫派》第三卷第一章里，海涅写道："你可知道中国"，仿佛他真的到过中国。从来没有到过中国的海涅，受各种主客观条件的影响，他只能观看一段时间内的他者，这对于他的中国观有着深远的影响。遥远的时空距离决定了海涅观看的模糊和简单。中国形象始终作为西方文化的对立面出现在西方的文学作品和报纸杂志中，在这些被扭曲的异己的意象中，海涅不可能获得真实可靠的信息，在他脑海里所形成的一切关于中国形象的印象理所当然是被扭曲的。

观者的视角决定着他的态度，也决定了"他者"被看的形态。不同的人对同一事物的看法大相径庭，这取决于观者对异国形象的观看方式。海涅采取了一种"自上而下"的观看角度。他从中国公主、中国皇帝等上层人物入手，通过他们的生活，展开他的神奇想象。皇帝、公主作为中国最高贵的上层人物，仅代表着中国贵族阶层。海涅的中国印象源于这个阶层，这就决定了他的观察中国的视野是狭隘的。

海涅这样写中国公主："在这样一幢挂满铃铛的屋子里，从前曾住着一位公主，她的金莲比其余的中国女人的小脚还要纤巧……她把所有的家当都撕碎抛尽，于是满朝文武上书谏言，把这位公主当作一个不可

---

[1] 张玉书：《海涅研究：1987 年国际海涅学术讨论会》，北京：北京大学出版社，1988 年，第 295 页。

救药的疯女送进一圆形的高塔。"①一位发疯的中国公主在宫殿里无理取闹,从这位公主身上,我们能感受到的是皇族生活的没落。他笔下的中国皇帝亦是如此,"是一个俗汉,一个庸俗无聊的小人"。读者透过他笔下这些中国上层人物的形象,看到的仅是中国社会极为少数的一个阶级的生活。而且,海涅对于这个阶级的描写也极不准确,他是在以偏概全。

(二)形塑者的先见

海涅对异域的想象并不是孤立的,在理解他的中国观的时候,应该把他与当时整个德国社会乃至整个西方世界联系起来,参考当时的社会文化、社会心理、意识形态、社会背景等因素。在西方文人的思维里有一种根深蒂固的西方中心主义,而这种西方中心主义构成了西方文人共同的"社会集体想象物"。

"从哲学、历史观念来看,社会集体想象物基本上被理解为对(在社会—历史和心理方面)基本上不确的面目、形式、形象的不断的创造。只有从这些面目、形式、形象出发,才能研究'某物'。""社会集体想象物是对一个社会集体描述的总和,既是构成亦是创造了这些描述的总和。"②我们可以从两个层面来解释西方文人的西方中心主义心态。一是社会舆论层面。海涅生活的十九世纪,西方的文人发现原来那神奇伟大的东方不过是一个自己幻想出来的梦境。工业化时代的到来,先进的生产力促进了社会的进步,他们开始意识到自己的强大,

---

① 张玉书:《海涅选集》,北京:人民文学出版社,1984年,第120页。
② 孟华:《比较文学形象学》,北京:北京大学出版社,2001年,第29页。

从此找到了"自信",并将这份"自信"无限膨胀。此外,适应对外殖民扩张的需要,西方舆论开始以一副救世主的姿态示人,他们要救赎"野蛮未开化"的中国,为自己的对外殖民扩张寻找借口。二是精神生活层面。在西方文人的灵魂深处一直如影随形地有一种西方中心主义。这是一种认为西方文化优于、高于非西方文化,或者认为西方文化特征、价值或理想带有某种普遍性,从而代表非西方未来发展方向,西方文化在世界范围内的扩张,它的成功,更强化着这种普遍性的意识。因此,西方中心论是一种西方人与生俱来的有色眼镜,它本质上是西方的看法——只要处于这种文化中,便不自觉地拥有这种看法。"他者"眼中的异国形象应该有其社会基础的支撑,海涅在描写中国时,不可避免地带上当时西方对中国的"先见"。这是一种在潜移默化中被输入的对中国的偏见,是西方社会的一种集体无意识。

值得注意的是,海涅借笔下扭曲的和妖魔化的中国形象,具有双向批判功能:抨击愚昧落后的中国和批判德国的黑暗社会现实。在海涅笔下,中国是丑陋的,但是他评判中国的同时也评判了本国的黑暗社会。海涅是德国著名的民主战士和爱国主义者,他非常推崇席勒式的革命写作。为了德国的自由民主,海涅倾尽自己的毕生心血。他站在德国国家利益的高度,以一种强烈的正义感,保护穷苦人民的权利。他因此从一个热情洋溢的抒情诗人转变成为一个具有强烈批判精神和辛辣讽刺风格的社会批评家。他抨击中国皇帝、中国公主及其他中国事物,都不仅仅是在批判他者,更是借批判他者来抨击当时普鲁士国王的残暴统治和社会的动荡不安。

读海涅的战斗般的诗篇,我们不仅可以从中看到他者的眼光,而且可以将之作为一面反观自我的镜子来理解和发展自己。

第二节　香格里拉:詹姆斯·希尔顿笔下的"诺亚方舟"

詹姆斯·希尔顿(James Hilton,1900年—1954年),又名格伦·特雷沃尔(Glen Trevor),英国现代著名作家,出生于英国兰开夏郡的莱伊。在小说《消失的地平线》出版之前,詹姆斯·希尔顿已经开始了小说创作,但并未引起过真正的轰动。早在1917年,他创作并发表了小说处女作《卡莎她自己》,他的成名作是中篇小说《再见,辛普森先生》,而真正使詹姆斯·希尔顿走向世界的是出版于1933年的长篇小说《消失的地平线》。小说出版后成为当时的畅销书,获得英国文学界最有名的霍桑登文学奖。二十世纪四十年代,好莱坞投资250万美元将小说搬上银幕,电影主题歌《这美丽的香格里拉》风靡一时。《不列颠文学家辞典》称小说创造了英文词汇"Shangrila",可见小说的影响不小。

小说情节离奇、虚幻,让人神思飘忽,如在梦中。故事发生在二十世纪三十年代初,西方社会还处于经济危机之中,"二战"即将开始。领事赫夫康威、副领事查尔曼宁森上尉、东方布道团教士罗伯特·林科洛小姐和美国人亨利·伯纳得(实际上是一个因经济危机破产的大资产家)一行四人打算从印度的巴斯库撤退。当时巴斯库发生革命,局势动荡,但他们却遭遇了一场策划已久的劫机事件,被带到香格里拉——中国青藏高原一处雪山环绕的圣境。劫机过程很诡异,飞机突然失去航向,飞行员离奇死亡,后来,康威等人由张先生引路进入一座深藏于青藏高原东南边缘地带的喇嘛寺院——香格里拉。香格里拉是一个和谐、美好、生活富足的世界净土,给予身心疲惫不堪的康威舒适之感。那里的陈设中西结合,既有现代的供暖设备,又有具中国情调的各种方物。总之,香格里拉是一个多种族、多文化、多宗教相互和平共处的美丽富饶的人间天堂。

詹姆斯·希尔顿为当时的西方人塑造了一个理想世界,即具有乌托邦色彩的香格里拉,小说甚至掀起了寻找"香格里拉"的热潮。曾有人猜测小说里的香格里拉是在云南的丽江,四川的稻城,克什米尔的拉达克,不一而足。但它实际上并不是一个真实的地点。香格里拉不仅仅只是一个普通的喇嘛寺院而已,更是相当于西方文学世界中的人间乐土——伊甸园,"香格里拉"一词也成为西方人眼中理想国的代名词。

一、神秘的异国形象:香格里拉世界

《消失的地平线》中的中国形象,并非仅仅单纯地指人物形象,而是包括具有中国特色的一切意象。"作为'他者'的异国异族形象在文本中是以多种形式存在的,虽然它被称为形象,但它可以是具体的人物、风物、景物描述,也可以是观念和言词,总而言之,它是存在于作品中的相关的主观情感、思想、意识和客观物象的总和。"[①]

在香格里拉的世界中,一切都是和谐、宁静的,并讲究适度原则,那里的人们丰衣足食,都不愿离开它出远门。寺院的陈设中既有代表西方文明的文学艺术,更有代表中国特色的各种方物——古琴、瓷器、水墨画、

---

① 陈惇、刘象愚等:《比较文学概论》,北京:北京师范大学出版社,2000年,第227页。

香茗等，同时亦有两位形象鲜明的中国人——张先生、满族姑娘洛珍。

（一）文化方物

《消失的地平线》中出现多种具有中国文化特色的风物，尤其是故事发生的世界——香格里拉以及寺院内陈设都具有明显东方特色，有屏风、水墨画、香茗、古琴等具中国韵味的意象。

1. 藏传佛教的喇嘛寺院——香格里拉

《消失的地平线》中的"香格里拉"是永恒、宁静、和平的象征。在藏语中，香格里拉一词包含"心中的日月""通往圣洁之地"等多种含义，但无论哪种含义都是作者心目中理想的栖息地，具有浓厚的乌托邦色彩。香格里拉位于长长的山谷之中，山谷正前方是高耸的雪山，但山谷之中芳草萋萋，香花萦绕。喇嘛寺院香格里拉给康威的第一感觉是荒凉孤寂，而后逐渐改变了看法。喇嘛寺院宽敞、温暖、干净，同时还拥有中央供暖设备，能够将西方的机械技术与东方传统和谐完美地统一起来，充分体现出东西文明结合的特征。"他刚刚享受过的那间浴室，精美的墨绿色浴盆就贴有俄亥俄制造的商标，而那些侍者则用中国式的服务方式为他服务：他们为他清洗耳朵和鼻孔，然后用一根绸子做的细签擦拭他的下眼睑。"①康威喜欢中国悠闲自在的生活方式。

喇嘛寺院所提供的服务方式是中国式的，饮食方面也具有浓郁的中国特色，即它提供的是能够调理呼吸的具有药膳特质的菜肴。寺院

---

① [英]詹姆斯·希尔顿：《消失的地平线》，赵净秋、白逸欣、陈馨译，昆明：云南大学出版社，2005年，第84页。

中的所有气氛都能给人以惬意的感受。"实际上这里的气氛更多的是充满了汉族而非藏族情调,这种氛围给了康威一种回家般惬意的感觉。"①再者,作为一座奉行适度原则的喇嘛寺院,它所提倡的美德,就是杜绝绝对、偏激的言行。正如张先生所言,"我们的人民过着适度节俭的生活,适度地保持纯洁,并且适度地做到诚实厚道②"。《消失的地平线》中的喇嘛寺院所奉行的教义与中国传统文化所推崇的"乐而不淫,哀而不伤"的中和之美、中庸之道不谋而合。

林科洛小姐认为只有基督教才是真正的宗教,其他宗教是假的包括寺庙里喇嘛们的信仰也值得怀疑,张先生介绍香格里拉对宗教的态度:宽容地看待一切信仰,大家和平相处,并无教派之争,"我们这个群体有着各种各样的信仰和习俗,但我们大多都能适度地看待这些习俗和观念③"。这正符合佛教宗旨,众生的目标都是摆脱人生的痛苦。引用一位现代西藏喇嘛的话:"佛陀全部教义的一个重要特征是:它们试图适应每个人的需要和倾向。"④佛教注重个人体验,不仅仅强调理性和哲学知识,只要能达到最终解脱的方法都不排斥,它在方法和实践上是很灵活的。它能适应不同文化背景的人,它的智慧植根于人类灵魂深处。

香格里拉世界的构筑与藏传佛教中理想的人间净土——香巴拉王国有着惊人的相似。希尔顿笔下香格里拉的人们生活富足、安居乐业。

---

① ② ③ [英]詹姆斯·希尔顿:《消失的地平线》,赵净秋、白逸欣、陈馨译,昆明:云南大学出版社,2005年,第85页。
④ [美]莫阿卡宁:《荣格心理学与西藏佛教 东西方精神的对话》,江亦丽、罗照辉译,北京:商务印书馆,1994年,第12页。

香格里拉是一个盛产黄金的地方，而西藏的香巴拉王国的生活情景则为"香巴拉居民，各种食物与乐趣不缺，富饶无比，拥有大量的金银珠宝。生活和乐，无人犯罪，居民各遵循智慧而生活，皆已达到最好的修行[①]"。由此可见，"这里的景色超凡脱俗，这儿的居民有着超凡的智慧，没有贪欲、纷争和偏执，王国里有酥油湖、糌粑树，人们丰衣足食。然而，并不是每个人都能进入香巴拉，只有心智打开的人才有这种幸运[②]"。英语中的"香格里拉"大约是由藏传佛教经典中的"香巴拉"一词演化而来。香格里拉是以藏传佛教中的"香巴拉王国"为原型而创造出来的，具有中国藏传佛教的特色。

2. 古琴、屏风、水墨画、香茗等中国意象

古琴、屏风、水墨画、香茗这些明显能够代表中国的文化物象，更是在小说中频频出现。亭台陈设既有代表西方艺术文明的钢琴，又有中国的古琴。香格里拉收藏着"宋代精美的珍珠蓝瓷器，珍藏了一千多年的中国山水画，绘有蓬莱仙境的漆器，笔触细腻、意境幽远。美轮美奂的瓷器釉彩的光泽辉映出一个无与伦比的精美世界，让人的情感在刹那间变得纯净无比[③]"。这些物象能够激发主人公康威对中国艺术的热爱，并使其内心宁静，古琴的悠扬曲音、香茗的香飘四溢、纸灯笼的柔和灯光无不安抚着主人公康威心灵，给他带来平和、安详。

---

① 弘学：《藏传佛教》，成都：四川人民出版社，1996年，第309页。
② [英]詹姆斯·希尔顿：《消失的地平线》，赵净秋、白逸欣、陈馨译，昆明：云南大学出版社，2005年，第15页。
③ [英]詹姆斯·希尔顿：《消失的地平线》，赵净秋、白逸欣、陈馨译，昆明：云南大学出版社，2005年，第103页。

(二)人物形象

在香格里拉这座喇嘛寺院里,除生活着少数外国人以外,更多的是藏族和汉族的中国人,其中两个较为鲜明的形象是张先生与满族姑娘洛珍。

张先生在《消失的地平线》中是作者用较多笔墨刻画出的一位具有鲜明个性的人物形象。张先生负责引导康威一行四人进入香格里拉,虽身在蛮荒之地的西藏,却掌握流利的英语,谨守社交礼俗且学识渊博。张先生给人的感觉是充满睿智的雅士,既具有温文尔雅的气质,又机智聪明。面对年轻气盛的小伙子曼宁森咄咄逼人的提问,他总是能够很好回应,既不刺激对方,使对方难堪,同时又不失风范。如在小说中面对曼宁森的急躁、怒气冲冲地反驳,为避免不必要的尴尬场面,张先生选择自行离去,这种方式不是懦弱、逃避的表现,相反是应对狂躁曼宁森的最好方式,有着能够令人钦佩的智者气度。

满族姑娘洛珍公主是因远嫁他乡而不慎进入香格里拉世界的。在主人公康威眼中,洛珍公主是一位美丽、年轻并能够弹奏动人音乐的人,"一个典雅的满族姑娘,鼻子细长,颧骨略高,肤若凝脂,头发乌黑。她的长发梳到脑后编成一个优雅的辫髻,看上去是那么娇小玲珑、美丽动人。她的嘴如粉红色的牵牛花般鲜嫩,她静静地坐着,动人的音乐从她的纤纤细指中缓缓流出[①]"。满族姑娘洛珍看似年轻貌美,但这却是香格里拉所赋予的,离开了香格里拉世界,她会成为一位老妇

[①] [英]詹姆斯·希尔顿:《消失的地平线》,赵净秋、白逸欣、陈馨译,昆明:云南大学出版社,2005年,第115页。

人。离开了让她青春永驻的香格里拉，等待它的结局是美丽容貌的逝去并最终老死。

詹姆斯·希尔顿笔下的中国形象并不是简单地通过白描进行构筑的，而是侧重于通过旁人的眼光来描述事物，即采用了侧面烘托法，因此更具有客观性，更易于打动人心。对于久经世事的康威来说，香格里拉是文明世界，更是避难所，是憩息的好场所。他曾经踌躇满志，十年的外交官生涯让他看尽世事变迁，经历了战争动乱之后，他变得意气消沉，身心疲惫。香格里拉宁静的气氛以及美丽的自然风光，深深地吸引康威，他产生了长期停留于此地的想法。但是对脾气暴躁、固执的曼宁森来说，香格里拉则是一处远离其所谓的西方文明世界蛮荒之地，他时刻期盼着早日离开香格里拉，最终他偷偷地逃离了香格里拉。对满族姑娘的描写也是采用此种手法，通过康威，小说展现出他眼中的满族姑娘的全貌，而在自负固执的布林科洛小姐的眼中，满族姑娘还是个孩子，继而引出了对满族姑娘年龄的思考，为了传教，她准备留在香格里拉。这种描写能从多种视角展示满族姑娘的形象。

香格里拉世界给人的感觉是亦真亦幻，不论是香格里拉的中西合璧内部陈设，还是青春永驻的居民，作者都赋予其浓郁的神奇色彩，并且极具诱惑力。香格里拉地处偏远的神秘地域却又能通过自己独特的渠道与外界保持紧密的联系，并从外界获取自己所需的现代设备，香格里拉的人们拥有中央供暖设备、现代化浴缸、藏书极丰的图书室、摆放着钢琴的音乐亭和肖邦的名曲等。他们能够通过修行达到内心的平静保持青春永驻，安居乐业，生活富足。香格里拉世界亦具有真实性的一面,那里的人们也具有普通人的七情六欲,会去娱乐场所,只要遵循适度的原则就可以。但是人们一旦离开了香格里拉后,一切的神秘色彩都会消失,青春无法永驻,有了生老病死,一切回归到物质的本真状态。

二、理想的"他者"期待:人类文明复兴的火种

《消失的地平线》作为一部具有异国情调的作品,以异域为题材,所描写的背景,塑造的人物形象并非热衷于表现异国异族,而是具有深刻的文化背景和思想动机。小说常常是作者寄托理想的载体。《消失的地平线》成书背景与《乌托邦》相似。香格里拉更像是《圣经》中的"诺亚方舟",为人类文明的复兴保存了火种。

(一)战争与精神危机

"在文学上,异国情调产生于特定的历史事件,这些历史事件是试图实现某种理想发生的。"[①]小说《消失的地平线》出版于1933年,恰是"一战"结束后不久,而"二战"的血雨腥风即将笼罩欧洲,同时经济危机造成社会物质资源的匮乏,尤其是战争给人类心灵带来重大创伤。据统计,"一战"中,战争中的双方军人死亡共1300万人,两倍于1910年—1913年所有的战争死亡人数的总和;受伤,失踪者人数高达2000多万;群众因战乱死亡的人数还超过军队。其中俄国的人力

---

① 汤世杰:《梦幻高原——詹姆斯·希尔顿与香格里拉》,昆明:云南教育出版社,2000年,第136页。

损失最多，大约 2800 万人，占其总人口的 18%。双方战费开支共达 1800 多亿美元，外加生产损失等，全部经济损失合计 2700 多亿美元。无数城镇化为废墟，各国财政经济财政、经济一片紊乱[①]"。面对战争对生命的漠视，战争让作者对人类文明现实感到失望，希尔顿只能将理想国构建在与西方文明完全不同的东方文化大地上。香格里拉，就是他面对残酷的现实所构想的理想与所处社会对东方世界的集体想象结合产生的产物。

在《消失的地平线》中，作者通过康威之口论述战争，当最高喇嘛对康威的缺乏激情表达不解时，康威则认为他自己应该贴上 "1914 年—1918 年"的标签。"1914 年—1918 年"正是"一战"发生的时期，正是由于战争的原因造成了康威缺乏激情的品质，战争对他原本在大学期间充满活力的身心造成损害。同时在《消失的地平线》中也有最高喇嘛预言未来的句子，"人类的一切珍宝将要面临巨大的危险，书籍、艺术、所有和谐、美好的事物。两千多年来人类珍藏的精美的艺术瑰宝都会在瞬间彻底毁灭[②]"。正是对人类文明艺术被摧毁感到失望，作者只能将自己的理想建构在香格里拉这个乌托邦世界里，理想境界中的香格里拉则是人类文明艺术的聚集地，其博物馆则珍藏着艺术的瑰宝。"作家就是通过塑造这样一个远离战争，远离当时西方所谓的'闻名世界'，充满和平、宁静、自由、幸福却又似乎虚无缥缈的'世外桃

[①] 卢文璞：《世界现代史（1914—1949）》，北京：北京师范大学出版社，1996 年，第 18 页。
[②] [英]詹姆斯·希尔顿：《消失的地平线》，赵净秋、白逸欣、陈馨译，昆明：云南大学出版社，2005 年，第 115 页。

源'……揭示和透射出当时西方民众在经济危机和战争阴影之下寻求心灵解脱的普遍心态。"①

西方现代社会虽然科技高速发展,经济极度繁荣,人民物质生活富裕,但随之出现了精神危机。佛教是与西方基督教完全不同的宗教,荣格说:

> 我可以谈谈瑜伽对于西方意味着什么。因为我们找不到方向,已近乎精神崩错乱……瑜伽训练了身体的各部分,在此过程中,瑜伽把心灵、精神和身体的各部分联合在一起……瑜伽是一种完美、恰当的方法,它能使身心合一,形成一个确定无疑的整体。由此,修炼者可以获得一种心理气质,这种气质能产生超越意识的直觉。瑜伽所追求宇宙万物合一的努力,正是西方人的盲点。②

西藏佛教是大乘佛教的分支,大乘佛教于公元七世纪从印度传到西藏,佛教认为,生命和生活的现实是苦,而苦的来源是由于自我的执着。这是对生活事实和心理事实的接受和理解,同时也是对它们的超越。藏传佛教徒对于"苦"的包容,对挫折的接纳,以及独特的"无我"观念,使得他们不会形成负面的内部归因。佛教同时强调,人性中本有慈悲和智慧等善性因素,可以根除"苦",达到完满解脱的境界。

---

① 马文龙、木霁弘、徐涌涛:《香格里拉文化史》,昆明:云南人民出版社,2008年,第134-135页。
② 申荷永、高岚:《荣格与中国文化》,北京:首都师范大学出版社,2018年,第228-229页。

（二）以先辈的游历为基础

作为一个从未到过中国的英国作家，詹姆斯·希尔顿却将其作品《消失的地平线》的背景设置在具有浓郁中国情调的滇藏川地区，将自己的梦想构筑于此地，并能造成如此大的影响力，他的描述从何而来？詹姆斯·希尔顿在描绘异域图景及异国形象时，只能以其他已有的材料作为基础来构建自己的理想国，否则只能给人以空中楼阁、虚无缥缈的感觉，而好的作品要给人以一定真实感，只有这样才能够打动人。

小说中康威被香格里拉雪山的美景吸引住了，虽然他不轻易触景生情：

> 只见碧空如洗，在落日的余晖中，展现在眼前的景色一下子令他窒息。远远的，在天尽头，层峦叠嶂的冰峰绵延而去，仿佛漂浮在绵绵的云层之上。它们围绕成弧形在西面与地平线重合在一起，其色彩浓烈得就像痴狂的印象派大师笔下的浓墨重彩。①

> 当他凝视着那一座壮丽雄伟的山峰时，一种快慰涌上心头——这个世界上竟然还有这种地方：远离尘世，还没有被人类玷污。喀喇昆仑山的冰峰在北方灰褐色的天空映衬下显得更加夺目，这些山峰泛着清冷的寒光，雄伟冷峻，给人一种庄严的感觉……②

> 不知不觉地夜幕降临了，天空就像上了色的天鹅绒，闪着幽幽的光展现在眼前。此时，整座山脉显得离我们更近，异常壮丽。一轮圆

---

① [英]詹姆斯·希尔顿：《消失的地平线》，赵净秋、白逸欣、陈馨译，昆明：云南大学出版社，2005年，第50页。
② [英]詹姆斯·希尔顿：《消失的地平线》，赵净秋、白逸欣、陈馨译，昆明：云南大学出版社，2005年，第55页。

月徐徐升起,仿佛天上的明灯,依次照过每一座峰峦,一直照到夜幕映衬下熠熠发光的地平线。①

小说中像这样的自然美景的描写俯首可拾,这绝不是凭空想象的。小说中多处提到康威拿他以前看过的旅行家写的西藏导读的书和现实对照。先行者的探险为詹姆斯·希尔顿提供了想象的现实基础。西方人对中国西藏文化的探寻从马可·波罗时代就开始了,十四世纪以来,西方就流传着喜马拉雅土地之上有一个约翰基督王国和蚂蚁黄金的离奇传说。十七世纪初至十八世纪,罗马天主教耶稣会和卡普清修会先后有30多批共100多个传教士从西藏北部进入,他们将西藏的风土人情及文化传播到西方。②1928年,美国探险家约瑟夫·洛克深入贡嘎岭地区考察长达20年,并在美国《国家地理杂志》发表他撰写的文章和拍摄的照片,详细介绍香格里拉地区。1921年6月,法国女探险家大卫·妮尔第五次进西藏考察,并写下《一个巴黎女子的拉萨历险记》,书中记录了她所见的自然风光与人文建筑。我们把小说与这些探险家的记录比对,发现有很多地方相符。由此可见,詹姆斯·希尔顿的创作有现实基础,特别是自然风物和人文建筑与中国滇藏地区一致。但香格里拉的具体地点在哪,仍然无非确定。

1998年,云南人民出版社的编辑郭素芹在德钦县图书馆查找"香

---

① [英]詹姆斯·希尔顿:《消失的地平线》,赵净秋、白逸欣、陈馨译,昆明:云南大学出版社,2005年,第56页。
② 马文龙、木霁经弘、徐涌涛:《香格里拉文化史》,昆明:云南人民出版社,2008年,第132页。

格里拉"的资料时,意外发现了一张1875年绘制的通往"香格里拉"腹地的路线图,该图附在一本法文著作中。她认为150年前,法国探险家弗朗索瓦·巴达在藏族奴隶主阿德酋戈布的陪同下来到阿德酋的老家巴东(今云南维西县境内)考察,并记录了在"香格里拉"游历的大量原始资料,这位法国探险家被当地人称为"巴大人"。"弗朗索瓦·巴达让探险考察的珍贵资料为希尔顿的创作提供了生发之源。"[①]郭素芹的发现为"香格里拉在迪庆"这一说法提供了极重要的佐证。2001年12月17日,国务院批准迪庆藏族自治州中甸县更名为香格里拉县。

作家笔下的中国形象就是以先辈的游历为依托,并根据自己的创作意图虚构而成的,他描述的香格里拉并非真实的中国,而是一个能承载作家文化欲望的异国"他者"形象。香格里拉世界神秘而又美好,地处人迹罕至的雪山之中,正是作家构筑理想之国的绝好版本,作家希尔顿虽然从未到过中国,但也并不妨碍他构造中国,相反,他能放开思路,遐思构想他心目中的异国形象,同时他构造的中国形象也是一种"集体想象物",蕴藏着作家所处时代的社会文化意识。

(三)西方文学中的中国形象两种传统——乌托邦与异托邦

在西方的文学世界里,中国形象并不是固定不变的,而是随着西方自身文化、社会的需要不断地交替,"社会整体想象物并不是统一的,按法国学者的理解,它有认同作用和颠覆作用,这两种力,

---

[①] 马文龙、木霁经弘、徐涌涛:《香格里拉文化史》,昆明:云南人民出版社,2008年,第145页。

存在于意识形态或乌托邦之间。我们说某一作家笔下的异国异族的形象是意识形态化的,意思是指作家在依据本国的统治地位的文化范型表现异国,对异国的文明持贬斥否定的态度。当作家依据具有离心力的话语表现异国,向意识形态所竭力支持的本国社会秩序提出质疑并将其颠覆时,这样的异国形象叫乌托邦"。①当自身的文化处于强势时,则会出现异托邦,形塑者极力贬低与自身不同的文化。当自身的文化处于弱势则极力地赞扬、抬高,即"当作家不满本国的社会现实的时候,就刻意渲染、美化异域情调,将某一外国或外国文化作为理想的寄托②"。

《消失的地平线》中的中国形象就是属于作家刻意美化的乌托邦。莫尔的《乌托邦》、康帕内拉的《太阳城》、莫里斯的《乌有乡之消息》中的异域形象都带有乌托邦色彩。

因此西方对异国异族的描写并非对异国异族的文化推崇,而只是作为自身存在的参照物。与此相同的是,英国作家文学作品中的中国形象并非对中国文化的推崇与敬仰,而只是将其作为自身对立的一面来做比较。"英国文人对中国形象的描述来看,中国始终是作为西方文化的对立面,作为'非我'和'他者'而出现的,其中包含着想象与虚构,传达着英国人自身的观念、价值、情感和欲望。"③英国作家对中国形象的描绘,则无关乎中国的现实问题,而只是"本土文明的自

---

① 汤世杰:《梦幻高原——詹姆斯·希尔顿与香格里拉》,昆明:云南教育出版社,2000年,第227-228页。
② 王向远:《比较文学学科新论》,南昌:江西教育出版社,2003年,第242页。
③ 姜智芹:《非我与他者:英国文人视野中的中国形象》,《东岳论丛》,2005年第5期。

我调整①"。小说《消失的地平线》写于两次世界大战的中间时期，此时西方处于自身文明的低谷，面对战争，经济危机所造成的物质、精神文明等废墟的残酷现实，只能将理想国构筑于与西方文化具有本质上不同的东方，即"将眼光情不自禁地投向东方与中国文明，希望在东方文化，尤其是中国哲学文化中找寻拯救欧洲文化危机的出路②"。只有这样才能够得到精神世界的解脱，摆脱现实社会所带来的窒息之感，重新找寻精神上的信仰。"康威在香格里拉的神秘体验实质是一次心灵游历。他从混乱与苦难中来，经历艰难后，到达香格里拉。这个历程令人联想到但丁在《神曲》中经历的从地狱到炼狱最终企达天堂的历程。"

希尔顿没有把香格里拉写成一个神的国度，"那完全是一个人的世界……这只是一个温和宁静的人类小社会，如同世间仅存的普度众生的生命之舟，他们有死有生，有爱，有音乐，要劳动，要用一些东西与外界进行交换贸易，只不过这里的人们都保持有开朗和知足的心态"，希尔顿想告诉人们，"经历过一战和1929年的资本主义世界经济大衰退后，西方人现在的那套游戏已陷入混乱……拯救之道只存在于香格里拉③"。

《消失的地平线》的命名源自尼采《快乐的科学》一书中的"上帝

---

① 葛桂录：《"中国不是中国"：英国文学里的中国形象》，《福建师范大学学报（哲学社会科学版）》，2005年第5期。
② 葛桂录：《他者的眼光——中英文学关系论稿》，银川：宁夏人民教育出版社，2003年，第10页。
③ [英]詹姆斯·希尔顿：《消失的地平线》，赵净秋、白逸欣、陈馨译，昆明：云南大学出版社，2005年，第15页。

死了，消失在地平线上"，尼采的本意在于其反对基督教的思想意识以及对西方文明价值的否定与重估。而詹姆斯·希尔顿对这一书的命名来看，则意味着西方一直以来所崇尚的文明都消失了。在战争期间人类自己所创造的文明被自己毁灭，而人类尚有文明存在的地方就是在作家自己构筑中的理想世界——香格里拉。

三、摆脱误解：文化交流方面的价值

《消失的地平线》中的中国形象，并非真实社会的中国世界，对中国来说，没有什么历史价值，但我们可以从中观察到西方人看待中国问题的立场，以及其本身所带有的偏见，只有认清事件的本来面目，才能避免误解，才能扫清沟通交流产生的障碍。因此关注英国文学作家笔下的中国形象，不应只将关注点放在文中所描写的形象，而应该将重点放在形塑者即写作者所处的社会背景与写作动机上。

萨义德强调他者是自我人为的建构，与真实的他者无关：

> 每一文化的发展和维护都需要一种与相异质并且相竞争的另一个自我（Alter Ego）的存在。自我身份的建构——因为在我看来，身份，不管东方的、还是西方的，法国的还是英国的，不仅显然是独特的集体经验之汇集，最终都是一种建构——牵涉到与自己相反的"他者"身份的建构，而且总牵涉到对与"我们"不同的特质的不断阐释和再阐释。每一时代和社会都重新创造自己的"他者"。因此自我身份或他者身份决非静止的东西，而在很大程度上是一种人为建构的历史、社会、学术和政治过程，就像是一场牵涉到各个社会的不同个体和机构的竞

赛。①

作品中的中国形象就是这样一种存在物，它本身并不关乎形象本身的实际意义，它只是传达作者想要传达的意图与目的。因此在看待异域形象时，只能将其作为"他者"，它只是具有"描述性的文化价值，而非事实的文化本体性价值②"。东西方文化交流存在屏障是不争的事实，西方眼中的中国镜像是西方出于自身利益而引发的误读，这亦是中西文化差异的结果。因此在看待异国作品中的中国形象时，要清楚地了解形塑者的文化欲望，了解形塑者的立场的同时，准确地摆正自我认识，才能在双方文化交流时，减少不必要的误解，从而增进双方之间的理解。

第三节　由赞美至蔑视：芥川龙之介的近代中国观

在明治维新之前，无论是在风俗习惯上，还是在文学艺术上，中国都对日本产生了巨大的影响，日本传统文化里面吸收了很多中国古典文化的元素。日本的文人作家通过形形色色的古典汉学典籍了解中国，中国在他们眼里代表了强大与文明。但是，自鸦片战争开始，中国的屡屡惨败却让原本存在于日本文人心里的强大的中国形象轰然坍塌。与此同时，经过西化洗礼的日本在政治、经济上全面提升，把衰弱的中国远远甩在后面。那些深受汉文化影响的文人作家不愿相信他

---

① [英]爱德华·萨义德：《东方学》，王宇根译，北京：生活·读书·新知三联书店，1999年，第426-427页。
② 严绍璗：《文化的传递与不正确理解的形态：18世纪中国儒学与欧亚文化关系的解析》，《中国比较文学》，1998年第4期。

们想象中的乌托邦——古典中国堕落了，仍然留恋着那个理想的充满诗情画意的桃源之乡。面对着崇尚科学与理性的欧洲近代文明的冲击，他们不禁产生了一种丧失精神家园的恐惧。本节对芥川龙之介的《中国游记》（1925）中的中国形象进行分析，通过他的中国观的转变，进一步探析二十世纪初日本人形塑中国的文化心理机制。

一、梦幻般的乡土——芥川龙之介最初的中国想象

大正时期（1912年—1926年），日本现代文坛流行着一种"中国情趣"。《谷崎润一郎与东方主义》中提到："所谓'中国情趣'，是流行于大正时代的、针对中国的一种异国情趣。"[①]它"实际上是建立在对充满异国情趣的国度的热爱和对亚洲国家的偏见这样一种奇异而又矛盾的框架之上[②]"。他们眼中的中国并不是现实中的中国，而是日本文人凭借汉文典籍而构筑出来的理想的国度。这种对中国的向往促使日本文人作家创作出大量表现中国趣味的作品，比如谷崎润一郎的《鲛人》《美人鱼的叹息》，木下杢太郎的《地下一尺集》《中国传说集》《大同石佛寺》，等等。作为日本大正文坛新思潮派的代表作家之一，芥川龙之介也无法逃离当时日本文坛对中国的社会集体想象，也有着"中国文学与文化的情愫"。

芥川龙之介的养父母对诗书琴画无所不通，家庭有着浓厚的传统文化艺术氛围，芥川自幼受到中日古典文化的熏陶，喜爱阅读《西游

[①] 西原大辅：《谷崎润一郎与东方主义》，赵怡译，北京：中华书局，2005年，第18页。
[②] 西原大辅：《谷崎润一郎与东方主义》，赵怡译，北京：中华书局，2005年，第5页。

记》《水浒传》和泷泽马琴、十返舍一九等江户时期作家的小说,他在《爱读书籍印象》一文中提到,"我儿童时代爱读的书籍首推《西游记》。此类书籍,如今我仍旧爱读。作为神魔小说,我认为这样的杰作在西洋一篇都找不到。就连班扬著名的《天路历程》,也无法同《西游记》相提并论[①]"。他还提到他非常喜欢读中国的《水浒传》,并能将《水浒传》中一百零八将的名字全部背诵下来。日本作家谷崎润一郎也谈到:"当时西洋文学正热,至少在青年作家中很少有人关心日本或者中国的古典文学。而芥川君和我则很早就反其道而行,两个人在爱好中国古典方面称得上趣味相投。"[②]

芥川龙之介在未到中国之前,便凭借着书本中对中国的描写,加上自己丰富的想象,形成了自己心中的中国形象。"他用从小就熟知的汉诗作为'想象中国的方法',发挥自己小说家兼诗人的丰富的想象力,将中国幻化为一幅古色古香的水墨画,精致而又唯美。他一直憧憬着如世外桃源般的中国,想象那里是一个充满了唐诗宋词意境的美丽、神秘的国度。"[③]他创作了许多取材于中国古代故事的短篇历史小说,如《杜子春》《秋山图》《酒虫》等。1920年完成小说《南京的基督》,小说以近代中国为背景,讲述了一名身处秦淮"烟柳繁华地"的中国妓女的故事。此时的芥川龙之介还未踏上中国的土地。小

[①] 芥川龙之介:《芥川龙之介全集第4卷》,揭侠、林少华、刘立善译,济南:山东文艺出版社,2005年,第683页。
[②] 西原大辅:《谷崎润一郎与东方主义》,赵怡译,中华书局,2005年,第49页。
[③] 张婷:《游走于现实与理想之间:芥川龙之介的〈中国游记〉》,《长春理工大学学报》,2011年第9期。

说中的"南京"成为中国传统文化的象征,它承载了这位日本作家对中国的"想象",同时也表达了作家对日本已逐渐远离的那个传统世界的向往和诉求。

二、衰败混乱的国度——芥川龙之介中国观的转变

芥川龙之介一方面热爱着自己脑海中的中国文学、风景,认为中国人都是充满英雄色彩的豪杰,另一方面却对同时代的中国一无所知。

1921年,芥川龙之介作为《大阪每日》新闻社的特派员踏上中国土地,眼前中国社会的真实情况使他头脑中那来自中国古典文籍中的美好想象一扫而空。他先后游历了上海、杭州、苏州、南京、北京等地,回国之后陆续发表了《上海游记》《江南游记》《长江游记》等手稿,出版了题为《中国游记》的单行本。在游历中国期间,芥川龙之介没有看到心目中所期待和想象的中国画面,反而目睹了贪得无厌且面对列强侵略时麻木不仁的中国人,以及满目疮痍、杂乱无序的中国,他亲眼见证了心目中高尚而古老的文明的衰败和现代中国的混乱,不禁流露出了失望与不满。

(一)粗陋、贪婪的中国人

芥川龙之介在《上海游记·第一瞥(上)》中写到他们刚下船到达上海码头时看到的中国车夫,"原本'车夫'这个词留给日本人的印象绝不是脏兮兮的,反倒是那种威猛的气势,常给人一种仿佛回到了江户时代的心境。但是中国的车夫,说其不洁本身就毫不夸张,而且放

眼望去，无一不长相古怪①"。只要客人一下车就包围上来的粗莽、令人恐惧的车夫便成了现代中国给芥川龙之介的第一印象。

当晚，他们走出上海的某酒吧时，发现"在我们旁边不知从何时起，那个卖花的老太太一边絮絮叨叨地说着什么，一边像个乞丐一样朝我们伸着手。老太太在得到了我们的银币之后，好像还期待着我们再一次慷慨解囊。我不禁为这个贪婪的老太太所卖的美丽的玫瑰而感到惋惜②"。

后来，当他在庐山上一觉醒来看到一艘木制军舰时，"本来以为至少里面会藏着浪里白条张顺或者黑旋风李逵一般的人物，却没想到从眼前的船篷里伸出来一个丑陋至极的屁股，而且那只屁股竟然肆无忌惮地悠然地在江上大便③"。这样粗野的情景成为了令芥川龙之介"倍感忧郁"的风景画，立马让他脑海中梦幻的中国形象破灭了。

本想要寻找王阳明、诸葛亮之类的人物，看见的却尽是肮脏粗鲁、长相古怪的黄包车夫；纠缠不休、贪得无厌的卖花老太婆；随处大便、不讲文明的男人……当芥川龙之介看到这些与他想象中温文尔雅、睿智聪明或者是充满英雄气概的中国人相距甚远时，他对心中梦幻美好的中国产生了一种幻灭甚至厌烦的感觉。

（二）颓败、俗气的地理环境

芥川龙之介来到杭州，坐在"画舫"去游西湖，所谓画舫，"只是

---

① 芥川龙之介：《中国游记》，秦刚译，北京：中华书局，2007年，第5页。
② 芥川龙之介：《中国游记》，秦刚译，北京：中华书局，2007年，第11页。
③ 芥川龙之介：《中国游记》，秦刚译，北京：中华书局，2007年，第141页。

一艘张着遮阳的白木棉布，装了黄铜扶手的普普通通的小船[①]"。对于西湖的印象呢？"水没有想象的那么深……总体说来，与其将西湖称为湖，还不如说是一个大大的水田。"[②]芥川对看到的西湖起了反感，西湖并没有想象中那么漂亮，至少他看到的西湖完全没有让人流连忘返、不忍离去的姿容。西湖的水浅，也让人感到不满，虽然西湖尚可比喻为稍怯春寒的中国美人，但"已被岸边随处修筑的俗恶无比的红灰两色的砖瓦建筑，植下了足以令其垂死的病根[③]"。而且，他感到西湖的恶俗化有一种愈演愈烈趋势，再过十年，也许湖岸的每座洋楼里都有美国佬烂醉如泥，每座洋楼的门前都有一个美国佬在站着小便。

芥川龙之介去看西湖苏小小墓，试图找寻"段家桥外易斜曛，芳草凄迷绿似裙。吊罢岳王来吊汝，胜他多少达官坟"的诗意时，看到的却"只是一个盖着瓦片屋顶并涂了灰泥的，毫无诗意的土馒头。特别是坟墓周围，由于西泠桥的修缮，极尽荒凉，故而愈显寂寥[④]"。根本没有绿草似裙的景象。

随后，芥川龙之介踏上苏州，看到了"在石缝间杂草丛生的庙前路上时，路旁寂寞的桑田的对面，瑞光寺废塔的白色身影依稀可见[⑤]"。这些无不让他顿生"苍茫万古意"的既哀伤又欣喜之情。对于远道而来的他来说，似乎总算找到了与中国古代诗文相通的景象了。可当他兴致勃勃地乘上了扬州的画舫，眼前的景色却又令他感到大失所望，狭窄

[①][②] 芥川龙之介：《中国游记》，秦刚译，北京：中华书局，2007年，第68页。
[③] 芥川龙之介：《中国游记》，秦刚译，北京：中华书局，2007年，第72页。
[④] 芥川龙之介：《中国游记》，秦刚译，北京：中华书局，2007年，第71页。
[⑤] 芥川龙之介：《中国游记》，秦刚译，北京：中华书局，2007年，第94页。

的河面、发黑的河水,这一切与他想象中的扬州河景截然不同,"说实话,这里与其称作河,还不如叫做河沟更为合适①"。他想要寻找的是杜牧名诗中"青山隐隐水迢迢"的情趣,可看到的却"时而是脏兮兮的白墙,时而是贫瘠的油菜田,时而是河岸已坍塌的长着灌木的孤寂的原野。更有甚者,间或看到用砖垒砌起来的桥,或者看到有中年妇女在水边清洗站满了泥浆的鞋②"。这些,都大伤芥川龙之介意欲吟怀的诗兴。

脏乱的码头、发黑的河水、倾颓的文庙……目睹了这样不洁净、不开化和丧失社会秩序的环境以及残缺荒败的古迹,芥川龙之介通过阅读中国古典文学建立起来的对中国的美好印象,逐渐被中国社会的真实场景一一摧毁。

(三)腐败、堕落的政治文化

芥川龙之介对于现代中国政治文化的看法主要见诸于他与中国几位文人作家的访谈。现代中国文人关注国家的政治前途,"现代中国的空气中,积蓄着二十年来的政治问题③"。接受芥川访谈的四个中国文人,他们都对中国的现实基本持批判和否定的态度。谈话中,章炳麟"提到的都是些彻头彻尾的以现代中国为中心的政治话题与社会话题④"。他感慨"令人遗憾的是,现代中国的政治已经完全堕落,不正之风横行甚至要甚于清末,学问艺术方面更是停滞不前⑤"。而郑孝胥也提到"在政治方面,对现代的中国非常绝望"。

---

① ② 芥川龙之介:《中国游记》,秦刚译,北京:中华书局,2007年,第116页。
③ 芥川龙之介:《中国游记》,秦刚译,北京:中华书局,2007年,第32页。
④ ⑤ 芥川龙之介:《中国游记》,秦刚译,北京:中华书局,2007年,第27页。

芥川对于言谈机敏的李人杰深有好感，李人杰认为中国的前途在于进行社会革命，既不走共和也不走复辟之路，但"当今的中国毫无民意可言，无民意则无从爆发革命，更何谈革命的成功？①"

芥川龙之介对现代中国的认识和理解，不仅来自他自己的所见所闻，而且还受到了章炳麟、郑孝胥等中国知识分子的影响。当时的中国十分腐败和堕落，清政府彻底沦为列强侵略的工具，封建主义、帝国主义和官僚主义三座大山压迫着人民，束缚了国民的灵魂，使得中国止步不前。政府软弱无能，人民逐渐麻木、沉沦，连中国自己的知识分子都对中国当时的社会感到无奈和绝望了，身为他国人士的芥川龙之介自然更感到幻灭。

在这样的情境的刺激下，芥川龙之介完全对中国失望了，什么诗情画意，什么人杰地灵，他心目中所有关于中国的美好憧憬都被彻彻底底地击灭了。他发出了这样的感慨："我不爱中国。即使想爱也无法爱。在目睹了国民性的腐败之后仍然能够热爱中国的，不是那些颓废至极的感伤主义者，就是浅薄的中国情感的憧憬者吧。即便是中国人自己，只要还没有心智昏聩，一定会比我这样的一介游客更加的不堪忍受吧。"②

三、由芥川龙介观念的转变看现代日本文人的中国观

比较文学形象学理论认为，异国形象有言说"他者"和言说"自

---

① 芥川龙之介：《中国游记》，秦刚译，北京：中华书局，2007年，第47页。
② 芥川龙之介：《中国游记》，秦刚译，北京：中华书局，2007年，第136页。

我"的双重功能。①中国形象是日本作家反思自我的"他者之镜",同时,也成为我们反观自我形象的一面珍贵的镜子。日本文学评论家吉田精一评论芥川龙之介的文学:"他的文学可以看作是大正时期小市民知识阶层的良心、感觉、神经、趣味等经提纯而获得的结晶。"②被称为理智派作家的芥川龙之介在作品中常常能把握现实和人性,并理性地表达出来。他目睹了中国的现状,又接触到了当时中国的先进人士,这使他看清了现代中国的现状,也彻底打破了他对中国的美好幻想。

从《中国游记》中芥川龙之介对异域中国形象的描写,我们可以分析出日本文坛的中国观从热爱古典中国到厌恶现代中国的转变,那么为什么会产生这样的转变呢?

(一)残忍现实与美好幻想的碰撞

中国和日本同是东方古国,曾经在古典诗、书、画等许多方面有着共同的声音。日本传统文化相当程度上学习和借鉴了中国。日本文化与中国文化有着难以割舍的联系,那些有着深厚古典汉诗文功底的日本文人作家,往往对中国古典文化心向往之。在他们眼中,中国是一个保持着古代文化的、让人感受到古典浪漫情趣的古老大国,他们对同时期的中国的风俗文化以及名胜古迹产生了浓厚的兴趣,并沉醉在古老的魅力中。

---

① 孟华:《比较文学形象学》,北京:北京大学出版社,2001年,第29页。
② 刘吟舟:《从奇异到平实——对芥川龙之介文学创作历程的一种读解》,《学术交流》,2006年第4期。

通过仔细分析《中国游记》，我们发现芥川龙之介对"西洋化"的厌弃和对传统文化的寻找始终贯穿在《中国游记》之中。在《中国游记》中，芥川龙之介常常为眼前所见的景色不似中国古典文籍中描写的而感到痛苦不已。他亲眼见证了中国的衰弱，更是认同了章炳麟、郑孝胥等文人们提到的关于中国"堕落"的言论。他发现现在的中国已不再是诗文典籍里的温雅、兴盛的中国，而是国势日衰、俗气的"老大国"，他心目中的美好国度无处寻觅，这让他从心底产生一种被中国古代典籍欺骗了的感觉，他感叹着"可见，再没有比中国更为无聊的国家了"。他从古代中国的赞美者转变成了近代中国的蔑视者。这既是一个在政治、经济、军事实力上占据上风的战胜国国民对一个战败国的蔑视之言，也是一个在中国古典文学的滋养下成长起来的作家无法在现实中找到自己憧憬的中国景象而发出的失望之言。也正是因为找寻不到心目中的中国，"讥诮"才成为了芥川龙之介表达失落心境的手段。纵览《中国游记》，我们可以发现芥川龙之介爱憎交织的心情贯穿全书。

因此可以这么说，与其说是国别的差异造成日本文人们中国观的变化，不如说是中国当时的社会现实与古代中国的差异造成了他们观念的转变，正是现代中国衰败的现实让一些日本文人从对中国由喜爱、憧憬变为厌恨、憎恶。

（二）"脱亚入欧"使日本文人"雾里看花"

十九世纪末至二十世纪初，结束了封建幕府统治的日本，迅速丢开了腐朽落后的中国这个老师,选择了接受"西化"的洗礼,很快走上了近代化道路。1885年,福泽谕吉发表《脱亚论》,提出所谓的"脱亚入欧"论。他提出国内无论朝野,一切都采用西洋近代文明,不仅要脱去日本的陈规旧习,而且还要在整个亚细亚开创出一个新的格局。

1921年游历中国之前,对于有着深厚的古典文学素养的芥川龙之介来说,他通过书籍建构的古典中国形象形成了他的中国观。踏上中国的旅途,他"依然醉心于阅读《水浒传》《金瓶梅》等中国古典小说,似乎也是为了将自己的视线从令他感到失望的现实中转向'小说中的中国'世界里去[1]"。

中国形象在日本人心目中不是一成不变的,而是随着日本自身文化、社会的需要不断地变化。当日本文化处于强势地位时,中国形象则具异托邦色彩,日本极力贬低与自身不同的中国;当日本文化处于弱势地位时,中国被则极力地赞扬、抬高,即"当作家不满本国的社会现实的时候,就刻意渲染,美化异域情调,将某一外国或外国文化作为理想的寄托[2]"。在"脱亚入欧"的大环境下,日本人对西方文化全盘吸收,其中日本文艺对西方的模仿引起了当时许多日本文人的失望和反感。而对他们来说,中国并未西化,仍是梦幻之国,虽然停滞不前,但保留了古代的一切,没有受到近代西方文明的侵染,仍保持着异国情调的魅力,所以他们想象出一个古典美的中国,来满足他们对日本现实批判的文化欲望。

---

[1] 李秀卿:《芥川龙之介的中国古典情结》,《西南民族大学学报》(人文社科版),2007年第6期。
[2] 王向远:《比较文学学科新论》,南昌:江西教育出版社,2003年。

作为"脱亚入欧"的"优等生"的优越感使日本一方面将中国视作停滞的国家,另一方面又将中国当作保存了传统文化的充满异国情趣的国度。

(三)"日本的东方主义"下的蔑视

芥川龙之介在一定程度上受到了"社会集体想象"的制约,因此他笔下的中国形象也就成为了社会集体想象的投射物。

在芥川龙之介游历中国的二十世纪二十年代,中日双方的力量发生了很大的变化。在近代化的过程中,日本经过明治维新,由学习中国转为学习西方,中国成为日本殖民推行的主要对象。日本学者西原大辅在《谷崎润一郎与东方主义》中对赛义德的东方主义理论进行新的更广泛意义上的阐释,他指出赛义德将西方世界面对东方时所持的那种居高临下的态度,以一种否定的含义称为"东方主义",赛义德批判了以殖民主义为背景的西方知识界的态度,批判了他们的东方主义话语。西原大辅对赛义德的"东方主义"进行了新的界定,"东方主义"即是指以殖民主义或帝国主义为前提,针对被支配国家的话语。[①]日本跻身了帝国主义列强的队伍,统治阶层摄取了西方的东方视点,同时将日本置身于"东方主义"的主体——观察方一边。而大部分日本文人也无法避免时代的影响,一边居身于统治阶层左右,接受着他们的保护,一边又怀着一种桃源乡的憧憬奔赴中国旅游。然而这个时期,中国正处于北洋军阀统治之下,沦为半殖民地半封建社会的中国开始逐渐西化,充斥着鸦

---

① 西原大辅:《谷崎润一郎与东方主义》,赵怡译,北京:中华书局,2005年,第10页。

片、卖淫、乞丐、强盗、不洁、贫穷和落后,内忧外患。穷苦人民大众在一个失衡的社会环境中挣扎、堕落和麻木。日本在日清战争和日俄战争中大获全胜,更使日本感到自己的先进和强大。在日本的"东方主义"影响下,日本看待中国的心态产生了巨大的转变,整体上由喜爱和羡慕转为蔑视和憎恨,于是一种民族优越感油然而生,对现代中国的蔑视和嘲讽成为一种普遍的国民心理。

现代以来,日本始终在一种独特的"自我东方化"的东方主义话语中表述中国。周宁教授指出"现代东方的中国形象,只是东方的一种自我东方化叙事,不仅视野与立场是西方,想象的主体也是西方的。表面上看'东方'国家在作为文化他者的中国形象中获得现代性文化的自我确证,实际上同时将自我变成西方现代性的他者。西方中心主义话语霸权中自我东方化就是自我他者化。"①

芥川龙之介在《中国游记》中所言的并不只是他个人的观感,而是反映了整个日本的社会心理。因此,芥川龙之介扮演了双重角色:一方面他笔下的中国形象既折射出了社会集体想象物,另一方面他也是社会集体想象物的建构者和始作俑者。对现代中国的憎恶和蔑视碰撞着对古代中国的喜爱和向往,使大正时代日本作家的中国观变得十分复杂和微妙。这些在日本其他作家身上也有所体现,比如夏目漱石的《满韩处处》、小林秀熊的《苏州》等,表现出来都是日本文人对古典中国美好形象的向往和对近代中国落后形象的不屑。每个作家的思想都具有时代的特征,并受到个人境遇和阶级的制约,同样的,他们的作品

---

① 周宁:《亚洲或东方的中国形象:新的论域与问题》,《人文杂志》,2006年第6期。

所表现出来的思想也受到历史和时代的制约。总而言之，芥川龙之介的《中国游记》体现了芥川龙之介对中国由向往转为歧视和偏见的心态，同时作为一面镜子，也反映出那个年代许多日本文人的中国观。

第四节 熟悉的陌生人：被同化的"功夫熊猫"

美国动画片《功夫熊猫》拍摄于2008年，正是中国奥运会举办的前夕。"功夫熊猫"是新时期西方对中国形象的一次新的建构，反映了西方对中国新的认识，好莱坞利用大量的中国元素创造了"功夫熊猫"，当在被问到好莱坞为什么要将目光投向中国时，《功夫熊猫》的导演斯蒂文森说："十多年前我们就有这个计划了，为了它，我们准备了十五年之久。我们每个人的童年都有过支持弱者和战胜恶魔的情节，而我又是一个中国功夫和中国文化的爱好者，所以《功夫熊猫》的主意就是这样出来的。可以说，这部动画片是一封写给中国的情书。"[①]斯蒂文森的话里透露出他对中国文化的热爱和敬意。这可看作是理由之一，但并非真正目的。

影片讲述的是熊猫阿波阴差阳错地被乌龟大师任命为龙战士，担负起守护和平的重任，经过浣熊师傅的调教，阿波终于成为真正的龙战士，当它打开神龙画卷准备获取打败雪豹恶魔的秘诀时，发现里面空无一物，阿波看到的是自己的倒影。阿波的父亲仙鹤告诉阿波他的

[①] 移星：《从〈花木兰〉〈功夫熊猫〉看好莱坞眼中的中国文化》，山东艺术学院学报，2009年第1期。

面汤里并无绝密配方，只是他对外宣称有秘方而已，首先你要自己相信才能让别人相信。阿波恍然大悟，原来必胜的信念和坚强的意志才是打败雪豹的秘诀。

这部影片对中国文化的解读比以往更为透彻，我们可以在其中找到许多中国人所熟悉的中国传统文化的意象，但是影片同时也显露出西方文化的端倪，我们通过梳理影片中的中国形象，可以分析当代后殖民时期西方想象中国的文化心理机制，对我们思考当今世界中外文化交流这个课题有积极意义。

一、"功夫熊猫"——中国人熟悉的"陌生人"

影片《功夫熊猫》的制作者对中国传统文化的理解力和表现力是不容否认的，但是我们也应该看到被巧妙内置到影片之中的美国文化，影片有意无意地向观众输出了美国的精神文化，让"功夫熊猫"成了中国人熟悉的"陌生人"。

（一）熟悉的中国传统文化意象

影片汇集了大量的中国传统意象，大致分为以下几类：

1. 动物形象

熊猫是中国的特产，以熊猫作为主人公无疑最具中国特色，熊猫的五个师兄分别是猴子、螳螂、蛇、老虎和丹顶鹤，它们擅长"猴拳""螳螂拳""蛇拳""虎鹤双形"等中国传统武术，这让整部影片洋溢着浓郁的中国特色。乌龟大师在影片里是一个长寿、未卜先知的智慧者的形象,而中华民族的龟崇拜也是源远流长的。在古代中国,龟和龙、凤凰、麒麟三者并称"四灵"或"四神",都是吉祥、仁寿的象征。后三者是想象虚构的灵兽,只有乌龟是真实存在的,显得与人更加亲近。龟象征着祥瑞、长寿,我们的先祖用龟甲占卜吉凶,乌龟又是智慧的象征。影片中的乌龟大师很符合中国人对乌龟的想象。

2. 民俗风物

首先是建筑方面,影片中的建筑都是中国传统的宫殿式建筑,深山藏古寺式的庙宇,中国的特色牌坊等。再者是服装方面,所有的人穿着具有民族特色的唐装,中国练武之人常穿的灯笼裤,虎妞所穿的中国式的对襟开马甲、中国的斗笠,浣熊师傅穿的长衫,犀牛卫士的盔甲,等等。还有饮食方面,中国的传统面食:包子、面条。除此之外还有大量的中国元素,如筷子、瓷器、手推车、灯笼、汉字、针灸、轿子、鞭炮、中国的练功器材等民族特色风物。另外还有一个具有浓郁的中国特色的意象即是中国的龙图腾,在影片中多处可见龙的影子,例如:宫殿屋顶的龙头飞檐和龙柱、龙旗、花瓶上的龙纹等。中国的龙图腾崇拜起源于黄河流域,黄河蜿蜒奔腾,如一条咆哮的长龙,温顺时国泰民安,暴躁时河水泛滥,民不聊生。中国人对于龙的感情就像对黄河一样复杂,龙图腾与黄河意象的重叠,最终凝结成中华民族的心理和性格,一方面,它是凝聚民族力量的手段;另一方面,它又是华夏子孙精神家园的纽带。龙成为中国人精神的象征。

3. 哲学思想

道家文化在影片当中渗入较多。影片中乌龟大师说过这么一段话:"你的思想就如同水,我的朋友,当水波摇曳时,很难看清,不过当它平静下来,答案就清澈见底了。"乌龟大师向我们诠释了一种不以物喜、不以己悲的境界,当我们处于纷繁复杂的世事中,唯有心如止水,才能透过层层迷雾看清真相,这体现了道家虚静、物我两忘的思想主张,并且与庄子所说的形如槁木,心如明镜,静听天籁也有相通之处。

影片将体态臃肿,行动迟缓,憨厚愚笨的阿波定为龙之武士,而不是武功更高、野心勃勃的雪豹太郎,即使太郎得到"神龙卷轴",也参不透其中的奥妙,这体现了无欲、不争、虚静、自然等的道家思想。

(二)"功夫熊猫"不是中国熊猫

影片中含有大量中国的特色意象,故事所传达的似乎也是我们所熟知的传统文化精髓,但是在欢笑之余,我们感到曾经熟悉的东西似乎有点陌生。这只美国制造的"功夫熊猫"还是中国的熊猫吗?

1. 熊猫的个性特征

中国的大熊猫是沉默、慵懒而笨拙的,而在影片当中熊猫阿波却是一个调皮、可爱、体型庞大却并不笨拙的玩世不恭的小人物形象,他所带来的是一种愉悦的气氛,彰显的也是美国人的幽默与张扬的个性，而不是中国人所欣赏的内敛、沉稳、温文尔雅的气质。

2. 熊猫阿波的成功模式

"美国文化精神的一个重要部分是强调个人价值、崇尚开拓竞争，主张通过个人奋斗、个人的自我设计实现人生价值和梦想，个人奋斗成功的故事是'美国梦'的精髓。"①熊猫阿波的经历就是对这种文化精神的最好诠释。

阿波的父亲是面店的老板，他希望阿波继承他的面馆生意，就像他从他父亲那继承面馆并以拥有这家面馆为自豪一样，在他看来阿波渴望成为一个拯救世人的江湖武侠的梦想是不可理解的。而阿波的成长经历打破了中国式的家族发展模式，更像是美国西部的拓荒创业者的成长模式。在中国子承父业似乎是顺理成章的，中国人历来有将家族事业发扬光大的传统，而不赞同在家族事业有着良好的发展前景的情况下让自己的孩子另谋生路。面对梦想和平淡的生活，阿波最终按照自己内心最真实的意愿选择了想要的生活方式，这即是美国人所倡导的每个人都有实现自己梦想的权利和自由，每个人的人生都应该由自己掌控而不应该由旁人来规划。每个人都是独一无二的，他们都有自己的个性和长处，不应该用一个人的部分缺点来否定一个人的潜能。阿波虽然身材臃肿，略显笨拙，又很贪吃，在浣熊师傅和旁人眼里，他似乎和武功盖世的大侠一点不沾边，然而乌龟大师对于这个因意外

---

① 王莉：《美国文化精神的移植与再现：从〈仙履奇缘〉到〈功夫熊猫〉》，《学理论》，2009年第17期。

闯入，误打误撞成为"龙之武士"的面店伙计充满信心，他始终相信世上没有巧合，只要心存信念去信任、去栽培、去引导阿波，阿波就可以打败恶魔太郎。而在中国传统武侠小说中的大师往往都是精心挑选天资聪颖的弟子作为继承人。

阿波自认没有武学功底，比起五侠他没有爪子、没有翅膀、没有毒液，甚至连螳螂也不如。然而在乌龟的眼中他却并不是一无是处的，他有坚定的信念，正如乌龟大师所说："你太在乎过去是怎样，将来会怎样了。有句谚语说得好，昨日之日不可留，明日之日未可知，现在却是上苍的礼赠。"并且乌龟大师在圆寂之时嘱咐浣熊师傅要心存信念，才能透过假象领悟到真谛。肥胖而笨拙的身躯并不能阻止阿波成为龙之武士，就像乌龟说的那样，他若是桃树的种子，他只会长成一棵桃树而不是长成一棵橘子树或梨树。最终浣熊大师也是因为阿波的贪吃才发掘了阿波的潜能让其成为龙之武士。贪吃，这个看似阻碍阿波成功的缺点反而成了他习武的助力，好吃懒做是阻碍旁人发现阿波潜能的假象，而阿波在为得到食物时所展现的武学潜质才是其能力所在。浣熊大师寓武于吃的独特的训练方法，让事情变得事半功倍，这似乎与中国传统的因材施教一致，但同时也体现了美国式的教育理念：根据人的不同特点灵活地实行不同方式的教育。

3. 中国传统文化经典的解读

在儒家思想中，个体生命价值在于追求个人的道德完善与奋发有为，从而实现青史留名，这就是所谓的"立德、立功、立言"三不朽。

"只有为集体、为族类、为国家、为人民、为正义奋斗而死,才算值得,才算死得其所,如孔孟说的'杀身成仁''舍生取义'。这样,才能够做到'虽九死其犹未悔'(屈原)、'捐躯赴国难,视死忽如归'(曹植)、'粉身碎骨浑不怕'(于谦)。总之,中国人的死,如果能有助于族类的发达,就'重于泰山';如果会破坏族类的繁盛,就'轻于鸿毛'[①]。"影片中阿波想成为英雄,可是当他发现神龙卷轴空无一物时,面对强大的豹太郎他选择了逃跑,这与中国的传统武侠形象完全相反。传统的大侠形象是勇敢无畏的,即便知道自己不如对手也会为了维护正义而义无反顾地去战斗。阿波的选择体现的是美国式的个人英雄主义,而不是中国的武侠精神。但是他的临阵退缩却让观众感到亲近,似乎他就是我们当中的一员,他的形象并不高大威猛,也有贪吃怕死的缺点,而不像中国的小说中的大侠那样完美,那样遥不可及。在美国的文化中每个人都可以是英雄,英雄也是人,而不是神。影片的结尾就是这种美式文化的体现:阿波战胜太郎后,从烟雾中走来的模糊影像是一个头戴斗笠,披着斗篷的大侠形象,可是在当他走到众人面前时,那个"大侠"只是头顶锅盖,身披围裙的阿波而已。

影片还以空白的神龙卷轴诠释对中国传统文化"无"的认识。"老子就曾说过'大白若辱,大方无隅,大器晚成,大音希声,大象无形'。这里的'大象'意指极致、完美无缺、精美的图画,'大音希声,大象无形'就是一与多、有限与无限和谐统一关系。这里面包含了中国

[①] 高旭东:《跨文化的文学对话:中西比较文学与诗学新论》,北京:中华书局,2006年,第226页。

传统审美中'极致之美'的观点，动的极致就是静，大音的极致就是希声，大象的极致就是无形。体现了世界上真实存在的'实体'显示出的'无的本性'天籁本寂。"[①]而影片通过熊猫阿波的父亲向阿波传授面汤的独家秘方是"什么也没有，那只是普通的面汤，什么特别的作料都没加，想让一件东西特别，你只要相信那是特别的就足够了"，这让阿波参透了空白卷轴的奥秘，明白了自己就是力量的来源，只要相信自己是特别的，就可以得到无限的能量，这就是西方人对"无"和"空白"的理解。这种理解显然过于粗浅，只是借道家思想来包装美国的文化，在中国传统文化的外衣之下传递的是美国的文化精神：只要相信自己，即使是平凡的小人物也可以通过自己的努力取得成功。

二、中国熊猫为何会陌生化

《功夫熊猫》集合了大量中国本土的元素，数量之多、之广，让观众产生仿佛置身中国境内的幻觉，影片体现了中国这个东方古国特有的风情和韵味，但事实上这些元素都没有得到深入的挖掘和表现，更多的只是作为一种娱乐的需要出现，就像是一个产品的外包装，成了影片幽默喜剧效果的来源。

（一）商业需要

《功夫熊猫》是一次中国传统文化的盛宴，展现出浓郁的中国文化

[①] 梁晖：《〈功夫熊猫〉"龙轴"与"大象无形"美学内涵辩异》，《电影评介》，2008年第19期。

韵味，但作为一部美国好莱坞的商业大片，它具有营利性、娱乐性，它必须创造出新颖的东西来满足观众的猎奇心理。营利性决定了影片的创作必须要迎合大众的需要，需要创造出更为新颖的东西，而美国的历史只有短暂的几百年，本土的题材比较有限，因此需要向世界寻找新的题材。二十一世纪以来中国的国际形象不断上升，综合国力不断增强，在国际社会中占据越来越重要的地位，西方对中国的认识日益全面，对中国也有了正面的评价，而中国又是一个有着巨大潜力的商业市场，因而西方人开始将目光投向中国，开始挖掘和研究中国的文化。但是西方人并不存在为他国传播文化的义务，所以他们的作品输出的仍然是西方人的价值观，其核心仍然是西方的文化，弘扬的是他们所倡导的精神，而不是中国的，这是西方人利用中国的文化作掩护所进行的一次较为成功的文化同化。这就使"功夫熊猫"这个西方人研究十几年后所塑造的形象在中国人乍看之下误以为是中国的熊猫，细细品味却又产生陌生感的原因。"也许是中国背景的影响，也许是富有哲理的'师傅'的教诲让中国人产生的错觉[①]"，让众多的中国观众难以发现影片所输出的文化内涵是被西方文化同化后的中国文化。

在文化大众化的今天，要向世界输出自己的文化和价值观就需要用新的外衣来包装，用新瓶装旧酒。为此好莱坞也做了尝试，如《花木兰》取材于中国《诗经》中的《木兰辞》。有着浓厚的民族特色的中

[①] 谢新华、耿得安：《大众文化全球传播视域中的民族传统文化——以美国影片〈功夫熊猫〉为中心的考察》，《内江师范学院学报》，2009年第24卷第1期。

国古典文化成为美国影片很好的题材来源，博大精深的中国传统文化在现代人眼中成了神秘而新奇的东西，散发着古色古香的来自远古的神韵，那种恬静淡雅、古朴悠远、含蓄、充满智慧的特质，对于浮躁、忙碌、生活快节奏的现代人具有极大的诱惑力。但影片《花木兰》在表现中国传统文化时只是流于表面，注重的只是中国文化的外在形式，而《功夫熊猫》对于中国元素的研究利用则更为深入，但仍然在原有的基础上进行了再创造。

（二）中国观众对自身传统文化的粗浅认识

影片中有不少富有哲理的对话，似乎都与中国传统文化精髓挂钩，让观众觉得影片的创作者似乎对中国古典文化有着深刻的理解，其实这是我们自己对本国传统文化的无知而造成的误解。中国近代社会对传统文化的抛弃和社会发展的迅速西化和现代化，加上对传统文化教育的不重视，这些因素造成了中国民众对传统文化知之甚少。特别是新生一代，他们接受的是国际范围的大众文化，对传统的文化的理解容易表面化，无法深入，同时，他们对西方文化的兴趣不断增加，且有一些了解。在这种情况下，经过改造后的熊猫形象可以同时满足美国和中国观众的期待，同时影片制作者也轻而易举地将美国文化渗透到中国文化当中，对中国的文化进行同化而不易被中国观众察觉。美国这种以中国传统经典文化为糖衣向世界输出其文化的手段暗含的是美国的文化霸权，背后隐含的是美国人对自己文化的优越感。

影片将中国人所熟知的东西进行了重新的建构和解释，让观众产生新鲜甚至是惊异的感觉，这正如德国著名戏剧家布莱希特所言："将一件事和一个人物陌生化，首先要去掉他身上理所当然、众人皆知和让人一眼看穿的成分，并使人产生对他的惊讶感和好奇心来。"[1]

（三）美国文化的大熔炉性质

"功夫熊猫"向我们呈现的是一个被陌生化的中国熊猫，在中国的元素背后融入了西方文化，拨开浮在影片表面的中国元素，我们看到的影片内核是美国文化。"美国文化本身就是一种异质的、民族同化主义的文化大杂烩。'好莱坞电影'是一个不断短暂地在时空上进行（再度）民族化的过程；这个过程并不碾碎这些电影产品的美国味道，而是沟通了他们的转换，并且在理解'外族'精神的观念和规范的中被同化。"[2]这是一种不易察觉的文化同化，它不同于以往西方人所塑造的中国形象，既不是恶意的丑化，也不是刻意的美化，而是通过刻画一个正面中国形象的同时融入美式思维，实质上是对中国文化进行同化。而这种同化现象的出现是因为在全球化时代浪潮下，美国对中国这个异域文化排斥不了，加上商业上的需求促使它转而以和合的姿态对待中国文化，并企图模糊中国这个异域文化的面目，使之向美国本土文化靠拢，最终包容、消解异域文化。这就使得中国的观众对这部

---

[1] 叶廷芳：《现代艺术的探险者》，广州：花城出版社，1986年，第240页。
[2] 陈一愚：《试析〈功夫熊猫〉里中国传统文化符号的转换》，《安徽文学》，2009年第5期。

作品产生了陌生感。

三、中国形象的镜像——西方对中国的想象

在不同文化的交流过程中，各个民族势必会按照自己的文化思维模式来理解和借鉴异质文化，其间必然依据自己的需要来进行文化选择、文化改造和文化接受。"历史上任何文化对他种文化的吸收和受益都只能通过这样的选择、误读、过度阐释等变形，才能实现。"①

在西方构筑中国"他者"的形象史中出现了"哲人王""中国佬约翰""异教徒中国佬""傅满楚"（也有人译为"傅满洲"）"陈查理""功夫"等套话。正面套话"哲人王"主要来自早期的传教士的描述，"中国佬约翰""异教徒中国佬"套话出自十九世纪七十年代美国作家布勒特·哈特的笔下，它是对华人的蔑称，中国成了一个需要西方宗教拯救、教化的邪恶之地。"傅满楚"是二十世纪西方所谓的"黄祸"的化身，同时也出现了"陈查理"这个较为正面的中国形象，他是法律和正义的象征，但他们在塑造这一形象时依然带着美国人的种族偏见，他们笔下的陈查理谦卑驯服、行为举止缺乏阳刚之气，这一形象被柔弱化、女性化。

西方对中国的套话不论是正面积极的，还是负面消极的，反映的都不是中国的真实情况，它"有时表现为一种'求同'的强烈意识形

---

① 乐黛云：《比较文学与比较文化十讲》，上海：复旦大学出版社，2005年，第7页。

态倾向,即有意识地表现自身文化的普世性……有时又表现为一种'求异'的乌托邦思想的寄托,将异国他乡描述为理想的天堂,以反对对自身处境的不满[1]"。异国形象是一国文学中对他国的塑造和描述,他有言说"他者"和言说"自我"的双重功能。

与上述中国形象的套话相比,"功夫熊猫"用同化的形式来表现当代西方人眼中的中国形象,其所反映的中国形象较为真实。正如乐黛云教授所言,"事实上,一种文化能否为其他文化所接受和利用,绝非一厢情愿所能办到的。这首先要看该种文化(文学)是否能为对方所理解,是否能对对方做出有益的贡献,引起对方的兴趣,成为为对方发展自身文化的资源而被其自觉地吸收。今天,东西方文化的接触只能是和过去完全不同的,以互补、互识、互用为原则的双向自愿交流[2]"。

随着世界多极化发展,在中西文化交流中,"西方中心论"与"东方中心论"都不合时宜,当西方人被中国文化的相异性强烈吸引,并怀着亲近感走向中国时,虽然由于受到自身视野和文化属性的局限,他们不可能和中国完全"融合",但是"功夫熊猫"形象的塑造毕竟是西方人做出的有益且比较成功的尝试,这也正是它深入人心的原因之一。

---

[1] 乐黛云:《比较文学与比较文化十讲》,上海:复旦大学出版社,2005年,第119页。
[2] 乐黛云:《比较文学与比较文化十讲》,上海:复旦大学出版社,2005年,第5页。

第五节 "格林之原":格雷厄姆·格林的异域想象

格雷厄姆·格林(Graham Greene,1904年—1991年),是当代最伟大的英国小说家之一,马尔克斯曾说他如果没读过格林的书,他不可能写出任何东西。威廉·福克纳、V. S. 奈保尔,J. M. 库切、威廉·戈尔丁等都把格林视为精神导师。1904年,格林出生于伦敦西北赫特福德郡的伯肯斯特德。1910年,父亲查尔斯·亨利·格林担任当地伯肯斯特德中学的校长,格林一家搬到校内居住。住校的生活是不愉快的,很小,他就开始逃学,拿着一本书在小树丛待上几个小时。也许,格林创作异域题材小说的灵感的最初来源就是童年时期逃离学校,躲进树林的小小冒险所带来的刺激和恐惧。从伯肯斯特德中学毕业后,17岁的格林进入牛津的贝利奥尔学院历史系学习,他得到一笔奖学金,出版了一本诗集,是学生报纸《牛津展望》的编辑。1925年,从牛津大学毕业后,他到诺丁汉的《卫报》工作,1926年—1930年,他担任《泰晤士报》副主编辑。1926年,在女朋友的影响下,格林皈依罗马天主教。1929年,他出版第一部小说《内心人》(*The Man Within*),成为自由撰稿人,开始作家生涯。1932年,他第四部小说《斯坦布尔列车》(*Stamboul Train*)出版,这部作品奠定了他在文坛上的地位。1935年—1939年,格林担任《旁观者周刊》的电影评论专栏作家。1935年,他穿越利比里亚,写了游记《没有地图的旅程》(1936年)。1938年,他访问墨西哥,报告那里的宗教迫害情况,回国后写了游记《不法之路》(*The Lawless Roads*,1939)。他撰写了他第一部严肃的、以宗教为主题的小说《布赖顿硬糖》(*Brighton Rock*,1938)和小说《权力与荣耀》(*The Power and the Glory*,1940)。其中,《权力与荣耀》得到好评,赢得了当年的霍桑登文学奖。1939年他出版了两部消遣文学《一支出卖的枪》(*A Gun for Sale*)和《密使》(*The Confidential Agent*)。1940年—1941年,他担任《旁观者周刊》文学编辑,第二年为英国外交部工作。1941年—1943年,他在塞拉利昂驻扎,在西非从事情报工作,并以此创作了西非背景的小说《问题的核心》(*The Heart of the Matter*)。1954年格林被聘为《新共和》杂志驻越南记者,当时越南正在抗击法国殖民统治。1956年格林写出了颇有远见,反对美国插手越南战争的小说《文静的美国人》(*The Quiet American*)。他采访了在英国殖民当局颁布"紧急法令"下正在镇压共产党的马来亚,在爱国武装组织茅茅领导下开展武装斗争的肯尼亚,以及独裁统治下的海地。这些采访使格林成为"二战"后英国首屈一指的外交事务和战地记者,同时也为他的作品积累了素材。他所撰写的《病毒发尽的病例》(*A Burnt-Out Case*,1961)、《喜剧演员》(*The Comedians*,1966)、《荣誉领事》(*The Honorary Consul*,1973)这三部作品的背景分别是印度支那、刚果、海地和巴拉圭。

格林曾获21次诺贝尔文学奖提名,关于他无缘诺贝尔文学奖的原因,有的说格林曾当过间谍,写过间谍小说,有的说他是娱乐作家而不是严肃作家。格林曾把自己的小说分成两种:正经小说(严肃小说)和娱乐小说(消遣小说),但实际上这只是个玩笑,连他自己都不能划分清晰。娱乐小说也可以表达深刻的思想,正经小说也可以有生动好看的情节。有评论家称毛姆和格林是"模糊了严肃文学与通俗文学边界"的代言人。[①]他的小说多是异域题材,这与他丰富的人生阅历有关。我们以他的两部作品《权力与荣耀》和《文静的美国人》为例来分析他作品中的东方形象。

一、《权力与荣耀》的空间化叙事及文化反思

《权力与荣耀》(1940)是格林的代表作,曾获得霍桑登文学奖,是他的宗教四部曲之一[另外三部是《布莱顿硬糖》(1938)、《问题的核心》(1948年)、《恋情的终结》(1951年)]。小说取材于格林1937年至1938年冬天的墨西哥之行,以墨西哥历史上的"基督战争"为背景,讲述了一个追捕与逃亡的故事,在二十世纪二十年代的墨西哥,塔瓦斯科州是反教权主义思想最严重的地方,小说中的塔巴斯克是作者化用塔瓦斯科的名字得来的,政府宣布天主教非法,所有的神职人员只有两种选择:要么抛弃信仰被迫结婚,要么被执行枪决。小说中的主人公没有名字,他的称呼只有"神父"或"威士忌神父",因为他是嗜酒的天主教神职人员。威士忌神父为了逃避政府的迫害,已经东躲西藏8年了。小说从他逃亡的最后几天开始写,他本来可以翻过塔巴斯克省北部群山,再往北,或者走水路,坐小火轮到拉斯卡萨斯,这样他就安全了。但他始终没有离开,总觉得有种使命未完成,负责追捕神父的中尉与神父两次偶遇,神父都侥幸逃脱,最后在混血儿的

---

① 傅小平:《普鲁斯特的凝视》,南京:江苏凤凰文艺出版社,2019年,第232页。

诱骗下，神父被中尉抓捕并被执行枪决。

帕藤（Patten）认为《权力与荣耀》中"有两个紧密联系又相互区别的结构：一个是时间结构，它按照时间顺序和因果逻辑推动故事情节发展，即展示追捕神父的过程；一个是空间结构（spatial, radial structure），它揭示神父所具有的静态形式上的象征意蕴……小说把过多的精力集中在小说的象征与寓意上。"①虽然有许多评论者认为《权力与荣耀》的说教味比较重，但格林的确在小说叙事技巧上煞费苦心，主副线故事交织编排，犹如电影蒙太奇手法，让人耳目一新；异域与家宅两类相互冲突的空间描绘，使小说"空间被主题化②"。本节运用空间叙事理论，探求蕴藏在小说空间结构背后的文化意义。

（一）文本空间：精妙地编织故事

现代作家力图改变传统线性叙事模式，通过空间并置、频繁穿插、印象主义、重复叠加等手法，打破事件发展的时间序列，表现出一种追求空间化的效果趋势。二十世纪中后叶，空间批评学者列斐伏尔与福柯的空间批评话语关注文本空间背后的社会文化、身份意识等隐喻意义，预示文论界空间研究的勃兴。空间叙事理论肇始于约瑟夫·弗兰克的论文《现代文学中的空间形式》（1945），加斯东·巴什拉的《空间诗学》、亨利·列斐伏尔的《空间的生产》等论著推动了空间叙事理

---

① Daphna Erdinast-Vulcan, Graham Greene's Childless Fathers, London: Palgrave Macmillan, 1988, p.27.
② [荷]米克·巴尔：《叙述学：叙事理论导论》，谭君强译，北京：中国社会科学出版社，1995年，第109页。

论的发展。加布里尔·佐伦的《走向叙事空间理论》（1984）一文对叙事文本中空间结构的分析可能是目前最完整的。他把文本空间结构划分为三个层次：地志学层次、时空体层次和文本层次。其中的文本层次的空间即文本所表现的空间，它受到三个方面的影响，一是语言的含糊、不具体，叙述的详略等影响空间效果；二是文本的线性时序影响空间运动与变化的方向和轨迹；三是文本的视点影响叙事空间的重构。在《权力与荣耀》中，格林主要通过打断文本的线性时序达到空间叙事的效果，他采用把主线故事与副线故事并置和对比的手法表现两类人物不同的象征意义。

《权力与荣耀》中，有主副两条叙事线索：主线讲述墨西哥人的故事，即中尉追捕神父的经过；副线讲述白人群体（白人医生坦奇，费娄斯上尉一家为代表）在墨西哥的生活。主线故事发展的线性时间经常被副线故事打断，弗兰克把这种讲述故事的方法界定为"并置"。（见图1）所谓"并置"是指在文本中并列地置放那些游离于叙述过程之外的各种意象和暗示、象征和联系，使它们在文本中取得连续的参照与前后参照，从而结成一个整体。[①]弗兰克通过福楼拜《包法利夫人》中农产品展览会场景描写说明小说形式的空间化，"叙述的时间流至少是被中止了：注意力在有限的时间范围内被固定在诸种联系的交互作用之中[②]"。

---

① [美]约瑟夫·弗兰克等：《现代小说中的空间形式》，秦林芳编译，北京：北京大学出版社，1991年，第4页。
② [美]约瑟夫·弗兰克等：《现代小说中的空间形式》，秦林芳编译，北京：北京大学出版社，1991年，第3页。

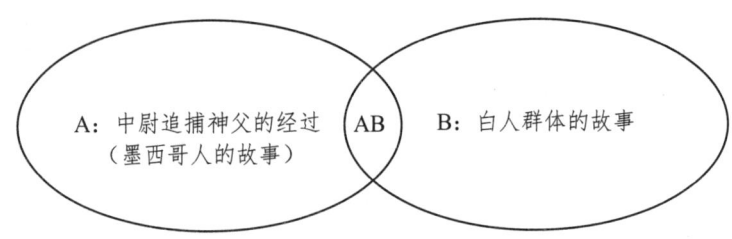

图 1　小说的主副线两个叙事系列

龙迪勇在《空间形式：现代小说的叙事结构》中提到常见的空间叙事结构：套盒式结构（比如薄伽丘的《十日谈》、康拉德《黑暗之心》）、橘瓣式结构（如福克纳《喧哗与骚动》）、圆圈式结构（如马尔克斯《百年孤独》）等。"一个主要的故事生发出一个或者几个派生出来的故事，不是单纯地并置，而是共生或者具有迷人和互相影响效果的联合体的时候，这个手段就有了创造性的效果。"[①]相互套合，产生意义的参照，这样的空间结构才有创造性效果。

为了更好理解小说的情节设置，我们借助字母和数字梳理小说结构，分析如下：

《权力与荣耀》中有两个系列：自我觉醒的墨西哥人的故事系列 A 与走下坡路的白人的故事系列 B。（如图 1 所示）其中属于 A 系列的故事有（数字按照小说中叙事的时间先后排列）：A1，即逃亡中获得精神自救的神父的故事；A2，即推崇强权厌恶宗教的中尉的故事。属于 B 类故事的系列有：B1，即英国牙医坦奇的故事；B2，即种植园主费娄斯上尉的故事；B3，即抢劫银行的杀人犯美国人杰姆斯·卡威尔的逃亡故事。（如

[①] 巴尔加斯·略萨：《中国套盒——致一位青年小说家》，天津：百花文艺出版社，2000 年，第 86 页。

表 1 所示）

表 1　小说主副线故事的情节梳理

A 系列：主线 墨西哥人的故事	A1：威士忌神父的故事
	A2：中尉的故事
B 系列：副线 白人的故事	B1：英国牙医坦奇的故事
	B2：种植园主费娄斯上尉的故事
	B3：抢劫银行的杀人犯美国人杰姆斯·卡威尔的逃亡故事

小说第一部的"叙述"是这样的：第一章，英国牙医坦奇的苦恼（B1）。逃亡中的神父在海港小镇偶遇英国牙医坦奇，坦奇邀请他到自己的小屋躲避烈日炙烤（B1A1）。因为要为一个男孩的母亲作临终忏悔，神父错过海港小火轮，只好继续逃亡（A1）。第二章，中尉的职责与宗教观念（A2）。第三章，费娄斯上尉一家的生活（B2）。神父逃到费娄斯家里，费娄斯的女儿珊瑚收留并帮助他躲过中尉的追捕（B2A1A2）。第四章，坦奇的往事与懊恼（B1）。费娄斯家的故事（B2）。中尉的感动（A2）。第五章，中尉准备枪杀人质，抓捕神父（A2）。（如表 2 所示）

我们发现，小说情节采用的是主线与副线故事穿插叙述的方式，故事章节交替。主线讲述的是中尉与神父之间的追捕与逃亡的故事，副线反映的则是众多白人在墨西哥这个异域他乡的生活现状。小说分章介绍与神父逃亡有交集的白人的故事，第一章交代白人坦奇的故事，第二章讲述费娄斯一家的故事，主副线故事围绕着一个中心事件展开，即神父的逃亡与反省自悟。这种叙事策略使故事产生"陌生化"的效果，章节交替式叙述使读者的注意力在一章到另一章前后交替，阻碍了小说向前叙述的历时发展，小说具有了"空间形式"特点。

表2 小说主副线故事的穿插叙事

章节	情节线索	内容概括
第一章	B1-B1A1-A1	英国牙医坦奇的苦恼（B1）。 逃亡中的神父在海港小镇偶遇英国牙医坦奇，坦奇邀请他到自己的小屋躲避烈日炙烤（B1A1）。 因为要为一个男孩的母亲作临终忏悔，神父错过海港小火轮，只好继续逃亡（A1）。
第二章	A2	中尉的职责与宗教观念（A2）。
第三章	B2-B2A1A2	费娄斯上尉一家的生活（B2）。 神父逃到费娄斯家里，费娄斯的女儿珊瑚收留并帮助他躲过中尉的追捕（B2A1A2）。
第四章	B1-B2-A2	坦奇的往事与懊悔（B1）。 费娄斯家的故事（B2）。 中尉的感动（A2）。
第五章	A2	中尉准备枪杀人质，抓捕神父（A2）。

这种空间化叙事有何效果呢？弗兰克分析《包法利夫人》中农产品展览会场景的三个层次情节，"这些联系游历叙述过程之外被并置着；该场景的全部意味都仅仅由各个意义单位之间的反应联系所赋予[①]"。他认为福楼拜很巧妙地表达了对资产阶级傲慢自大的尖锐讽刺，对罗道夫用伪浪漫主义浮夸言语向多愁善感的爱玛求婚的嘲弄。[②]埃里克·S·雷比肯指出，空间叙事的作者往往"用修辞的方式把一个价值

---

① [美]约瑟夫·弗兰克等：《现代小说中的空间形式》，秦林芳编译，北京：北京大学出版社，1991年，第3页。
② [美]约瑟夫·弗兰克等：《现代小说中的空间形式》，秦林芳编译，北京：北京大学出版社，第1页。

系统塞给了我们，其中每个部分都有一个系统；此外，各部分之中的并列结构把体现这个整体的一个价值系统也塞给了我们[①]"。他分析了《喧哗与骚动》中的叙事结构价值，四个叙事者声音并置，三兄弟作为叙事者，关注的中心人物是凯蒂，凯蒂是缄默的，读者只能被迫从男性角度观察她。黑人女仆迪尔西很庄重，关注的人仍然是白人女性凯蒂，白种男性并未受她关注。作品塞给我们的整个价值系统显示了白种人因为反对黑人妇女的罪恶所导致的衰落。

《权力与荣耀》中穿插的每个西方白人故事都围绕墨西哥的威士忌神父的逃亡与觉醒展开，墨西哥人为主角，西方白人为配角。有些白人，比如费娄斯上尉、德国人一家都曾对神父施以援手，但并未能让神父最终逃脱，他们的帮助是无效的。因为神父的逃亡就是他的天路历程，他逃亡的意义不是地理层面上的，而是心理层面上。他不断在自我反思的过程领悟到信仰的真谛，最终选择不逃，坦然殉道，成为圣教徒。就像耶稣选择被钉上十字架，目的是替犯罪的人类赎罪一样，威士忌神父身上散发出耶稣般的圣洁的光芒，世俗强权与宗教信仰，谁该拥有荣耀之环？答案不言自明。中尉虽然是迫害神父抹杀宗教的刽子手，但他并非毫无人性，他只是执著自己的信念，认为只有消灭宗教，才能使人们摆脱贫穷，但他最终感到胜利的空虚，他的信念开始动摇。神父作为格林的代言人，向中尉说出了格林的观念：只有政治没有信仰是很危险的。小说中的白人无一例外都与威士忌神父打过

---

① [美]约瑟夫·弗兰克等：《现代小说中的空间形式》，秦林芳编译，北京：北京大学出版社，1991年，第135页。

交道，而且都被神父某种程度上感化。某种意义上说，神父化身成了他们的"精神之父"。

大卫·米克尔森在《叙事中的空间结构类型》中指出，除了并置的情节线索，还有反复出现的意象都是取得叙事结构空间性的手段。《权力与荣耀》的故事发生地点是墨西哥塔巴斯克省，整个地区都是这种地貌：河流、沼泽和森林。小说通过讲述神父逃亡的过程，全面勾勒了小镇的地形地貌以及自然气候：湿热的海边城镇—落后的村落—肮脏的沼泽地—幽暗的红木树林。落后、肮脏、湿热、泥泞、灰尘……所有这些意象的描写，构成了如地狱般的小镇地理空间。伊芙琳·沃说"格林的天赋突出表现在他对那些场景的描绘上：大汗淋漓和感染，美丽的日落时分，人人平等的妓院，秃鹫……可以规避的法律，间谍，贿赂，暴力和背叛。他采用照相机式的写法描写重要的细节……这是现代的讲故事的方式"。这些照相机拍摄式的场景描写形成一个个可供读者想象的画面，它的意义很大程度上是空间上的，而不是时间上的，场景本身就构成了小说叙事结构的一部分。

（二）社会空间：异域与"家宅"

列斐伏尔在《空间的生产》中提出了"社会空间"的概念。他认为"社会空间是社会的产物[①]"。空间不是空洞无物的，而是社会力量建构而成的，这些力量隐身在空间的实体形态中。河流、沼泽、森林、

[①] 亨利·列斐伏尔、包亚明主编：《空间：社会产物与使用价值》，《现代性与空间的生产》，上海：上海教育出版社，2001年，第48页。

住宅、广场等是《权力与荣耀》中社会空间的重要组成部分，它们不仅是小说人物的活动场所，也是不同群体或个人的生命体验和价值观念交流碰撞的社会空间。我们可以从社会空间的角度，从《权力与荣耀》中抽象出两类空间：异域与"家宅"。

法国哲学家加斯东·巴什拉在《空间诗学》中说到"家宅"负载的人生的重要意义："家宅是我们在世界中的一角。我们常说，它是我们最初的宇宙。它确实是个宇宙。它包含了宇宙这个词的全部意义。"①人物能从空间中获取生命的意义与价值，哪怕身处其间危险重重，仍然能从中寻找到福祉，那么空间是家宅；人物与空间相对陌生，不可调和，甚至惶惶不可终日，空间变成了异域。

《权力与荣耀》的故事发生的地点是墨西哥塔巴斯克省，整个这一地区都是这种地貌：河流、沼泽和森林，落后、肮脏、湿热、泥泞、灰尘，所有这些地理空间的描写，如同地狱一般，但对于威士忌神父而言，真正的地狱在心中，外在的自然环境描写只是内在心理感受的映射。他想逃离的是一个信仰被禁锢的小镇，而不是一个生于兹长于兹的家乡。正是家乡的落后，才使他更应该留在这里，哪怕如同地狱，这是殉教者的义务。村落乡亲用性命保护神父，不惧中尉威胁，死也不说出神父的下落；监狱中虔诚信仰的牢犯；小男孩深夜请神父为母亲做临终忏悔……威士忌神父在逃亡过程中慢慢找到了"家宅"的意义，也找到了生命的价值。

---

① [法]加斯东·巴什拉：《空间的诗学》，张逸婧译，上海：上海译文出版社，2009年第2页。

神父最终从落后的小镇找到生命的意义，对于那些离开家乡，身居异国的西方人，墨西哥的这个小镇作为异域空间是陌生的，隔阂的，不安定的。人物与空间冲突尖锐，这种冲突"潜藏着价值的冲突、制度的冲突、甚至文化的冲突①"。小说开端，作者给读者画了一幅海港小镇的素描，画面上的典型意象有：毫无怜悯之情的烈日、悬挂在空中冷漠地观察人类的兀鹰、腐尸、湿气、石头般坚硬的路面、随时会下沉的破烂小火轮、阳光炙烤的小广场。英国来的牙医坦奇是一个误入异乡，身心俱毁的白人，他听从岳母的安排，到小镇开设牙科诊所准备捞金返乡，但事与愿违，墨西哥战事不断，比索不断贬值，他已经15年没有与妻子联系。他幻想能在殖民地时期一样大把捞钱，衣锦还乡，但现在美梦破灭了，就像小说中女孩唱的歌，一朵染上真正爱情鲜血的玫瑰花。这块土地本应是黄金地，现在则成了困住他的牢狱。异域他乡的一切让他反胃。"房间"是"家宅"意象的一个基本的空间元素，因为人生大部分时间是在房间的四壁之间度过。坦奇极力想把自己房子布置得如同家宅一样，小说里写到他房间的布置，"餐厅里有两把摇椅摆在一张没有铺桌布的餐桌两旁，另外还有一盏油灯、几份美国出版的旧报纸和一个橱窗……这位牙医的手术室窗外是个小院，几只火鸡在院子里走来走去，摇晃着它们并不怎么华丽的羽翼……窗户上安着一块带图案的彩色玻璃：圣母从纱窗后面看着院子里的火鸡……坦奇先生说：这块玻璃是我在他们打劫教堂财物的时候弄来的。牙科诊所要是不安上一块花玻璃似乎不怎么对劲，不够文明。在我的

---

① 尤迪勇：《空间叙事学》，北京：生活·读书·新知三联书店，2015年，第28页。

家乡——我说的是英国——他们总是挂着'笑面骑士'①。"火鸡、笑面骑士、圣母、小花园、威士忌以及孩子在后花园玩喷壶等,这些家乡的意象使坦奇先生越发增生思乡之情。"家?我的家就在这儿……家这个词只是用来指西面有墙环绕着的一个人可以在里面睡觉的地方。坦奇先生从来没有过真正意义上的家……家像是一张风景明信片,同另外一些明信片撂在一起。"②生活的不易化作愤怒地抱怨:没有人与他讲英语,没有先进的设备发挥他的医术,没有酒可以解愁,他的发财梦破灭了,所以在他眼中,这个地方如同地狱,他对这种寂寞的空虚已经习惯了,就好像习惯于看到镜中自己的面孔一样。他自己早已沉沦下去。

费娄斯上尉是一个善良的、无用的种植园主,他经营一家香蕉公司。虽然他尽量摆出一副乐观的态度方面对生活的困境、孤独的境遇,但他还是无力适应墨西哥的自然与社会环境,因为在他眼中,墨西哥人都是一些野蛮人。费娄斯太太犯头痛病,整天躺在吊床上,从未走出房间,她感觉身处的小镇是巨大的"坟墓",她无时无刻不在与恐惧斗争,以致身心交瘁,"在这个奇怪的地方,死亡一年一年地向她走近了。所有的人都打点好行装离开这里,而她却仍然必须留在这个无人来访的墓地里,留在地面上的一个巨大的坟墓里③"。他们的女儿珊瑚死后,他们搬离小镇。但家里的人似乎不大欢迎他们回家。"这对夫妻像两个在陌生城市走迷了路的孩子,失去大人照管,叫人看着非常古

---

① [英]格林:《权力与荣耀》,傅惟慈译,南京:译林出版社,2000年,第11页。
② [英]格林:《权力与荣耀》,傅惟慈译,南京:译林出版社,2000年,第7-9页。
③ [英]格林:《权力与荣耀》,傅惟慈译,南京:译林出版社,2000年,第36页。

怪……两个人都被抛弃了，他们必须互相扶持。"①

对于坦奇先生、费娄斯夫妇来说，房间本应是躲避异域环境的"家宅"，但他们的房间仅仅只有四壁，不是福祉，而是枷锁。他们觉得"都是这个鬼地方害的②"。按照巴什拉的说法，这种病就是离开"家宅"之后的原初性失落后的不适应感，"陋室的原初性属于每个人，无论富有或贫穷，只要他愿意梦想。所有的庇护所，所有的藏身处，所有的卧室，都有共同的梦境价值。当新的家宅中重新出现过去的家宅的回忆时，我们来到了永远不变的童年国度，永远不变就好像无法忆起。我们体验着安定感，幸福的安定感③"。但他们并没有在新宅找到原初性，异域空间带给他们的是不适应感。

（三）空间叙事与文化意识

何其莘在《权力与荣耀》的中译本的"代译序"中写到："在格林的作品中，读者看到的并不是艾略特（T. S. Eliot）诗作中那种一片干旱的荒原，而是一个被评论家称作'格林之原'（Greeneland）的世界，一个由多种信仰、多种性格、多种经历的人组成的错综复杂、扑朔迷离的精神世界。正是由于格林在他的作品中创造了这样一个复杂的，常常是自相矛盾的，但更接近现实的世界，才使他成为二十世纪最受

---

① [英]格林：《权力与荣耀》，傅惟慈译，南京：译林出版社，2000年，第260-262页。
② [英]格林：《权力与荣耀》，傅惟慈译，南京：译林出版社，2000年，第9页。
③ [法]加斯东·巴什拉：《空间的诗学》，张逸婧译，上海：上海译文出版社，2009年，第4页。

读者欢迎，同时在评论界又颇有争议的英国作家之一。"①

"格林之原"一词由评论家马歇尔（A. C. Marshall）在1940年5月出版的《视野》杂志中首次提出。后来的《牛津英语词典第一辑补录》（*A Supplement to the Oxford English Dictionary I*）将之定义为"一个用来描述格雷厄姆·格林小说背景的术语，破旧不堪、沉闷压抑是这一背景的典型特色②"。格林的文学世界是复杂的，具有深刻人性内蕴的，他选择异域题材，并非是为了猎奇，而是为了表达彷徨动乱的世界，人性与道德的矛盾冲突。《权力与荣耀》的空间化叙事正好能彰显格林这种复杂多变、游移不定的态度。

根据谢利给格林写的传记《格林的一生》（*The Life Of Graham Greene*），格林1938年刚刚离开墨西哥时，对这个国家和人没有好感，但回到伦敦之后，当他拿起笔创作《权力与荣耀》时，他的态度有所转变，"他开始疑惑他为什么那么不喜欢墨西哥，因为他把英国和墨西哥的宗教仪式进行了比较：'切尔西的弥撒似乎形同虚设；没有人用双臂抱成十字架的姿态跪下来，没有一个女人跪在过道上'，它像痛苦本身一样让人震惊。我们不自责。也许我们需要一场暴力。伦敦对他来说是一个文化冲击③"。1939年的英国伦敦处在二战即将爆发的恐怖氛围中。与墨西哥的混乱并无二致。1518年，天主教传入墨西哥。1821年墨西哥独立，天主教被新国家的掌权者所接受，成为了墨西哥的国

---

① [英]格林：《权力与荣耀》，傅惟慈译，南京：译林出版社，2000年第11页。
② 张中载：《格雷厄姆·格林及其作品》，《外语教学与研究》，1980年第3期。
③ Norman Sherry, The Life of Graham Greene Volume Two: 1939—1955, London: Pimlico, 2004, p.23.

教。1857年，墨西哥民族英雄胡亚雷斯担任墨西哥临时总统，宣布实行政教分离，从此墨西哥进入几十年的反教权运动时期。教会势力逐步被削弱，特别是墨西哥政府颁布的1917年宪法，规定教会不能拥有地产，教堂归政府所有，神职人员没有选举权和被选举权，不能谈论国家政治，公共学校不能讲授宗教课，教会不能随便传教等。教士纷纷外逃。1926年的"卡列斯法"导致墨西哥政教关系破裂，引发持续三年的基督战争。政教关系不断恶化。直到1936年，卡德纳斯政府把工作中心转移到经济建设领域，宣布不打算发动反对宗教的运动，在立法层面放宽对教会的限制，关闭的教堂才重新打开大门，被迫流亡海外的牧师逐渐回到了家乡。

《权力与荣耀》以政教斗争最为激烈的二十世纪二十年代的墨西哥作为故事背景，格林无意表达对墨西哥的反教权运动的政见，而是把墨西哥作为二十世纪初期混乱世界的缩影，通过墨西哥人与白人两个群体的不同表现揭示动乱世界中人性与道德的矛盾冲突。

《权力与荣耀》采用主副线故事交替并置的手法，使原本简单的故事变得"陌生化"，还带有侦探小说般的悬念。格林的小说都带有侦探小说特质，"现代性、惊悚手法的运用、存在主义式的契约（existential engagement）等是他的小说具备的独特要素[①]"。当然，这种空间化叙事能很好地折射出格林内在的文化诉求。

[①] Brian Lindsay Thomson, Graham Greene and the Politics of Popular Fiction and film, London: Palgrave Macmillan，2009, p. 215.

主线故事塑造的是堕落但具备反省能力的墨西哥人形象,副线塑造的是"走下坡路"的白人群像,两个形象系列相互对照。

《权力与荣耀》中出现的墨西哥人形象大致分为三类:一是制造恐怖环境的人,包括警察、侦探等政府执法人员,他们手执武器,面无表情,到处追捕叛国者,以中尉为代表,他们认为宗教信仰不能解决人们的现实问题,只有发展经济,增长物质财富才能使人们的生活好起来。二是被环境毁掉的人,包括生活在暴力恐怖环境中的孩子们、唯利是图的混血儿。他们生活在暴力恐怖的环境中,没有信仰,贫困饥饿,为了生存,甚至会变得无比邪恶。三是对抗环境超越环境的人,包括乡村百姓和威士忌神父,他们渴望心灵的纯洁与精神救赎,认为信仰比物质财富更加重要。虽然政府悬赏重金缉拿威士忌神父,但他们无一人愿意为了赏金出卖神父。小说通过对这类人形象的塑造说明即使在高压贫穷的环境中,信仰仍能使人们团结起来,让生活充满希望。以威士忌神父为代表,有罪的神父最终获得灵魂救赎,也成为感化他人的圣徒,生前与他打过交道的人不同程度地被他感化。三类人物都在寻求或需要精神救赎。坦奇邂逅神父时就把他当作知己,向他倾诉自己的家事,最后坦奇看到神父被押往刑场,"他好像正在看着一位邻居在挨枪子[①]"。当神父被枪决后,他感到一阵恶心,闭上了眼睛,"这次他一定要离开了,一去就不复返了……坦奇感到一阵可怕的孤独,因为胃痛而弯着腰。那个身材矮小的人会讲英语,听他讲过他几

[①] [英]格林:《权力与荣耀》,傅惟慈译,南京:译林出版社,2000年,第265页。

个孩子的事。他觉得自己被人抛弃了①"。贫困村落的村民虽然物质贫乏，但依然怀着极强的信仰，一个个轮流在神父面前告解，哪怕神父困得都睡着了。面对中尉的质问与威胁，没有一个人出卖神父。虽然他们不敢公开反抗中尉，但他们以实际行动无声地支持神父。美国人杰姆斯·卡威尔是政府悬赏缉拿的抢劫银行的杀人犯，杀人越货，罪行累累，生前毫无信仰，他对神父说"你不用为我操心了。我这个人已经完了②"。但他先暗示神父拿走他的手枪，接着又暗示他把刀拿走自卫，他在几个小时前还想着悔罪。

威士忌神父在小说中虽有罪恶，但最终以身殉道，成了具有自我牺牲精神的父亲（father）的形象。"父亲"在格林小说中有三层寓意，一是血亲关系上的父亲；二是象征意义上（mataphorical）的父亲，即神父；三是上帝，天堂中的父亲。精神之父（spiritual）比血亲之父（physical）更加重要，格林小说中的主角厌倦一成不变的家庭婚姻生活，他们沉溺于罪恶之中，虽然他们也为罪恶所累，但罪恶又是其成长为精神之父的必需……在宗教信仰已然丧失的二十世纪，格林置换了传统的天父与圣子的原型意义，具有自我牺牲精神的儿子由父亲代替，他小说中的主角履行作为父亲的职责而殉身时，他们扮演的是"神的角色③（Imitatio Dei）"。根据谢利的《格林的一生》记载，威士忌神父的原型来自格林在回国途中遇到的一个德国人，他称他是罕见的"令

---

① [英]格林：《权力与荣耀》，傅惟慈译，南京：译林出版社，2000年，第266页。
② [英]格林：《权力与荣耀》，傅惟慈译，南京：译林出版社，2000年，第228页。
③ Daphna Erdinast-Vulcan, Graham Greene's Childless Fathers, London: Palgrave Macmillan, 1988, p.2.

人愉快的德国人",德国人曾经被关进墨西哥的监狱,牢房里挤满了小偷和杀人犯,地板上爬满了蠕虫,八天没有食物和水。让格林印象深刻的是"他的温柔,对生活充满感恩和非凡的善良",小说中的威士忌神父的善良来自这位德国人。同时,格林给予他特殊的身份——犯忌的神父,他身体羸弱,因为嗜酒而被称为"威士忌神父",而且有一个私生女,对于一位神父而言,他无疑罪孽深重,但他在逃亡的过程中坚定了自己的信仰,同时给民众精神上的希望。

从威士忌神父形象的设定上,我们看到格林小说不断再现的主题:从有罪的精神生活中体验信仰的力量。格林小说中的主角厌倦一成不变的家庭婚姻生活,他们沉溺于罪恶之中,虽然他们也为罪恶所累,但罪恶又是其成长为精神之父的必需。《问题的核心》中男主人公斯考比为了隐藏自己的通奸行为以及他与叙利亚商人之间的借贷关系,不断撒谎。最后,他因无法面对谎言而选择自杀。格林认为斯考比是一个心地善良的人,他自认其罪并勇敢背负起这一重担,而那些自甘堕落的人根本意识不到自己有罪。《斯坦布尔列车》中奥佩牧师面对津纳医生的疑惑,他认为忏悔如同精神医生的心理治疗,最后的结果都是让人重新获得做人的意愿和力量,甚至精神分析家比教士更灵验。从中我们看到格林对待宗教的犹疑态度。

小说根据格林 1937 年至 1938 年冬天的墨西哥之行的经历写成,但"任何作家对异域文明的见解,都可以看作是自身欲望的展示和变形……寻找作为他者的异域文明,也许正是另一种方式的寻找自我,是另一种变形的自我欲望。他者之梦也许只是另一种形式的自我之梦,他者向我们揭示的也许是我们的未知身份,是我们自身的相异性。"①

格林拥有其他作家难以匹敌的异域情怀,他着重把墨西哥塑造成一个拥有基督教人道主义关怀的地方,是一个令人向往的乌托邦世界。但墨西哥对于格林来说是个陌生的世界,自然环境、政治环境以及人文环境都与西方迥异,物质的落后与观念的封闭使得格林笔下的墨西哥世界成了一个恐怖的异域空间。这种感受通过异域空间与"家宅"空间场景描写出来。美国的 *RALPH* 杂志的 Lolita Lark 认为"在格林眼中,墨西哥的一切形象都是负面的。长相丑陋,地方肮脏,臭气熏天,让人呕吐的水,乞丐,狗,可怕的缺乏希望的生活,以及那些皮肤黝黑的失语的印第安人……格林永远无法理解这个说着不同语言的民族……因为他无法理解墨西哥与墨西哥人,他只是在空白的画布上描画一个神奇的关于死亡与救赎的神话"。墨西哥这块神奇的土地如同试验场,他笔下的西方人在一个完全不同于西方的自然、文化环境中展现的生存状态是水土不服、孤独寂寞、沉沦无助的,从某种意义上说,小说中的西方人形象具有某种象征意义:堕落的人类的象征。

格林一方面通过坦奇、费娄斯上尉审视墨西哥人;一方面,又通过神父、中尉审视西方人。这种双向审视下的墨西哥形象与西方形象都带有正反两方面的意义,墨西哥物质上落后,但追求精神信仰,西

---

① 葛桂录:《雾外的远音:英国作家与中国文化》,银川:宁夏人民出版社,2002 年,第 14 页。

方白人精神空虚，但某种程度上源自环境的局限。

这种对人性的复杂性的审视与格林的个性有关。格林对自己的私生活讳莫如深，两部关于格林的传记，诺曼·谢利（由格林指定的作者，也是康拉德传记的作者，康拉德是格林最崇拜的作家之一）的《格雷厄姆·格林的一生》和麦可尔·谢尔顿的《格雷厄姆·格林：内心敌》，后者自称是"一部打破偶像性质的传记""从两位传记作者的描述中，可感觉到格林的性格高深莫测"。①

格林的父亲是英国公立学校校长，但他在父亲的学校学习很不愉快，他悲观厌世，几次自杀，他频繁地逃学，父母甚至送他去做心理治疗。"对于格林来说，学校生活使他第一次有机会接触到人世间的罪恶——特别是背叛——野蛮国家，以及生活在边界上所感受到的那种刺激和恐惧②"。在格林的自传《生活曾经这样》（*A Sort of Life*）中，他写到地狱般的学校生活，"一个人因为相信地狱所以才会开始相信天堂。但相当长时期，他能相当熟悉地描述地狱……终日嘈杂没有安宁的集体宿舍，没有锁的抽水马桶……郊外马路上马车走过的声音，这些都是痛苦经历的一部分，任何时候任何地方无片刻安宁③"。

格林于1926年在诺丁汉皈依天主教，为的是娶天主教徒薇薇安，后来两人分居，在1938年的日记中，格林写道，为了遵循天主教不离婚的教义，宁可分居偷情也不离婚。格林作品的基调是邪恶力量过

---

① 夏宗霞：《分裂的格雷厄姆·格林》，《世界文化》，2014年第1期。
② [英]格林：《权力与荣耀》，傅惟慈译，南京：译林出版社，2000年，第2页。
③ [英]格雷厄姆·格林：《生活曾经这样》，陆谷孙译，上海：上海译文出版社，2012年，第6页。

于强大，以至于在人间恶性畅通无阻，善行寸步难行。格林的一生都在寻求冒险，他总是试图逃离无聊单调的生活。他深入拉美、非洲，在亲身经历过的事实面前，他更多的是站在人道主义立场上探索人性的复杂，而较少进行浪漫幻想，他的小说带有精神性，在精妙的故事情节表层下的人性的探索，这也是格林的异域小说的独特性。

《权力与荣耀》的叙事手法使我们更倾向于从空间的角度看待这部小说，首先在故事的讲述上，采用主副线故事并置的方法，使得墨西哥人形象与白人形象形成对比，突出墨西哥作为基督教人文主义的乌托邦色彩；再者在场景描写上，采用照相机似的呈现方法，详细描绘，着重写出人物精神感知上的空间意象，墨西哥人能在家乡寻求到精神的寄托，而西方白人因为只是把墨西哥当作发横财的殖民地，当黄金梦破灭后，他们无法找到身处其间的价值，异域成了牢狱。格林有时通过中尉、神父眼光看西方人，有时通过坦奇、费娄斯夫妇看墨西哥人，他保持着相对清醒的双向审视的文化意识，这使得小说的叙述带有相对真实客观的色彩，某种程度上消解了帝国主义话语，这是与吉卜林不一样的地方。

二、后殖民姿态下的"属下"妇女——《文静的美国人》中的越南女子形象

《文静的美国人》（1955年）是英国作家格雷厄姆·格林的代表作之一。格林的足迹遍及世界各地，丰富的经历为他的小说创作提供了素材，他的小说尤其擅长以第三世界国家为背景，描写各种文化之间

的冲突。《文静的美国人》的故事背景设置在法越战争期间的越南西贡，来自英国的记者福勒爱上越南舞女凤儿并与她同居。福勒坚定地履行"我不站在任何一边①"的中立政策，思想现实，行动冷静，是一个看淡一切的超脱者，他唯一看重的就是重新赋予他生命激情的越南女子凤儿。美国青年派尔的到来打破了他们平静的生活，派尔对凤儿一见钟情，他告知福勒自己对凤儿的感情，并希望与他公平竞争。然而这位天真而充满幻想的年轻人，却试图在越南当地建立第三势力，借助他崇拜的约克·哈定的理论，一厢情愿地想为越南带来新气象。就在这期间，福勒的报社即将调派他回国，他也无法说服妻子与他离婚，凤儿只好默默地离开他，投入派尔怀抱。一场场由派尔和他的第三势力策划的爆炸袭击事件惊醒了福勒，他发现派尔无知的、危险的天真和视若信仰的理论正在给西贡当地造成可怕的影响。福勒忍无可忍，与当地的共产党人一同谋划制止派尔，最终派尔被杀。而在派尔被杀的那天夜晚，前来寻找他的凤儿又回到了福勒身边。故事最后，报社让福勒继续留在越南报道，福勒妻子也同意与他离婚。凤儿则庆祝自己成为了第二任福勒太太，得偿所愿。

小说扉页写给凤儿的信中，作者强调："这是小说，不是一篇历史。"虚构的小说恰恰是作为想象的美学的产物，相对于历史著作等科学的文本而言，更容易窥见作家面对异质文化冲突时所体现的文化意识，正如

---

① [英]格雷厄姆·格林:《文静的美国人》，主万译，上海：上海译文出版社，2008年，第126页。

赛义德在《东方学》中指出"一个文本……越强调它自身是一种美学的产物，它就有越大的'施展个人的——或说是非东方主义的——意识'的空间[①]"。本文主要借用斯皮瓦克的女性后殖民主义理论阐释《文静的美国人》中的越南女性形象建构。

（一）作为被叙述的客体——越南女子形象

《文静的美国人》中塑造的第三世界女性形象某种程度上都是"西方沉默的对话者"，她们在故事中是缺席的，她们是被叙述的客体，只能被人言说，"斯皮瓦克的论文《属下能说话吗？》，最终是将属下建构为西方的沉默的对话者，那么剩下的不是别人而只有非属下（尤其是西方和当地的精英）在为他们说话或写作[②]"。她们的形象是由叙述主体——西方男人福勒与派尔构建。在福勒眼中，凤儿是不懂爱情的伴侣，在派尔眼中，凤儿是完美的天使。唯一一位精通英文的女性徐小姐——凤儿的姐姐，被塑造成一个工于算计，市侩庸俗的"恶魔"。其他越南女子群像是无意义的存在。

凤儿是三角恋故事中的女主角，是剧情展开的主要线索，但她又是隐形的，只是被叙述的客体，毫无存在感。凤儿到底是怎样的？我们只能通过福勒与派尔的眼光去看，小说中他们在谈论着凤儿的场合，都用第三人称，好像凤儿并不在场似的，凤儿是被叙述的客体，福勒

[①] [英]吉尔伯特：《后殖民理论——语境 实践 政治》，陈仲丹译，南京：南京大学出版社，2001年，第64页。
[②] [英]吉尔伯特：《后殖民理论——语境 实践 政治》，陈仲丹译，南京：南京大学出版社，2001年，第132页。

与派尔这两个西方男人才是叙述主体,他们对凤儿的认知代表的是西方男人看东方女子的基本态度,具有某种一致性。

在福勒眼中,凤儿是他晚年生活的理想伴侣,只要凤儿对他忠诚,愿意与他生活,其他方面都可忽略不计。福勒认为她单纯无知,不懂爱情为何物。她的英语和法语都不好,但这样能避免"我"在言语上伤害她的心,也避免伤害"我"自己的心。她在福勒面前毫不掩饰对于安稳生活的追求,她赞扬自己购买的丝巾,关注皇室的花边新闻,翻看宫廷画册,这些天真浪漫正是福勒所喜爱的。凤儿把福勒当作生活的保护伞,而不是因为爱情,他们同居的生活是这样的:她穿着漂亮的白绸裤子和花旗袍在路口等"我"回家,然后上楼回屋,凤儿点着煤气炉,烧水泡茶,点着鸦片烟枪,侍候"我"上床睡觉。小说有一句讽刺越南女人留住外国情人的手段:"她们相信一个情人只要抽鸦片,总会回来,哪怕跑到法国去。"①这里也有福勒对凤儿意图的猜测:也许凤儿如此伺候"我"也出于同样的意图。他明白维系两人同居生活的原因是他们能各取所需:凤儿寻求到安全感和物质回报,福勒只希望有个晚年生活伴侣。正如他对派尔所言,"凤儿是那种女人,她们爱你是为了报答你的体贴、你使她们有了安全感以及你赠予她们的礼物——她们恨你是为了你打她们,或是为了一件待她们不公平的事。她们不知道爱是怎么回事。但对一个上了年纪的人来说,这倒挺安全的,她不会离开家逃走,只要家很幸福

---

① [英]格雷厄姆·格林:《文静的美国人》,主万译,上海:上海译文出版社,2008年,第6页。

的话。我只是希望有个女人呆在身边,如果没有凤儿,我恐怕没有精力再找一个①"。

派尔则把凤儿看作完美天使,他告诉福勒"凤儿在他眼里很清新,就像一朵花②"。当他听福勒说凤儿是在大世界舞厅伴舞的,他吃了一惊。派尔亲临南定战场,告诉"我",他看到妓院里那么多姑娘,他想保护凤儿,与她结婚生孩子,让她到美国和他母亲生活在一起,但凤儿并不需要他的保护,她离开他们这两个西方男人,照样可以找到幸福。正如福勒所说派尔并不了解凤儿。

不论是福勒眼中的生活伴侣还是派尔心目中的纯洁天使,都是对凤儿形象的误读,是西方男人对东方女性的想象,凤儿语言不通,无法与两个人进行沟通交流,这是导致他们无法真正了解凤儿的重要原因,还由于文化差异带来的集体无意识的影响,凤儿永远只能被当作被叙述的客体,而成为躲在帷幕背后的女子。

凤儿的姐姐徐小姐是小说中唯一精通英语的女性,她能和福勒等西方人交流沟通,但在福勒眼中,徐小姐是个贪婪虚伪,精于算计的女人,她力图从凤儿的婚事中得到利益。凤儿年轻,一切事情都由她姐姐把关。"她那姐姐一心想要她好好跟一个欧洲人结婚。③"她说,"她只有一位小妹妹凤儿,她是西贡最漂亮的女人,她需要人照顾她,也

---

① [英]格雷厄姆·格林:《文静的美国人》,主万译,上海:上海译文出版社,2008年,第136页。
② [英]格雷厄姆·格林:《文静的美国人》,主万译,上海:上海译文出版社,2008年,第134页。
③ [英]格雷厄姆·格林:《文静的美国人》,主万译,上海:上海译文出版社,2008年,第46页。

值得人家爱护①"。福柯与凤儿结识后的一段时间，她时时提防福勒，"可是三个月过去了，我才能和她在美琪大饭店的阳台上单独会见一会儿，而她姐姐待在隔壁房间里，还不住催问我们打算多会儿回进屋里去②"。徐小姐对于凤儿自身的感情及生活的关注实际上是出于对她的利用价值的考虑，福勒是已婚人士，显然不能带给她满意的回报，她是十分不满的。徐小姐不愿意凤儿这个重要的筹码被福勒接手，她并不愿意将凤儿交给他。

当年轻的派尔邀请凤儿跳舞时，她立刻出现，如同做媒一般打听盘问派尔的情况。她将凤儿视作商品般待价而沽，像拍卖会上的主持人赞扬物品一般赞扬自己妹妹的美貌。眼见派尔有意，她显现出的殷勤姿态又令人咂舌，接着她更是得益于派尔的介绍进入了美国使团中工作。让福勒充满怒火的是，作为凤儿的姐姐，徐小姐意图将她的这种想法加于凤儿身上，以自己的思想影响凤儿做出"正确"的选择，破坏了二人的感情。"凤儿的姐姐在一个打字台后面望着我。我从那双贪婪的褐色眼睛里所看到的是胜利吗？"③在小说中福勒毫不掩饰对于徐小姐的厌恶。

徐小姐因为精通英语，拥有与福勒交流的能力，但她从开始就对福勒保持戒心，并不满意凤儿与已婚年老的福勒交往，她成为两人"幸福"生活的障碍，所以在福勒这个故事叙述者眼中，这个唯一有能力

---

① [英]格雷厄姆·格林:《文静的美国人》，主万译，上海：上海译文出版社，2008年，第49页。
② [英]格雷厄姆·格林:《文静的美国人》，主万译，上海：上海译文出版社，2008年，上海：第46页。
③ [英]格雷厄姆·格林:《文静的美国人》，主万译，上海：上海译文出版社，2008年，上海：第195页。

"说话"的越南女子如同恶魔一般不可理喻,是非理性的存在。

除了凤儿和徐小姐之外,小说里还有其他越南女性形象。由于他者的"失语",只能从只言片语看见这些形象的设定。那些穿黑裤子的老婆子,与白绸裤子和花旗袍的凤儿形成对比,说着福勒不懂的语言,嗓音一起一伏,在福勒看来,仿佛一块儿在唱歌似的。对于福勒来说,她们是无意义的存在。

出卖肉体的妓女们只关心客人的金钱,她们虽然有美丽的外表但是在精神却是被践踏的,处于这个社会的底层,然而她们自身却并没有对这种处境感到不平,甚至为了争夺客人而打起来。"只有那一小群正在扭打、摸索、吵闹的姑娘使我看到了老习惯、老样子还没有变。"① 这些妓女不仅廉价,她们受到摧残却无知无觉,她们的自我还未醒来就已经被打压熄灭了。那些伤害没有促成她们的觉醒,反而推着她们更加堕落,加速了内心的腐朽。

派尔与凤儿第一次跳舞后,晚上卡巴莱歌舞表演开始,那些女演员戴着假珠宝和假乳房,声音沙哑,至少像西贡的那些欧洲女人同样讨人喜欢。

最让人震撼的场景是第二次爆炸袭击后广场上的景象。这次错误的袭击本应该针对来此游行的军人们,但是派尔等人并没有收到消息,或者说他们并不是那么在意,其结果就是导致广场上无辜平民的伤亡。"有个女人坐在地上,把她婴孩儿剩下的肢体放在膝上,她很郑重地用

---

① [英]格雷厄姆·格林:《文静的美国人》,主万译,上海:上海译文出版社,2008年,第42页。

她那顶农民草帽把它盖上。她默不作声，一动也不动，在整个广场上，最使我注意的，就是那一片沉默。"①现场描写平静而充满无形的张力，孩子的死亡是对于一个母亲最沉重的打击，然而这种异样的沉默凸显出了女性无意义的存在，似乎她们缺乏正常母亲该有的悲伤与表达能力，是非人的，缺乏人性的。

（二）越南女子形象的"属下"特征

女性后殖民主义学者斯皮瓦克率先在后殖民批评中引进了性别（女性主义）视角，对第三世界妇女因受双重权力话语（即帝国权力话语与男性权力话语）的压制而成为沉默的群体的现象进行了揭示。在《属下能说话吗？》一文中她分析了"属下"这个概念的范畴，指出"在属下阶级主体被抹去的行动路线内，性别差异的踪迹被加倍抹去了。问题不在于女性对叛乱的参与，或性别劳动分工的基本规则，这二者都有据可查。相反，既作为殖民主义历史编撰的客体，同时又作为叛乱的主体，性别的意识形态建构一直是以男性为主导的。在殖民生产的语境中，如果属下没有历史、不能说话，那么，作为女性的属下就被更深地掩盖了②"。东方女性处于帝国话语与男权话语的双重掩盖之下，是属下的属下，边缘的边缘。

"蝴蝶夫人"是西方人眼中忠诚恭顺的属下（良仆）。蝴蝶夫人是

---

① [英]格雷厄姆·格林：《文静的美国人》，主万译，上海：上海译文出版社，2008年，第218页。
② [美]赛义德等：《后殖民主义与东方主义》，陈永国等译，北京：中国社会科学出版社，1999年，第125页。

歌剧《蝴蝶夫人》中的日本女性形象,她全心全意爱着美国海军平克尔顿,无怨无悔等待他的归来,但三年之后,平克尔顿带着美国妻子回到日本,蝴蝶夫人绝望自杀。蝴蝶夫人形象迎合了西方人的强势话语,成为了西方人眼中的东方女子形象的符号。很多西方男子对东方女子都有着蝴蝶夫人的想象。福勒与派尔正是怀揣这样的猎奇心理来到越南,他们把凤儿看作他头脑中固化的东方女人——蝴蝶夫人,等待西方男人的保护与拯救,对西方男人充满忠诚与崇拜。而凤儿的语言不通,失语沉默,更容易给他们提供臆测和想象的空间。

福勒与派尔,两个西方男人,带着他们固有的西方帝国与男性的双重权力意识到越南猎艳,他们追求凤儿的过程,也是重构自己的身份的过程。福勒本来事业不顺,婚姻失望,"我不想回英国,英格兰是我事事失败的地方[①]"。在西方家乡,他找不到身份认同,所以他来到东方寻找精神寄托,或者是安度晚年,越南的异国风情如同世外桃源,年轻貌美但忠诚的凤儿是"我"逃离西方之后的心灵港湾,"刚来的时候我念念不忘伦敦,现在都无所谓了……我只要在闷热的中午看到那些穿绸裤子的女人风姿绰约的走动,我要凤儿,我的家已经搬了八千英里,不在英国了[②]"。他在西方无法形成身份认同,在东方美女凤儿面前,西方男人的身份可以庇护凤儿,并能让凤儿忠诚于他,如果失去了凤儿,他又会陷入身份缺失的恐慌中,这是比死还痛苦的事。福

---

① [英]格雷厄姆·格林:《文静的美国人》,主万译,上海:上海译文出版社,2008年,第102页。
② [英]格雷厄姆·格林:《文静的美国人》,主万译,上海:上海译文出版社,2008年,第25页。

勒只是把凤儿看作生活的伴侣,虽然他认为凤儿是不懂爱情的,"跟一个安南女人上床睡觉,就像带一只小鸟睡觉一样,她会在你耳边吱吱的叫呀唱呀,她们的骨头也像鸟儿那么脆弱。也许恋爱是一个她不懂的词语[①]"。但也没关系,他也不希望与凤儿谈情说爱,只要这个东方女人顺从他就行了,他的保护者的身份能确立就行了。

派尔是个32岁的美国男人,但看见女人就脸红,看到越南妓女就害怕得逃走,他严肃认真,是个"文静的美国人"(凤儿对他的评价)。他希望能拯救和保护凤儿这个东方美女,同时能拯救越南这个东方国家,不论是拯救女人还是拯救国家,都源于派尔头脑中对于东方世界的臆想,萨义德认为,西方一直把东方视为被征服和待拯救的对象,东方是西方对其再创造的东方,"东方几乎是被欧洲人凭空创造出来的地方,自古以来就代表着罗曼司、异国情调、美丽的风景、难忘的回忆、非凡的经历[②]"。在西方人眼中,东方从来都是固化的刻板形象,西方人笔下的东方形象往往是一种误读,与真实的东方相距甚远。

但小说也写出了凤儿的两面性,这是难能可贵的。小说中的女主人公凤儿的形象,在作家笔下有着某种复杂性,一方面,她对英语与法语都不熟悉,完全没办法与福勒和派尔交流,她是失语的,沉默的,这给两个西方男人提供了广大的臆想的空间;另一方面,她又有自己的意识,福勒对凤儿的自我意识保持清醒的认识,并因派尔的出现产

[①] [英]格雷厄姆·格林:《文静的美国人》,主万译,上海:上海译文出版社,2008年,第5页。

[②] [美]爱德华·W·萨义德,《东方学》,王宇根译,上海:生活·读书·新知三联书店,2007年,第1页。

生危机感。福勒在给妻子写的第二封信中写到"我很爱一个人,已同居两年多,她对我很忠实,我知道我并不是她非要不可的,假如我离开她,她会和别人结婚,生儿育女,失去她就是我死亡的开端,但愿你能回我一份电报,说声我同意①"。只是故事的讲述者"我"(福勒)因为语言与文化的阻隔,他无法了解她的世界,"我记得认识她的第一年,我试图了解她,并对她的沉默不语发脾气,但都没用。她的思想隐藏在一种我不会说的语言里②"。福勒一定程度上认识到凤儿的复杂性,他不只是把凤儿当做蝴蝶夫人,更把她看作浴火重生的"凤凰",并非派尔想象的那么柔弱。凤儿就是凤凰,一种不死鸟的名字,美丽、孤独,每五百年浴火重生,他只是把凤儿当做自己晚年生活的伴侣,非常珍惜两人的平静的生活,并尊重凤儿的需要,因此凤儿最终选择了福勒,并为能成为福勒夫人而高兴。对于美丽的凤儿而言,给予庇护的人可以是福勒也可以是其他人。毫无疑问她是幸运的,福勒对她可以说是宽厚的,"我不想盘问她。我不想逼她撒谎③"。说到底,福勒需要的是凤儿的陪伴,而凤儿需要的是福勒的庇护,两人各取所需。福勒不像派尔那样单纯地以为自己是凤儿的救世主,可以任意主宰凤儿的命运,所以他不再深究,也不再试图改变她。当派尔把凤儿当作孩子想保护她的时候,福勒说:"她是人,她可以自己做决定。她不是

---

① [英]格雷厄姆·格林:《文静的美国人》,主万译,上海:上海译文出版社,2008年,第103页。
② [英]格雷厄姆·格林:《文静的美国人》,主万译,上海:上海译文出版社,2008年,第179页。
③ [英]格雷厄姆·格林:《文静的美国人》,主万译,上海:上海译文出版社,2008年,第188页。

孩子,她比我们都坚强,她不会想我们受到思前想后,心神不宁的痛苦。但我想凤儿其实就是她那么个人,她只是没有表达的才能,就是这么回事。"①福勒这种态度和渴望平凡生活的心带给凤儿意想不到的保护,给予了她安全感。

相比之下,派尔则带着对东方女子的固化形象看待凤儿,单纯地认为只要把她带到西方,接受西方的生活方式,凤儿就可以获得幸福,凤儿开始拒绝接受派尔,在听说福勒要被调回英国之后,她接受了派尔,后来听说派尔被杀了,她没有哭喊,没有眼泪,只是沉思。她似乎从未为派尔之死而感伤,这一点让福勒费解,"凤儿又回到我的身边,和往常一样。我不再是孤孤单单的了,但我突然生气了,难道真正关心派尔的就只有我一个人吗?②"

斯皮瓦克在《属下能说话吗?》中提到"衡量沉默的任务",她引用了皮埃尔·马舍雷为阐释意识形态提供的下列公式:"一部作品中最重要的东西是它所没有表达的东西。这与那种粗心的注释它所拒绝表达的东西并不相同,尽管那本身也是很有意思的:在此基础上可以建构一种方法,交给它衡量沉默的任务,无论得到承认与否。但不抵如此,作品所不能表达的东西才是重要的,因为正是在那里详尽的表达似乎在进行着走向沉默的旅行。"③这种方法是适用于西方帝国主义文

---

① [英]格雷厄姆·格林:《文静的美国人》,主万译,上海:上海译文出版社,2008年,第179页。
② [英]格雷厄姆·格林:《文静的美国人》,主万译,上海:上海译文出版社,2008年,第103页。
③ [美]赛义德等:《后殖民主义与东方主义》,陈永国等译,北京:中国社会科学出版社,1999年,第123页。

本的一种方法。

我们从小说的描述中可以发现：凤儿选择福勒生活，也许还有其社会原因。一方面，她以及与她境遇相似的其他女人，这些在战争夹缝中生存的柔弱女子，她们没有别的赖以谋生的手段，只能像一朵菟丝花一般依附于男人，尤其是西方男人，因为面孔就是通行证，相比本国男性而言，西方男人更能给凤儿提供庇护，凤儿的这种选择并非是完全被动无意识的。另一方面，凤儿虽然是一个文化符号，但她的自我意识还未完全泯灭。福勒第一次在舞厅看见凤儿时，就被她的非凡气质吸引，"在大世界里翩翩舞过我的桌边，身穿一套白色的舞衣……那会儿，一个美国人买了一张舞票，请凤儿跳一场舞……我猜他是新来到这个国家的，以为大世界的舞女也是妓女。他们绕着舞池转了一圈，他把她搂得太紧，以致她忽然一下走开，回过去跟姐姐坐在一块儿……而我还不知道姓名的这个姑娘却不声不响地坐在那儿，偶尔呷上一口橙汁，若无其事①"。凤儿虽然已经身在其中，却还保持着自己的尊严，不愿忍受他人的轻佻举止。在面对派尔的狂热追求，面对他提出的更好生活时，凤儿明确地说"不"，对于目前的生活她已经足够满意了。在这一点上，凤儿与她的姐姐徐小姐想法不一样，徐小姐在福勒眼中唯利是图，居心叵测，虽然通英文，但毫无人性，是非理性的属下妇女，凤儿则与众不同，这是让福勒欣赏的地方，只是小说中把这一点轻描淡写，没有凸显出来，因为福勒也没办法进入凤

---

① [英]格雷厄姆·格林：《文静的美国人》，主万译，上海：上海译文出版社，2008年，第45页。

儿的心灵世界。

（三）东方女性形象被建构的文化机制

《文静的美国人》中，格林把个人情欲与政治意图交杂描写，"个人的动机跟它们政治方面的镜像孪生物联系在一起……喜爱外国跟喜爱那里的女人被作为互有关联的现象诚实地表达出来①"。正如小说中引用的波德莱尔的诗："去悠闲地相爱，去爱，去死，在那个和你如此相像的国度里。"②赛义德认为，西方与东方的关系，往往被隐喻为男性与女性的关系，前者处于强势地位，是言说的主体，是理性的、文明的、强大的、后者处于弱势地位，是被言说的客体，是非理性的、野蛮的、柔弱的、待拯救的，是无法与西方对话的沉默者。斯皮瓦克进一步指出，西方主体叙事中，第三世界女性往往受帝国权力话语与男性权力话语的双重压制。分析东方女性形象，必须把握经济与性别这种共谋关系，才能透视形象的本质意义。

通过分析，我们发现格林对双重权力话语的皈依与背离。《安静的美国人》是格林在越南担任记者时的所见所闻。那时的越南已经在胡志明的领导下取得革命的初步胜利，然而作为殖民政府的法国却不愿放弃在此地的利益，不仅增派援兵试图打退北越政府，还想借助其他帝国主义国家的力量达到胜利。主人公福勒正是在此时作为报社记者

---

① [英]格雷厄姆·格林：《文静的美国人》，主万译，上海：上海译文出版社，2008年，第4页。
② [英]格雷厄姆·格林：《文静的美国人》，主万译，上海：上海译文出版社，2008年，第8页。

来到此处，经验老练的福勒在这种混乱的条件下却活得相当满足。在小说中读者是很难分辨出作者笔下的福勒和他自己之间的区别的，因为二人的背景极其相似。

格林对于第三世界的追求与热爱与当时的政治时局是分不开的。"作家对于异国的看法往往来自一个民族对于异国看法的总和，是一种意识形态的观念[①]"，是"时人对于某一异国的集体想象[②]"。二战后，人们努力从战争的阴影中走出来，但是物质上的成就已经不能满足大众对于精神上的渴求。西欧的资本主义国家进入衰退期，那些在上升时期被忽略的种种弊端一一浮现，现实社会的不满投影在了文学作品上，作家从他国的世界寻找新的精神指引。英国——这个进入衰弱期的帝国对于自我的反省，对曾经殖民统治下的第三世界的重新审视，都是带给作家乌托邦式想象的原因之一。

在整部小说中出现的形象（除了主角福勒外）都缺乏内心描写，这些角色存在于格林的想象中。"只有四处有些欧洲人在低声哭泣、抱怨，随后又静了下来，仿佛看见东方人的沉着、忍耐、得体而感到羞愧似的。"[③]事实上感到羞愧的是作者内心流露的幻觉，对于越南人民在灾难面前表现的赞扬，也就是对自我民族的批评。其根源在于西方文明对于自我文化的迷惘和不自信，这种念头充斥着欧洲人的思想，他们确信自己拥有最先进的文明，足以藐视其他文明，然而自身所崇

[①] 孟华：《比较文学形象学》，北京：北京大学出版社，2001年，第8页。
[②] 孟华：《比较文学形象学》，北京：北京大学出版社，2001年，第7页。
[③] [英]格雷厄姆·格林：《文静的美国人》，主万译，上海：上海译文出版社，2008年，第218页。

尚的自由主义泛滥的后果是险些招致文明的毁灭。从中逃离的福勒爱上了属于第三世界国家文明的质朴纯粹。小说中，格林多次借用福勒之口，反思西方人过度干涉东方国家事务的做法，认为东方国家完全可以自主，"看看缅甸的历史，我们去侵略这个国家，然后又把国王的领土还给国王，国家被锯成两段，他们是无辜的，他们以为我们不会撤走，但我们是自由主义者，我们不想有个坏良心。我们在这儿要干出同样的事情。先鼓励他们，然后又撇下他们，只给他们一点儿装备和一种无关紧要的工业①"。"我们是老殖民主义国家的人民，但我们从现实中学到了一点儿东西，我们学会了不乱玩火。"②当弱肉强食这种自然法则被套用到文化之中，对双方的伤害都是巨大的。

所以在面对东方国家与东方女人时，他能保持比较清醒的态度，一方面他难以超越西方社会集体无意识的影响，认为东方国家与东方世界是落后的，非理性的，有待拯救的。另一方面，他又认为，能拯救东方的并非西方帝国那种强制干预，他们可以自救，西方不理解东方，也不可能拯救东方，所以他试图去理解他们，但不论是越南，还是凤儿，因为文化的差异，他都没办法真正理解他们，这反映出西方作家在塑造东方形象时的无力感。

而派尔的双重权力话语是被包装过的。在福勒看来，派尔是个天真甚至愚蠢的美国人，表现在两个方面：一方面是他相信约克·哈定

---

① [英]格雷厄姆·格林：《文静的美国人》，主万译，上海：上海译文出版社，2008年，第125页。
② [英]格雷厄姆·格林：《文静的美国人》，主万译，上海：上海译文出版社，2008年，第211页。

的说教，认为可以依靠越南第三方势力，把西方民主带到越南。福勒最初认为他为人不错，很认真严肃，是一个文静的美国人，不会做出什么伤害的事情，但他表面上是经济援助团的成员，实际上有特殊任务，"他是决心来做些好事的，不是对哪一个人，而是对一个国家，一个大陆，一个世界。是的，他可以说是正得其所哉，要来改良整个宇宙①"。小说扉页引用的拜伦的一段话是嘲讽派尔的天真幼稚的："在这专利的时代，各种新发明——无论拯救灵魂，还是伤害肉体，一律被说成出于一番好意。"派尔与土匪泰将军勾结，制造一系列爆炸事件，连妇孺儿童的生命都不管不顾，福勒"希望他留在国内，平安无事地跟一个典型的美国姑娘待在一起②"。对派尔这种无视生命，极端无知的做法，福勒无法忍受，他与越盟的人联手"成全"了派尔，"我想，他总是单纯无知的，你不能责怪单纯的人，他们永远是无罪的，你所能做的只是控制住他们，要不然就消灭掉他们，单纯无知是一种精神失常③"。

另一方面，派尔对凤儿的美化想象，认为凤儿需要他拯救与保护，只要自己带着凤儿回到美国结婚，让她接受西方人的生活方式，凤儿就可以获得幸福。而福勒清醒认识到，凤儿并非派尔想象的那么脆弱，她有自己的意识，她完全可以自己选择，只要你提供给她足够的安全

---

① [英]格雷厄姆·格林：《文静的美国人》，主万译，上海：上海译文出版社，2008年，第14页。
② [英]格雷厄姆·格林：《文静的美国人》，主万译，上海：上海译文出版社，2008年，第34页。
③ [英]格雷厄姆·格林：《文静的美国人》，主万译，上海：上海译文出版社，2008年，第220页。

感，她就可以获得幸福，她并非派尔臆想中无条件地顺服忠诚西方男人的"蝴蝶夫人"。

无疑，格林对于越南社会的审视，以及对于凤儿的认知，相比派尔那种被包装过的帝国意识与男权意识而言，更加清醒理智。但是由于他对于人性的悲观看法，导致其对于双方交流的可能性抱有怀疑思想，因此通篇文章将第三世界的主人公放置于"失语"状态。西方学者吉和安·丹妮拉（Gianina Daniela）在论文《〈文静的美国人〉：萨特存在主义批判》中提到格林受到法国萨特的存在主义哲学影响，所以格林笔下的主人公往往像加缪笔下的人物一样，是处于荒谬世界的局外人，"福勒是格林试图刻画的一个在世俗道德困境而不是宗教层面的人……福勒在决定与越盟联手杀死派尔之前，顾虑自己遭遇的道德后果，所以当他了解派尔不会因为自己制造的爆炸而改变自己的行为之后，他才决定行动。这些表明福勒的人道主义立场，同时他必须独自承受杀死朋友的存在主义负担。整部小说可以看作是福勒试图逃避责任的供述，他用供述缓解他的内疚，然而，他始终难以逃脱罪恶感[①]"。格林并非虔诚的宗教徒，就像福勒选择在越南平静生活，但这种生活并非真的是理想的，他对越南以及凤儿的认知都存在相当大的想象的成分。格林对于越南世界的创造式想象，投射出他所渴望的精神世界。他渴望得到来自东方的答案，但东方世界是沉默的，并不能回应他的探求。他也发现了实际上自己对于凤儿的观念也是一厢情愿的，她并

[①] Gianina Daniela, Graham Greene's The Quiet American: A Sartrian Existentialist Critique, Science and Cultural Studies, 2012, p. 133-138.

没有像二人口中的那样不同,"凤儿其实就是她那么个人[①]"。福勒自诩的了解不过只是他自己的主观看法。明白这一点的格林试图给予凤儿更多的话语权,然而凤儿却锁在自己的小世界中,对于主人公的探索好像无动于衷。

格林的《文静的美国人》中的越南女性形象作为西方作家建构的东方女性形象体系的一部分,是帝国话语与男权话语双重权力话语、政治经济与性别意识共谋作用的产物,但本篇小说特别之处在于,格林通过福勒与派尔对待凤儿态度的差异,反映出对西方主体性叙事一定程度上的背离,他认识到凤儿作为属下妇女,并非任人摆布的沉默者,她也有要说话的意识,只是尘封在他不懂的语言中,这反映出西方作家意识到书写东方女性故事时的局限性与无力感。

[①] [英]格雷厄姆·格林:《文静的美国人》,主万译,上海:上海译文出版社,2008年,第179页。

离散空间 边缘人的身份建构

陈贤茂把海外华文作家分为两类：第一类是排除侨民意识的"扎根的一代"，多是侨民的第二代、第三代，如新加坡马来西亚的中青年作家，第二类是保留着强烈的中国意识的第一代移民作家，大多是二十世纪五六十年代以来移居欧美的台湾作家，以赵淑侠、於梨华、聂华苓、白先勇等为代表，他们书写国外遭遇的种种辛酸经历和漂泊无依感。

笔者选取了第一代移民作家中的白先勇为代表，分析其作品中留学生的文化焦虑；选取第二代移民作家中的林湄、张翎、陈希我为代表，分析他们如何从不同的角度书写中西文化碰撞中的华人移民故事。

第一节 白先勇：留学生的文化焦虑

白先勇，1937年出生于广西桂林，父亲白崇禧是中华民国陆军一级上将，人称"小诸葛"。白先勇自幼身体不好，7岁确诊肺结核，不能上学，童年时代与书为伴。白先勇自述"我想我那一场病对我后来的文学感性和人生道路，很有关系，使我变得特别敏锐[①]"。抗战时期，他随家人到过重庆、上海、南京，1948年迁居香港，1952年移居台湾。白先勇童年在大陆度过，过着贵族式的生活，但到了台湾之后，生活发生了变化，"我父亲的政治地位跟整个社会、整个国民党，突然间的一种转换……对我产生了相当大的冲击[②]"。

1958年，他发表第一篇短篇小说《金大奶奶》，两年后，与台大同学欧阳子、陈若曦、王文兴等创办《现代文学》杂志，并在此发表多篇小说与文论。1962年，母亲去世，同年他飞往美国留学。1965年取得爱荷华大学硕士学位，同年到加州大学圣塔芭芭拉分校教授中文，并定居于此，直到1994年退休。近年，白先勇回到中国大陆，致力于昆曲艺术的保护和传承，编排了青春版《牡丹亭》，演出后引起强烈反响。白先勇共出版短篇小说三十多篇，包括长篇小说《孽子》，短篇小说集《寂寞十七岁》《台北人》《纽约客》，散文集《蓦然回首》等。

白先勇的作品不算多，但精品不少，1999年，白先勇的《台北人》高票入选由台湾媒体评选的30部"台湾文学经典"，同年，《台北人》入选香港媒体评选的"20世纪中文小说一百强"，《台北人》入选大陆媒体评选的20世纪"百年百种优秀中国文学图书"。他在中国文学传统的基础上，吸收西方现代文学技巧，中国传统文化是显性呈现，西方文学技巧是隐性内涵。他的作品表现两个题材：一是精神病人、同性恋、妓女和艾滋病人等社会边缘人群的生存状态，二是海外华人的生存状态。

---

① ② 刘俊，《文学创作：个人家庭历史传统——访白先勇》，《东方丛刊》，2007年第1期。

他的移民题材小说集中在小说集《纽约客》。26岁的白先勇赴美留学，这是他人生的分水岭，也是他创作生涯的分水岭。美国生活对白先勇的影响有两个方面：一是他看了大量在台湾看不到的中国书籍，如饥似渴地阅读大量中国历史和文学书籍，加上离开台湾日久，乡愁日浓。他开始创作《纽约客》，这个时期的创作逐步回归传统，现实主义因素增强。二是在美国爱荷华创作班学习期间，系统地学习西方文学的理论，对他日后的创作产生积极影响。1964年他创作了《芝加哥之死》，接着连续发表《上摩天楼去》《安乐乡的一日》《夜曲》《骨灰》等移民题材小说。这些作品收入小说集《纽约客》，主要写漂泊国外的华人移民的生活，他们在中西文化冲突下产生认同危机，流露出普遍的乡愁。《纽约客》扉页上的诗是陈子昂的《登幽州台歌》："前不见古人，后不见来者，念天地之幽幽，独怆然而涕下。"这首诗奠定了作品的悲悯基调。他们只是纽约大都会的"客人"，漂泊异国，找不到归属。他们无法背弃母国文化之根，但又无法融入西方社会，一切都是徒劳，故国回不去，他们又始终与纽约保持距离。

《芝加哥之死》（1964年）是白先勇留学美国后创作的第一篇小说。主人公吴汉魂在美国芝加哥大学苦读六年，两年读硕士，四年读博士，前两年没有奖学金，他只能租老公寓楼的地下室，每天下午用三个小时帮一家中国洗衣店送衣服，周末到南京饭店洗碟子，靠打工的工资勉强凑够膳宿学费。他每天的时间安排得分厘不差，晚上经常念书到凌晨三点。在他准备博士考试期间，他接到舅舅的电报，告知母亲病逝，他未能回台湾见母亲最后一面，因为母亲病重时没通知他，怕影响他念书。而现在他也没有回去给母亲送葬，因为马上要参加博士考试了。

吴汉魂赴美攻读西方文学博士学位，并想进入美国主流社会，当他拿到了博士学位，却发现美国与他毫不相干。六年来，他每天苦读的那些西方文学的书密密麻麻地摆在书架上，好像全变成了一堆花花绿绿的腐尸，地下室潮湿的气味，好像发自这些腐尸身上。他害怕白天，他喜欢黑暗，他甚至害怕看到自己。他没有恋人，秦颖芬是他台北的恋人，她很爱他，但他们的感情敌不过天各一方的距离，吴汉魂到美国三年后，秦颖芬嫁人了。他的头顶有些脱发，显得比实际年龄大七八岁。他很自卑，在美国不可能找到恋人。毕业的那天，他来到酒吧，百无聊赖之下，他接受美国妓女萝娜的邀请来到她的寓所。他看到萝娜卸妆后皮肤皱松，头上藏着稀疏的亚麻色真发，像个四十岁的老女人。萝娜相貌前后的变化，隐喻吴汉魂所追求的"美国梦"，不过是徒有其表，他感到深深的幻灭。

吴汉魂试图摆脱旧有的文化身份，但他始终无法忘却自己的祖国。他的名字"吴汉魂"就点明他完全是中国的、中华民族的。很多研究者把《芝加哥之死》与郁达夫的《沉沦》比较，《沉沦》表达的是弱国子民的屈辱以及性的苦闷，"我"在海边临终独白"我已经变成了一个最下等的人。悔也不及，悔也不及，我就在这里死了吧。我所求的爱情，大约是求不到了，没有爱情的生涯，岂不同死灰一样么？[①]"爱情寻而不得的苦闷与中国留学生内心的屈辱感紧密相连，中国人的身份

---

① 郁达夫：《沉沦》，北京：作家出版社，2010年，第36页。

让"我"羞愧，无处寻觅爱情，屈辱感加重了无爱的孤寂感。而《芝加哥之死》表达的是海外游子的失根之痛，主人公吴汉魂并未表现出身为中国人的屈辱感，相反始终不忘以"中国人"身份自居。当吴汉魂准备博士考试的前几天，他的母亲去世，母亲的死意味着吴汉魂与传统的联系彻底断裂，这种痛苦是惊人的，小说中详细地写了他的一场噩梦：

　　他梦见他母亲的尸体赤裸裸的躺在棺材盖上，雪白的尸身，没有一丝血色。当他走向前时，他母亲突然睁开老大的眼睛，呆呆的看着他。她的嘴角一直抖动着，似乎想跟他说话，可是却发不出声音来。他奔到他母亲面前，用手猛推他母亲的尸体，尸体又凉又重，像冰冻的一般，他用尽力气，把尸体推落到棺材里去。①

　　母亲想对他说话，隐喻吴汉魂内心对传统文化的依恋与期盼，但最终他把母亲"埋葬了"，隐喻他与传统文化之间的断裂，也意味着他的精神支柱轰然倒塌。而西方文化并不能给他提供精神家园，最终他选择自沉密歇根湖。

　　《安乐乡的一日》（1964年）中的女主人公依萍也是固守母国传统文化，不愿被西方文化同化的典型人物。她在国内是学家政的，一生的愿望就是做贤妻良母，和伟成结婚后，她发觉相夫教子那一套在美国根本用不上。伟成买卖股票很在行，而依萍对股票毫无兴趣，每次丈夫和女儿宝莉的户外活动，她也参与不进去。他们搬到中产阶级聚

---

① 白先勇：《寂寞的十七岁》，广州：花城出版社，2009年，第133页。

集的安乐乡,依萍一家是那个片区唯一的中国家庭,美国太太们的家庭聚会,依萍根本无法融入,首先,美国太太们对她另眼相待让依萍感到自己是异类。再者,依萍参加太太们的读书会,但英文水平有限,她老跟不上太太们的速度。因此,她除了做家务之外,有大量的时间不知道干什么,伟成劝她积极融入美国社会,他认为既然在美国生活,就应该适应美国的生活,女儿宝莉从小学二年级就不肯讲中文,她的同学全是美国孩子,在家里,伟成常常和她讲英文,宝莉连父母的中国名字也记不住。而依萍只想把她训练成跟自己一样:一个规规矩矩的中国女孩。宝莉自称是"爸爸的女儿",伟成和宝莉有共同的兴趣爱好,依萍就像个局外人。宝莉的同学 Lolita 叫宝莉 Chinaman,宝莉很生气,她大声喊"我是美国人"。依萍对宝莉说:"爸爸和我都是中国人,所以你生下来就是中国人[①]",宝莉大叫"我不是中国人"。伟成认为依萍太偏执,因为自己不想适应美国的生活,所以逼着宝莉承认自己是中国人。伟成和宝莉是被美国文化同化的典型代表,他们自称是"美国人",而不承认自己是中国人。小说侧重书写依萍的移民感受,细腻地写出了移居美国的依萍固守传统文化,不愿也无法接受西方文化,导致无法融入美国社会,而且她的坚持也不被西化的丈夫和女儿理解和认同,因而倍感焦虑和孤独。

《火岛之行》(1965年)通过写移民的婚恋困境,反映传统文化在西方功利主义文化中的失落。林刚是个地道的纽约客,他来纽约十年了,在百老汇有一套两室一厅的公寓,还有一份高薪职业,应该属于

[①] 白先勇:《寂寞的十七岁》,广州:花城出版社,2009年,第160页。

混得不错的华人,但他长得不出众,五短身材,胖胖的躯体像个坛子,三十几岁就开始秃顶。移民美国的中国女孩子们喜欢和他交往,但从未想过成为他的女朋友,他成了女孩子们逗乐的材料。林刚生性随和,从不拒绝帮助朋友,只要朋友打个电话,他马上开车去机场接人,朋友有宴请,他从不拒绝,积极赴约。他总是力图维持和谐友好的交往氛围。林刚身上具备中国传统文化中的谦和友善的优良品德,与西方的实用主义和功利主义人生价值观迥然不同,那些女孩子利用林刚的随和满足自己的需要,功利冷漠的态度让林刚的温顺显得极其滑稽,惹人同情。

《谪仙记》(1965年)和《谪仙怨》(1967年)中李彤和黄凤仪都是上海的官宦人家小姐,可是到了纽约,都成了"谪仙",由天上(上海富家小姐)流落到人间(纽约移民)。李彤个性张扬,全家由大陆退往台湾途中,父母蒙难,富家小姐沦为平民女子,后移民美国,她不愿意与现实妥协,读书时被美国同学称为"中国的公主",她不断更换外国男友,最后跳水自尽。她的焦虑与失落隐喻古老中国文化在西方现代科技文明中的失落,暗含作家对中华文化失语的忧患意识。与李彤同行出国的黄慧芬、张嘉行和雷芷苓三人拿到大学文凭,结婚生子,但内心麻木、毫无生机。李彤的去世使她们痛感作为寄居西方国家的华人族群的失落与悲哀。《谪仙怨》中的黄凤仪也是名门之后,来到美国后,沦为"酒吧女",她不但不以为耻,反而自诩能自食其力,实际上,她只是被客人当做日本姑娘、东方女郎、或者"蒙古公主",她真实的名字和身份无人谈起。李彤与黄凤仪试图摆脱旧有的文化身份,结果导致心无归属,最终在中西文化夹缝中自甘堕落。

《夜曲》(1979年)与《骨灰》(1986年)两篇小说发表的时间稍晚,它们都写到家国风云对个人理想抱负的影响,昔日的雄心壮志在故国动荡中破灭,栖身异国,心灵仍无法寄托,表达了作家的历史感和忧患意识。

《夜曲》讲述了二十世纪五十年代四个大陆留学美国的高材生的不同的生活境遇,吴振铎、吕芳、高宗汉、刘伟等本是留美同窗,几人约定学成之后回国投身祖国建设事业。最后,吴振铎因学医学制长没能回国,其他三人都按期回到大陆。二十五年后,留在美国的吴振铎成了纽约一名心脏科医生,事业顺利,生活富足,但婚姻不幸,他和美国犹太人妻子最终分手,他心里还期盼着与昔日的恋人吕芳再续前缘。其他几个回国的人遭遇各个不同,吕芳学习音乐,本来指望回国用音乐抚慰中国人的心灵,但愿望破灭,高宗汉计划设计一条从东北长春横跨大漠直达新疆伊犁的铁路,但事与愿违,不但没实现抱负,最后还自杀了。刘伟则顺应现实,学会了见风使舵、自我保护。

小说通过相隔二十五年后吴振铎与昔日恋人吕芳的见面会谈,采用第三人称有限视角叙事,追忆了四个人的往事,显示出高超的艺术技巧。吴振铎当初逃避归国,娶了美国名医之女,依靠岳丈和妻子的扶助,步入美国上流社会阶层,名利双收,但他离婚了,家庭生活并不幸福。他本来希望自己能像医生父亲那样学成归国救治病人,但未能回国,他的理想没能实现,婚姻也失败了。小说侧重写了吴振铎表面光鲜生活背后的心理隐痛,他在客厅摆好浓咖啡和白菊花,播放肖邦的降 D 长调夜曲的旋律，期盼着昔日恋人的到来，他内心深处仍然爱恋吕芳。吴振铎与吕芳的再度相逢，相隔已是二十五年，沧海桑田，吴振铎还期盼着与吕芳再续前缘，而经历过波折的吕芳早已换了心境，她只想安静地在美国度过余生，他们都知道过去的一切都消散了，再也回不去了。吴振铎感到"外面很冷"，冷的是他的心，哪怕他名利双收，但他的事业与他当初的理想相差甚远，他的情感也无所寄托，身处异国他乡，他仍然是个边缘人。

《骨灰》（1986 年）写了两代中国人的故事，叙述者是工程师罗齐生，他在纽约的一间美国公司工作，四十多岁。他的哥哥在上海，堂哥及堂嫂也在美国。但小说重点讲述的是罗齐生上一代人的故事，罗齐生的父亲罗任平，是上海交通大学的数学教授，1976 年去世。罗齐生的大伯罗任重，原是国民党军官，曾立下战功，1949 年到台湾，七十年代初与妻子迁到美国定居，唯一的安慰是给孙子讲述自己昔日的战斗生活，可他的儿媳是研究近代历史的博士，她并不认同罗任重的观点，两人时有冲突。罗任重希望死后能落叶归根，埋在大陆。罗齐生的表伯龙鼎立，年轻时是"中国民主同盟"的干将，后成为一名教授，因在国内遭遇不公，最近来到美国。小说的叙事地点是在三藩市罗任重家里，罗齐生准备回上海参加交通大学为父亲举行的追悼会，临走前到三藩市探望伯父，在伯父家里，罗齐生见到刚到纽约的龙鼎立。龙鼎立随身带着刚去世的妻子的骨灰，准备把妻子安葬在纽约，而罗齐生的父亲的骨灰也刚刚找到，即将在上海交通大学举行骨灰安放仪式，请罗齐生回上海参加。骨灰成了小说的叙事线索。罗任重感叹命运坎坷，他们那一代人，曾经热血沸腾，现在有的栖身异国，有的魂归天国。小说涉及的历史背景从抗日战争到二十世纪的七八十年代，时间跨越半个世纪，夏志清说白先勇的小说不啻是一部民国史。《夜曲》和《骨灰》这两篇小说反映中国特定时期的历史事件对人物命运的影响，表现了作家对国家民族的忧患意识。

二十世纪六十年代的白先勇在作品中展示中国人走向世界的时候，是持有一种强烈的国族立场的，他笔下的中国人来到美国，遭遇的是一种放逐。他站在中国人的立场，对身处中西文化夹缝中的中国移民，给予深深的同情和怜悯。白先勇的移民文学中不同背景的华人移民生存困境的书写侧重展现家国风云对个体的影响，表现出白先勇独特的家国意识，这是白先勇不同于其他移民作家的特质。

余光中评价白先勇："白先勇是现代中国最敏感的伤心人，他的作品最具'历史感'……白先勇笔下的人物，无论在台北或是纽约，都与根之所托、梦之所寄的旧大陆不能分割，他是不折不扣的一位中国作家。"[1] "所谓历史感，是指人突然对自己生活的时代有所领悟，把人类今天碰到的种种问题和数千年来我们祖先生活的社会联系起来，从而产生一种企图超越某一个特定时代、某一特定文化社会规范来考察历史的意识。"[2]

白先勇出生于 1937 年，正是抗战时期，在桂林的童年生活并未受到战争影响，他个性外向，快乐无忧。在他 7 岁时，由于湘桂大撤退，

---

[1] 袁良骏：《白先勇小说艺术论》，长春：吉林大学出版社，1991 年，第 23 页。
[2] 林建法：《华语文学印象》，沈阳：辽宁人民出版社，2014 年，第 200 页。

白先勇家迁到重庆,他不幸患上肺病,休学在家,在孤寂悲愤中度过了四年。白先勇回忆自己当时的心境,"对我个人来说,如果很客观,当然我还是比较幸福的,在家庭啊,表面上都是很顺遂的,表面上。但是我感觉到,就包括我自己,人总是有一种无法跟别人倾诉的内心的寂寞跟孤独[①]"。

白先勇曾感叹:

> 我们现在所处的,正是中国几千年来文化传统空前巨变的狂飙时代,而这批在台湾成长的作家正是这个狂飙时代的见证人。目击如此新旧交替多变之秋,这批作家们,内心是沉重的、焦虑的。求诸内,他们要探讨人生本身的存在意义。我们的传统价值,已无法作为对人生信仰不二法门的参考。他们得在传统的废墟上,每个人,孤独地重新建立自己的文化价值堡垒。[②]

除了个人疾病,社会的动荡对白先勇也有很大的影响。抗战结束后,又跟着内战。国民党败退台湾后,白崇禧与蒋介石政见不合,逐渐被排挤。白先勇目睹众多国民党军官、将领,还有上层名流来到台湾后,家世衰败,不再有昔日的风光。今昔对比,世事变迁,难免感伤,这些情绪都反映在他的短篇小说集《台北人》中。"在战乱中,个人、家庭、国家、整个社会的起伏兴盛都太迅速,我相信有些无形的因素给我很大的影响。"[③]

[①] 刘俊:《文学创作:个人家庭历史传统》,《东方丛刊》,2007年第1期。
[②] 白先勇:《新大陆流放者之歌》,《联合报》,1981年第12期,第13页。
[③] 刘俊:《文学创作:个人家庭历史传统》,《东方丛刊》,2007年第1期。

1962年，白先勇母亲病故，这让他十分错愕和震惊，十四天后白先勇赴美国求学，面对西方文化的强势挤压，他深感文化身份焦虑，但他坚守传统文化立场，他的移民题材小说主要表现海外移民的失根之痛。留学生是较早接触西方文化的一群人，从"五四"前后以来，中国兴起了三次比较集中的留学热潮：一是"五四"前后的欧美和日本留学热潮，二是二十世纪六七十年代台湾的留美热潮，三是二十世纪八十年代以来中国大陆远赴西方的留学热潮。白先勇就是第二次留学热潮中的一名留学生。二十世纪六十年代以后，由于美国对台援助，台湾当局实行亲美政策，岛内兴起赴美留学热潮。只要有经济能力或者能申请到奖学金的，无不前往西方留学，这在当时是非常时髦的事。当时盛行一句话："来来来，来台大；去去去，去美国。"台湾社会当时的普遍的观念，认为只有经过留学阶段才算完成学业，是否留学获得学位成为衡量人才的标准，留学与非留学的人，在待遇与任用上差别对待，对那些国外文凭一概予以承认，并不考察实际学识。据统计，1950年到1989年，台湾留美学生超过十万人。当时的"留学生文学"代表有聂华苓的《桑青与桃红》、於梨华的《又见棕榈，又见棕榈》、欧阳子的《魔女》等，文化冲突是早期移民文学的主题，白先勇的移民文学也同属这个主题。《芝加哥之死》中的吴汉魂因为失去与传统文化的连接，绝望自杀；《安乐乡的一日》中的依萍坚守中国传统文化中的贤妻良母角色设定，拒绝被西方文化同化，陷入与丈夫和女儿的矛盾冲突之中；《谪仙记》与《谪仙怨》中的李彤与黄凤仪曾经都是上海名门闺秀，是传统文化的象征，但为了生存，自甘堕落，她们的失败隐喻中国传统文化面对西方现代文明的失落;《夜曲》中的吴振铎即使在美国功成名就,仍然不能释怀自己曾经报效祖国理想的落空,婚姻的破灭也让他倍感人生凄凉;《骨灰》中的罗任重和龙鼎立虽然身在美国,仍然念着叶落归根,美国并不是他们的安身之所。白先勇后期的作品"Tea for Two""Danny boy"的主题由文化冲突转变为人类共同的人性的探讨。

第二节 林湄:无边界的人类关怀

林湄,荷兰籍华人作家。出生于福建泉州的一个华侨世家,祖籍福建福清。母亲是一位江南才女,林湄在母亲的熏陶下,自幼爱好文学,阅读大量中外名作。从小学三年级开始就帮村子里妇女写家书,她们的丈夫下南洋,而她们又不识字,只能拜托林湄帮忙。这是她幼时写作的锻炼。高中毕业后,到农村插队锻炼,成为先进的知识青年。1966年,被选中保送北京大学,但"文化大革命"爆发,林湄因华侨家庭出身未能如愿。1973年,林湄移居香港。她先在香港《经济导报》广告部工作,次年担任香港中新社记者,1984年开始陆续采访大陆一批学者,写出访问记《文坛点将录》。1989年移居荷兰,陆续发表近10部作品集和中长篇小说,代表作姊妹篇《天望》(2004年)与《天外》(2014年),两部鸿篇巨制都是十年磨一剑,前后创作达20年之久。

林湄自言作为边缘作家的优势是站在中外文化的交汇点上,用世界眼光看待华人移民面对的重重困境,她不强调中西文化的冲突,而是超越文化之辨,把困境视为人类人性共通的问题。她坦言她是从宇宙观世界观来看待一些问题的,比如全球化问题,东西方人在共同生活中的交流和碰撞。为了说清这些问题,她采用跨文化、哲学、宗教、艺术的形式来表达。因而,林湄的作品带有哲学、宗教的意蕴。我们选取她的三部作品《漂泊》《浮生外记》和《天外》分析她的移民写作特质。

一、林湄小说《漂泊》中的女主人公文化混杂策略研究

二十世纪七八十年代,中国经济的迅猛发展,全球化的热潮让中国人有更多的机会走出国门。一方面,海外移民数量急剧增长,但另一方面,他们骨子里的中国传统文化根深蒂固。当中国的传统文化与西方现代文化发生冲突时,生活在其间的人不可避免地遇到了文化身份冲突问题。作为移民,他们渴望迅速地融入西方文化,但母国文化难以割舍。在两种异质文化冲突中,移民们试图获得身份认同并不如想象中那么容易。

林湄作为海外华人女作家,从八十年代出国至今,多年的海外生活经历让她在创作上自然而然地聚焦中西文化的交流上。移居海外,远离故乡,面临异域文化与母国文化的碰撞,生存的艰辛以及异域生活丰富的经历都让林湄产生了从自身经历出发,进行文学创作的冲动。从《漂泊》中的女主人公杨吉利身上,或许可以看到林湄所表现出来

的当代妇女在异域生存的艰辛，以及在此过程中寻找文化身份认同、维护人的尊严和追求人生真谛的艰难历程。

（一）霍米·巴巴的"第三空间"理论

霍米·巴巴出生于印度孟买的一个商人家庭，自小接受印度学校的教育，据说他的血统中还有波斯人的成分。[①]因为自身"混杂"的民族身份，他对于研究民族和文化身份问题有着浓厚的兴趣，他对文化认同的问题有着深刻的见解，他在萨义德、拉康等人的学说基础上进行了发展与创新。巴巴认为在世纪之交，人口流动日益频繁，文化交错影响，而这势必会带来文化的相互交融，作为外来移民，面对陌生的文化环境，该如何在这样的空间中重构自身的文化身份呢？巴巴立足于开辟一个"之外"的新空间，这种新的空间蕴含着一种干预文化批评的力量，它能够通过超越文化霸权，跨越历史边界，从而打开一种崭新的文化空间。在这个崭新的文化空间中，巴巴承认了世界文化的多元杂糅特点，而正是这种"第三空间"的出现破坏了我们对于"霸权"固有的认识，使得政治性批判成为可能。

同时他还指明，这一阈限的空间是一个混杂的地带，它见证了文化意义的生产，而非仅仅是其反映："文化活动的条款，不论是对抗性的还是契合性的，都是在演现中被生产出来的。对差异的表述决不能被草率地解读为固着于传统中事先给定的种族或文化特性的反映；从少数族裔的视角来讲，差异的社会发声是错综复杂、流动不居的协商，

---

① 生安锋：《霍米·巴巴的后殖民理论研究》，北京：北京语言大学，2004年，第16页。

它寻求授权与呈现于历史转型时刻的文化混杂性。"①正如前面提到的，巴巴所指出的这一空间是一块协商的空间，正是这样的混杂性策略使得这一空间的协商不是同化或者合谋，而是有益于对抗社会二元对立。显而易见，巴赫金"复调"理论和杂种理论对巴巴的"混杂"概念影响颇深，他糅合了巴赫金的"混杂"与后殖民研究②，从而建立起第三空间，只不过这个空间是个模糊又矛盾的过渡空间。"第三空间"理论的提出对于理解世界多元文化有着重要的作用，文化本就是多元，并不是简单的二元对立，多元文化的混杂，不仅能够使不同文化之间拥有彼此交流融合的可能，也能够使得更多的还未被理解的、发现的新生的意义在这种文化碰撞、释放能量的过程中得以展现。作为一种文化的杂合体，它使得我们对于文化固有的象征性和意义产生了动摇与质疑。

"第三空间"理论的提出让处于多元文化之中的人有途径去寻找重塑自身文化身份的机会，那么，什么是文化身份？"文化身份是一个抽象和概括的概念，主要诉诸文学和文化研究中的民族本质特征和带有民族印记的文化本质特征。"③它同时包括了自我认同和外部认同，是一个群体中的成员对于自身文化归属的一种认同，并且通过成员们的价值观、行为方式所表现出来。因此可以看出，文化身份的建立并

---

① 生安锋:《霍米·巴巴的后殖民理论研究》,北京:北京语言大学,2004年,第28页。
② 李成坚、邓红:《杂合中建立第三空间——从霍米·巴巴的杂合理论看谢默斯·希尼的〈贝奥武甫〉译本》,《四川外语学院学报》,2007年第23卷第1期。
③ 陈姗:《托尼·莫里森创作中非裔美国黑人的文化身份》,《哈尔滨学院学报》,2009年第30卷第3期。

不是自我认同就可以完成的，其需要依赖于一定的文化环境，在文化的大环境之下，身份同样需要依赖于"他者"进行建构。但这个文化身份也并非一成不变，巴巴认为，文化身份既不能归属于一个民族或种族预先设定的、规定好的、非历史的文化特点，也不能把它和殖民者完全地剥离开。同时，巴巴推崇一种"双重身份"的建构，但这种双重身份并不等于多重身份，相反，他强调的双重身份指的是身份必须是在两种身份之间通过不断地修正、完善从而建立。所以，身份的选择与心理之间必然是一个痛苦的斗争与矛盾的过程，正如处于异域文化当中的移民者，他们极度想要融入异域文化的氛围，但心中对于母国文化的坚持又让他们无法在情感上接受其他国家的文化，因而他们往往在这两种文化的相互碰撞之间感到痛苦不堪，无法确认甚至重建自身的文化身份。这种与生俱来的对于身份的焦虑是所有移民者都不可避免的。于是巴巴找到了新的观察角度，那就是对于边缘化的、矛盾的身份的关注。"既是此又是彼"或者"既非此又非彼"的文化认同，也使得"第三空间"理论有了明确的意义，这种理论对于后殖民时期美国复杂的社会文化环境的分析具有极其重要的作用，林湄的小说《漂泊》所反映的也正是在后殖民主义时期，一位东方女子在机缘巧合下与一位白人男子结婚，在婚姻生活过程中逐步重塑文化身份过程的故事。

（二）杨吉利的中西混杂策略

第一阶段是模拟阶段。小说《漂泊》中的女主人公杨吉利原是一名中学的美术教师，也同样是一名业余画家。后来因为"上山下乡"

与一名工人结婚，并育有一子。但婚后她逐渐发现两人在性格和情趣上都相差甚远，内心十分痛苦，于是向丈夫提出分手。但丈夫不肯离婚并多次找她麻烦，无奈之下，她只能带着孩子前往马尔默市投奔表姐，却遭到表姐的欺骗，心灰意冷之下，她决定服安眠药自杀，也许是命运使然，她被迪克·特夫里斯救了下来，后来甚至结婚，共同生活。而随着两人共同生活的逐步深入，中西文化的差异在两人身上有了明显的体现，不论是在个人的价值观、生活观念上，还是在日常小事上，都使得带有中国传统观念的杨吉利在面对美国的现代文化，面对迪克时，显得力不从心。

迪克生性自由，不论是对学业还是对于婚姻，他从不违背自身意志。不愿意结婚，只因他不想承担任何无谓的责任；不想上医科大学和法律大学，只因"没有兴趣"。然而，在遇到杨吉利这样与众不同的中国女人后，迪克有了想结婚的冲动。但很快，两人思想上的差异便体现出来了。"你们的思想与我们不同，这不奇怪，可是你可以玩弄任何女人，但不要玩弄我，否则，否则……"[①]在谈到迪克之前的女人时，杨吉利这样说道。可以看出，男人和女人对待婚姻的态度本不一致，更不用说是美国男人与中国女人。婚姻对于中国女人而言，是神圣而庄严的，代表着永恒，而对于迪克而言，婚姻不过是情到深处时的冲动罢了。不仅如此，迪克有的时候甚至觉得"狗比女人好"，因为"狗比女人听话[②]"。在迪克的观念里，专一的爱情是不切实际的，他也并

[①] 林湄：《漂泊》，合肥：安徽文艺出版社，1994年，第31页。
[②] 林湄：《漂泊》，合肥：安徽文艺出版社，1994年，第33页。

不想花时间去追求所谓的爱情,他只喜欢自由自在的感情,就算是结婚前也常去红灯区,更不用说结婚以后找其他女人泄欲了。正如他的朋友哥仁奈夫所说:"男人可以寻花问柳,甚至坦白告诉妻子,体现一下内疚就行了,妻子就不行,一定要忠于先生,不然被视为大逆不道,没有男人能容忍太太和他人睡觉的。"[①]众所周知,西方世界的性观念较于东方更加开放,但从《漂泊》中看来,这种"性开放"只是针对男人而言。作为一个受了完整东方教育的女性而言,杨吉利在听到这样的话时,也不由得感叹"不少老外的思想与中国人差不多啊!"作为一名女子,杨吉利自然是无法认同迪克以及哥仁奈夫所表现出来的爱情观,但也正是因为杨吉利是个传统的东方女子,她能够理解这种从几千年中国封建社会就存在的男女不平等的现象。从杨吉利的表现中可以看出,随着她与迪克的交流交往,特别是在文化上的深层交往,让她从一个单纯的文化氛围猛然跨入了一个混杂的空间,但同时心里的寻根意识又无法让她在这个混杂空间中自由前行,使得她只能在缓慢的摸索中逐渐成长。

小说中有这样一段话:"吉利心想,小说家写到:'爱就爱他的一切,包括优点和缺点,长处和不足。'可是不易实践啊,怎么办呢,难道再一次分手?这样迪克将更加怨恨女人,自己也将一辈子感到内疚,并再次留下情伤,看来别无它途,只有忍耐,反正忍了半辈子,再忍半辈子就完了,这就是现实,必须顺从。何况迪克的人生观和性格的形成不是朝夕的事,有他的历史、文化、社会、家庭、经历的背景,

---

[①] 林湄:《漂泊》,合肥:安徽文艺出版社,1994年,第154页。

而自己是这片土地的陌生人,必须'入乡随俗'呀。"①对于处于模拟阶段的杨吉利来说,这段跨种族婚姻无疑是她摆脱过去经历、开始新生活的救世主,因而她为了能够在异域中获得话语权,也为了能够在这段跨种族婚姻中找到两人相处的模式,她不断忍让,在一次次与迪克的文化冲突之后,都以所谓的历史、文化、社会、家庭以及经历的背景来安慰自己,说服自己"入乡随俗",被迫抛弃固有的传统文化,在文化身份的建构过程中,不断获取美国主流的文化认同,一味地奉美国文化为圭臬。②但霍米·巴巴认为殖民的本质注定了模拟策略的失败,刻板化"他者"本质不仅使"他者"的民族固化为"下等、低劣",还将前者的征服和殖民行为合法化,从而确保殖民者的话语权和统治地位。所以,杨吉利的模拟策略注定失败,只能由模拟阶段转向背离阶段。

第二阶段是背离阶段。杨吉利在与迪克的相处过程中,试图劝服迪克寻找一份工作,但迪克却不愿意为了所谓的笨重的并且浪费时间的毫无意义的工作而成为傻瓜。在结婚以后,杨吉利不仅在自己身上做了改变,她说服自己接受白人文化,接受他们的思维方式,她也同样用自己的行动在试图改变迪克,但迪克讨厌被女人所改变、所束缚。而这也成为两人之间矛盾的根源。杨吉利与迪克之间,关于种种小事的争吵越来越多,杨吉利很快便意识到,一味地接受他国文化并不能

---

① 林湄:《漂泊》,合肥:安徽文艺出版社,1994年,第68页。
② 詹作琼:《霍米·巴巴"第三空间"视阈下〈孙行者:他的即兴曲〉的文化身份构建》,《长春师范大学学报》,2015年第34卷第11期。

让这段跨种族婚姻和谐地继续下去，反而让自己处于无处可依的焦虑之中。"试想想，彼此完全不了解，也不存在了解的机会，甚至语言沟通都困难，需要查字典帮助表达意思，山盟海誓，地老天荒的绵绵情语——我们两人不过是偶然巧合。"①迪克的一番话让杨吉利伤心失望，于是她开始回归东方文化，开始转向寻找华人文化的真正出路。此刻，她对于西方文化开始从模拟阶段转向了背离阶段。

杨吉利看清了迪克并非真正了解自己，她除了执着绘画以外，再也没有什么能够让她真正平静下来了。但她深知她不能没有迪克，否则生命之舟无法继续航行，因此杨吉利只能怀着失望、矛盾和复杂的心理继续待在迪克身边。然而，杨吉利在中国饭店偶遇了自己中学时的同学庄大成，同大成的聊天交往无疑让杨吉利在陌生的国度中获得了一丝丝的安慰，也开始忘记与迪克间的种种不愉快。"一条大河波浪宽，风吹稻花香两岸……"②熟悉的歌声击垮了杨吉利的精神防线，她一直以为自己是精神的佼佼者，可在听到这首歌以后，内心里的火热与压抑已久的情感似乎都要奔涌而出。来自母国熟悉的歌声，唤醒的不仅是杨吉利濒临崩溃的情感，更唤醒了杨吉利内心深处对于母国文化的热爱与坚持。正如杨吉利在与大成爬雪山的过程时所说的"没想到，离开国土那么欣喜，踏上异国土地时又那么激动，往后就压抑感、孤寂感全来了③"。当杨吉利决定回归东方文化时，与大成的聊天交往，家乡的歌曲，种种东方元素开始进入了她的生活，她开始意识到自己

---

① 林湄：《漂泊》，合肥：安徽文艺出版社，1994年，第90页。
② 林湄：《漂泊》，合肥：安徽文艺出版社，1994年，第116页。
③ 林湄：《漂泊》，合肥：安徽文艺出版社，1994年，第135页。

平日里所追求的东西是么么的一文不值,也开始意识到迪克与自己在太多方面的不合适,不同的国家,不同的经历,让他们两人似乎一直隔得很远,两人之间的文化差异好似一条鸿沟隔开了他们的爱情,也使得杨吉利在陌生的文化环境中找不到自己的文化身份,愈加的迷茫。而大成与自己是出于同一社会、同一代人、同一经历的,对社会的启迪、生活的理解、现实的看法远比迪克与自己来得一致。这一阶段中,杨吉利对西方文化处于一种背离状态,与大成的交往使得她开始将重心放在了东方文化上,完成了一种华人文化身份的回归。

在关于殖民本质的阐述时,霍米·巴巴曾提到,异域者如果把自身的文化身份一味地建立在主流话语所设定的价值观上,在不断失去自身文化传统的同时,其最终结果只能是自取覆亡。[①]而杨吉利在模拟阶段时,一味地奉白人文化为圭臬,在接受白人文化的同时,不可避免地将自己文化身份的重塑建立在了美国现代文化所体现的价值观上,摒弃了自身所具有的东方文化传统,也就是杨吉利思想深处所依赖的母国文化,其结果可想而知,失去了母国文化的杨吉利,并未能够在陌生的文化环境中重塑自身的文化身份。于是杨吉利在经过尝试以后,最终还是背离了西方文化,回归东方文化。

第三阶段是杂糅阶段。杨吉利与迪克的结合,更多的是种偶然,迪克无意之中救了杨吉利的性命,而两人也在朝夕相处中有了感情,因而步入婚姻。但这段跨种族婚姻对于他们而言,远不如理想中的那

[①] 詹作琼:《霍米·巴巴"第三空间"视阈下〈孙行者:他的即兴曲〉的文化身份构建》,《长春师范大学学报》,2015 年第 34 卷第 11 期。

样美好。两种截然不同的文化的交锋,使得这段跨种族的婚姻处于生活的漩涡之中,而杨吉利甚至无法接受这种文化地位的差距,因而常感到痛苦与自卑。在这种情况下,备受文化身份煎熬的杨吉利开始变得敏感脆弱。[①]迪克无疑是拯救了她的生命,甚至拯救了她的生活的恩人,但在迪克面前,杨吉利总是显得不自信,她害怕他的离开,甚至明知迪克出去找女人也只能装作若无其事。她一直在忍让,她只能将两人之间的种种分歧通通归结为文化差异。作为一个文化的杂糅体,对西方文化的认同扫清了杨吉利和迪克结合时的障碍,但杨吉利骨子里的传统文化的根,仍然影响着她在许多方面的认识以及处理问题的方式上。她无法完全用白人的思维方式去理解迪克的所思所想、所作所为,也正如迪克无法完全了解杨吉利这个神秘的东方女人一样。

而小说的后半部分,杨吉利和迪克则向我们展示了种族婚姻中的矛盾,并不能单纯地以一方的妥协与屈服而结束。相反,来自不同国度,拥有不同文化的个体可以通过相互理解包容,将不同的文化进行协商杂合。这也正是巴巴所提到的"第三空间"是由来自不同文化的群体利用"杂糅性"的策略,通过协商各自的民族性、社群利益或文化价值观形成的。一方面,当迪克面对欺骗他的米普时,"在这个时候,只要有任何的催化剂,都会令他出事",他愤怒地想拿枪杀了米普,而杨吉利则以中国的古话"小不忍则乱大谋"劝服了迪克。另一方面,杨吉利从一开始就千方百计地想改变迪克,最后体会到,真正的爱其

---

① 詹作琼:《霍米·巴巴"第三空间"视阈下〈孙行者:他的即兴曲〉的文化身份构建》,《长春师范大学学报》,2015年第34卷第11期。

实就是给予对方自由，接受对方的不完美。可见，杨吉利在杂合的"第三空间"中顿悟到唯有跨越文化差异，融合中西文化，才能够从根本上解决困境。因此，从杨吉利的身上，可以看到一个善解人意、独立自强、拥有过人绘画天赋的东方女性形象。

在霍米·巴巴看来，杨吉利在《漂泊》中所面临的困境正是一种文化的混杂状态，与迪克的跨种族婚姻，是无法单纯地依靠某一种文化来解决的。小说中展现的也正是杨吉利在经过不断的探求后，意识到不论是西方文化还是东方文化都无法拯救他们特殊的婚姻状态，而唯有将两种文化相互融合，才能够增进彼此的了解。在两种文化的夹缝中，杨吉利找到了解决跨种族婚姻的办法，同时也为自己找到了一个独特的个人空间。在所谓的"第三空间"中，她仍然保持着传统文化的根，仍然追求着她所热爱的绘画事业。这种看似分裂、摇摆不定、模糊的状态，在霍米·巴巴看来是最适合杨吉利的新的文化身份，作为一个传统的东方女性，与迪克的结合，让她游离于母国与移居国、东方文化与西方文化两种文化之间，相应地产生了不安、焦虑的情绪，使她对于自身的文化身份产生了质疑与迷茫。但林湄笔下的杨吉利，并非纠结于个人的文化身份上，而是超越了文化和种族的局限，从另一个高度来审视中西方文化，同时协商了自我认同、婚姻和种群关系，体现了一种杂糅东西方文化的特殊的文化身份。

（三）"第三空间理论"对于重塑文化身份的目的与意义

林湄在《漂泊》这部小说中创造了一个霍米·巴巴提出的"第三

空间",也展现了一个具有明显东方特质的女主人公形象。霍米·巴巴的杂糅理论和"第三空间"理论为所有像杨吉利这样处于文化夹缝中,痛苦徘徊于双重身份的移民者提供了一种解决文化身份的途径。巴巴曾申述过自己在身份问题上所感受到的悖论与张力,巴巴说:"我一直对自己的边缘而又处于疆界的身份感触良多。不过,我比较关心的是从这种身份得出的文化意义,并不只是个人历史的意义而已。"[①]而霍米·巴巴也确实如他所说的那样,他所关心的并非移民者的边缘性身份,他将视线放在了全球化语境下的民族文化身份认同问题之上,在当今全球化背景下,混杂理论的提出对于解决异域者的文化身份具有十分重要的意义。生安锋在《霍米·巴巴的后殖民理论研究》中提到:对巴巴来说,阈限地带的重要性在于阈限性和混杂性是联手并行的。这种"在固定身份之间的间隙通道开辟了一种文化混杂性的可能,这种混杂性容纳差异而非一种假定的或强加的等级制[②]"。因而,第三空间的存在有其现实意义,它为当前的中国社会和外出移民者在全球化背景下如何跨越种族、解决文化身份问题提供了途径,帮助被社会逐渐边缘化的他们找回自身的文化身份,重塑在新背景下的文化身份意义。

作为一名海外华文女作家,林湄在《漂泊》中不仅关注中西文化,同样关注了跨文化中的女性问题。自身的成长经历,让她将女性问题

[①] 生安锋:《霍米·巴巴的后殖民理论研究》,北京语言大学博士学位论文,2004年,第29页。
[②] 生安锋:《霍米·巴巴的后殖民理论研究》,北京语言大学博士学位论文,2004年,第32页。

作为创作主题的首选,她关注女性在后现代社会下的真实的生存状态以及生命体验。林湄的早期创作如《云妮的黄昏》《芳邻》等作品,都描写了家庭妇女的地位低下,只是作为丈夫的玩偶般的存在,饱受摧残的社会现实。而在长篇小说《漂泊》《泪洒苦行路》中,女性的生存地位并没有丝毫改变,她将妇女在男权统治下的处境揭露得更为深刻。林湄作为女性作家,多年移居海外的经历,让她比其他人更加关注在异域文化中生存的女性,她的许多小说深刻地揭露了妇女问题的本质,抨击了时代打压女性、不把女性当人的迂腐观念。[①]在她的小说中,虽有在男权统治下饱受摧残的女性,但同样有为维护自身尊严、寻求自我解放而付出不懈努力的进步女性形象。比如林湄的早期散文小说集《诱惑》中的短篇小说《芳邻》和《云妮的黄昏》。《芳龄》中的莲馨与《云妮的黄昏》中的云妮年轻貌美,结婚后被丈夫支配,在家庭中毫无地位,婚后丈夫另觅新婚,逼迫她们离婚。云妮的丈夫甚至把情妇带到家里,云妮默默忍受一切,并签了离婚书。与她不同,连馨知道丈夫出轨后,她偷偷攒钱,最后离开了丈夫,完全可以自立。思想境界的不同导致了她们不同的人生命运。林湄的小说,字里行间中无不透露着女性作为一个真正的人,发自内心深处的呐喊。这种清醒的现实主义,让我们看到了作家对于女性自我束缚的准确剖析,也让我们感受到了她对于滑入生命误区而不自觉的女性的警示。女性的解放要靠个人力量,但还应寄希望于全社会对女性问题的关注,这想必也是林

---

① 戴翊:《林湄小说创作的现实意义》,《华文文学》,2004 年,第 3 卷第 62 期。

湄创作了众多女性文学作品的初衷。

在《漂泊》这部小说中，我们可以看到林湄对于当代女性问题清醒的认识，传统男权思想对于当代女性外在的束缚，而这种束缚并没有随着时代或者国度的改变而改变。她通过《漂泊》塑造了一个善良、坚强的东方女性形象，在不同的文化背景之下，体现不同价值观念之间的人物的对话，以此来展现当今时代的女性为了维护自身的尊严，不断寻求人生最终真谛的曲折历程。作为移居海外多年的华人作家，林湄一贯把自己归为边缘人，因此她对于中西方文化的审视和考察，以及对于当代妇女追求解放等方面都有着自己作为华人女性作家独到和细腻的见解。从她的小说中，我们不仅看到了异域风情，看到了移民血泪，更看到了在异域文化中努力实现人生追求，重塑文化身份的女性形象。

二、《浮生外记》中的三个空间意象研究

《浮生外记》初版于 1994 年 9 月，这是林湄早期发表的一部长篇小说，与同年 7 月出版的长篇《漂泊》相比，虽然这两本书都是在写华人移民异域羁旅中的生存境遇，但《漂泊》侧重写中华文化的自信。小说中女主人公吉利虽遭祖国与表姐的两度遗弃，但她凭借东方女性的坚韧与智慧成为了拯救西方男性迪克·特夫里斯的强者;《浮生外记》的文化视野则更加开阔，作家思维的触角触及从世纪初到世纪末几代旅欧华人的心路轨迹，通过胡磊和杨世顺两个家族几代人不同人生道路的抉择，侧重写异质文化之间汇通的可能性，这标志着林湄创作的

新的书写空间的开启,即摒弃民族与肤色的差异,以世界性的眼光观照人类共通的人性。

怀着对生命的悲悯情愫和对人性的深刻洞悉,林湄试图通过《浮生外记》对人类共同的命运做出哲学意义的思考,小说笼罩着一种浓厚的人生悲凉的氛围,流露出作家的叔本华式的人生悲剧意识,但又通过基督教信仰中的爱与怜悯化解了悲剧性。林湄的这种探索建立在她双重离散空间的经验基础上,按照林湄自己的说法,她这辈子大概经历了三个二十年、三种社会,前二十年生养在中国大陆,中间二十年移居香港(1973年—1989年),后二十年定居欧洲(1989年至今,定居荷兰),丰富的生活经验裹挟着复杂的异质文化碰撞,使得林湄的小说散发出巨大的思考能量。比利时根特国立大学汉学院东西文化研究所所长魏查理教授在1995年6月荷兰安特霍芬市举行的"林湄文学创作研讨会"上评价,林湄的创作能被两种文化背景的人所接受。[①]

笔者细读《浮生外记》,发现文本中存在三个典型空间:杨世顺的"江南饭店"、胡磊的"奥德莱街别墅"和桑平的"华人老人院",这三个空间不仅是故事的发生地,而且是故事人物行动的内在动因,可以说人物创造了他们生存的空间,同时又受制于所居住的空间,笔者拟从"江南饭店""奥德莱街别墅"和"华人老人院"这三个空间意象为切口,探析《浮生外记》如何通过空间叙事展现作家对中西文化关系

---

① 黄万华:《聚散之间——荷兰、比利时、卢森堡华文文学的文化姿态》,《华文文学》,2000年第1期。

的思考以及悲剧意识。

(一)"江南饭店":禁锢与超越

在海外华人移民文学中,"中餐馆"是司空见惯的空间意象,它是华人的拼搏场,承载着他们的血泪与梦想。同属荷比卢华人作家的章平的小说《教堂广场上的鸽子》中的杨果整日在中餐馆忙碌,唯一的消遣是到教堂广场喂鸽子;林湄的长篇《天望》中的老陆是国内人体物理教授,到欧洲读博,课余只能在中餐馆洗碗打工挣钱,《漂泊》中的女主人公吉利初到欧洲也是到中餐馆谋生。按照福柯的"空间是权力关系的关键"的观点,"我们所居住的空间,把我们从自身中抽出,我们生命、时代与历史的融蚀均在其中发生,这个紧抓着我们的空间本身也是异质的。换句话说,我们并非生活在一个我们得以安置个体与事物的虚空(void)中……而是生活在一组关系中,这些关系描绘了不同的基地,而它们不能彼此化约,更绝对不能相互重叠[①]"。"中餐馆"在小说中是一个重要的空间意象,小说围绕"中餐馆"讲述了胡杨两家的情感纠葛,两家的长辈杨世顺、胡老爷白手起家,以"菜刀"打拼大半辈子,攒下基业,胡老爷之子胡磊虽继承餐馆,但旋即将餐馆改为旅店,请人经营,自己退居幕后,坐收营资。而杨世顺之子柏山则忤逆父志,一心在外谋职,根本无意继承父业,最后离家出走,导致父子关系破裂。

---

① [法]米歇尔·福柯:《不同空间的正文与上下文》,上海:上海教育出版社,2001年,第21页。

早期海外华人心中都有一个异国梦——"江南饭店"。第一代海外华人（主要指二十世纪八十年代之前出国的中国人）在异国他邦站稳脚跟靠的是"三刀"：菜刀、剪刀、剃头刀。杨世顺与胡老爷都属第一代移民，胡老爷更早于杨世顺，他刚到荷兰，无以为业，初卖花生糖，后开餐馆，慢慢积累家资。杨世顺之父是国民党军队的一个小军官，四十年代末抛弃妻子去台湾，世顺两母子相依为命，后世顺与同乡偷渡到香港，随后到西德，与新寡的如意结婚，夫妻两人辛勤经营一家餐馆，生意日益兴隆，餐馆扩大为江南饭店。杨世顺的海外求生经历颇具代表性：偷渡出国——餐馆打杂——经营小餐馆——经营江南酒店，对于杨世顺和胡老爷来说，"中餐馆"是他们青春岁月燃烧的战利品，也是事业有成的标志。据《中国新闻网》关于荷兰华人生活概况的文章指出，二十世纪八十年代，餐饮业一直是荷兰华人的主要就业领域。但八十年代之后，随着受教育程度较高的第二代荷兰华人移民的崛起，荷兰华人经济逐渐向多元化方向发展，华人社会出现了越来越多的高学历专业人士。实际上，胡老爷与杨世顺的奋斗激情根源于心中对财富与地位的追逐。正如叔本华所言，生命之本质是意志，而意志乃是人身体内部的不可遏制的求生存的生命力，"在根本上一切追逐都是起因于缺乏，起因于对自身状况的不满足……每次满足总是新追求的开始……追逐没有最后的目标，这就决定痛苦是个深不可测的无底洞，永无止境[①]"。在他们意识中，中餐馆成就了他们，子辈们也当继承父业，安稳度日。但无论是胡磊还是柏山都把中餐馆看作囚禁自由

---

① [德]叔本华：《爱与生的苦恼》，金玲译，北京：华龄出版社，1996年，第7页。

的镣铐，急欲挣脱，这体现了两代华人移民生存观念的代际差异。

　　小说并非停留在表层的代际差异上，而是深刻写出中餐馆作为空间意象又是文化禁锢的象征，"中餐馆"并非表面上看起来那么光鲜，功成名就伴随着空虚无聊，两者相依相生。按照法国学者列斐伏尔的"空间的生产"（production of space）理论，"空间性的实践界定了空间，它在辩证性的互动里指定了空间，又以空间为其前提条件……社会空间总是社会的产物①"。也就是说社会生产了空间，我们栖居的空间又生产了我们，空间与人物是互动的关系。"中餐馆"影响到人物的行为，在中餐馆这个相对封闭的空间里，人物的身份地位和价值观念随之建立起来，并左右着人物的行为方式。杨世顺用28年的时间创造了属于自己的"生命空间"——江南饭店，饭店生活几乎等于杨世顺生活的全部。28年来，世间居诸不息，"饭店内的日子却是千篇一律的：购货、炒菜、跑堂、洗碗、打扫……除了增加钱的数目，生活内容毫无变化——单调无聊外，连时间生命也耗光了②"。时间在江南饭店似乎停止了：每天早起，掀开日历，准备餐桌，然后就是忙不完的工作，没有时间出去旅游，没有时间照顾孩子，近乎苦行僧似的生活。杨世顺忙的连吃饭的时间都没有，每顿只能匆匆地挑几个丸子塞塞肚子而已。小说中桑平的父亲，在餐馆打杂，因为难以忍受工作的枯燥无聊，经常出入赌场解闷，欠下赌债，干脆有家不回，流落街头，桑平母女最后把

---

① [法]亨利·列斐伏尔：《空间：社会产物与使用价值》，上海：上海教育出版社，2001年，第48页。
② 林湄：《浮生外记》，上海：上海文艺出版社，1994年，第176页。

他扫地出门，家庭破碎。"中餐馆"的生活某种意义上说是华人异域求生的无可奈何的选择，他们到了西方之后，一直在中餐馆封闭的环境忙碌，始终未能融入西方社会，中餐馆曾经是他们回避直接面对陌生文化的庇护所，一旦失去了中餐馆，他们在异域文化空间中，就变得无所适从。

列斐伏尔认为"时间已经在现代性的社会空间中消失了。除了工作时间以外，生命时间已经失去了其形式与社会利益……经济的，以及特别是政治的优先位置，引致了空间相对于时间的崇高地位[1]"。杨世顺的生命时间被饭店这个空间挤压的消失无踪，而时间生命是我们最基本的使用价值，饭店与世顺已经融为一体，或者说饭店生活已经固化成了世顺的一种生活方式。列斐伏尔认为"如果未曾生产一个合适的空间，那么'改变生活方式'、'改变社会'等都是空话"。[2]最后，世顺百般无奈之下卖掉饭店，但他却极度不适应，说到底，他难以在新的空间即新的社会关系中找到自己的位置，也就难以感到新生活的乐趣。

（二）奥德莱街别墅：融入与僭越

与亲家杨世顺相比，胡磊倒能摆脱餐馆的禁锢，主动融入西方社会。从跨文化交流的角度看，异族人要融入当地文化有以下几个途径：

---

[1] [法]亨利·列斐伏尔:《空间：社会产物与使用价值》，上海：上海教育出版社，2001年，第54页。
[2] [法]亨利·列斐伏尔:《空间：社会产物与使用价值》，上海：上海教育出版社，2001年，第47页。

生活在当地主流文化群体之中,从空间上改变自己的边缘身份;与当地人通婚,生下合法的后代,从血缘上改变自己的文化身份;通过争取话语权,使自己从失语缺席的状态中挣脱出来,发出自己的声音,言说自己作为人类一分子的普遍属性和一般权力,同时彰明独特的历史价值,从话语层面上改变自己的文化身份等。对于胡磊而言,他在这几个方面都作出了自己的努力:他用自己开旅店赚来的钱从退休的医生手里买下了荷兰富人区的奥德莱街别墅;娶当地姑娘艾玛为妻;他鼓励儿子少琛读书深造,也支持少琛积极参政议政,为华人谋取福祉。

对于胡磊来说,奥德莱街别墅是身份地位的象征,也是精神的寄托。小说中,荷兰国的奥德莱街有两个泾渭分明的区,一个是富人住宅区,建筑物多数是十八世纪建造的。富人区的北向房子是移民区,是二战后政府修建的平民房,"政府安排了土耳其、摩洛哥、苏里南、北非等移民入住,不知不觉,该地成了一个小小的移民区[①]"。胡磊的别墅就在这个富人区,共两层,十个房间。两个区毗邻并置,住宅实际上成为身份地位的象征物。小说的开篇就把胡磊的别墅置于带有"种族偏见"的荷兰人格拉士的监视之下,他每天只做两件事,一是照顾病瘫在床的太太,二是盯着对面的胡磊家的孙子灿灿的一举一动,随时准备向灿灿的祖母艾玛告状。他这样做的原因,一是因为他生活无聊,本指望老伴照料自己的晚年生活,没想到老伴病瘫在床,反过来指靠着他了。二是因为他的种族偏见,他认定"灿灿站在睡房玻璃窗

[①] 林湄:《浮生外记》,上海:上海文艺出版社,1994年,第1页。

内看他,不怀好意……灿灿不是个好孩子①"。在他眼里,灿灿只是个"杂种",他担心自己的国家未来成了杂种国家。结果,因为格拉士一天两次的告状,本来到胡家度暑假的灿灿,假期还没结束就被送回外祖父杨世顺家去了。作为华人移民的胡磊,住在荷兰的富人区显得有些"扎眼"。在一些西方眼中,华人住在"唐人街""移民区"这些区域之内,才会使他们感到安全。胡磊的别墅处于荷兰富人区,意味着身份地位的僭越。

小说除了写胡磊融入西方社会的积极姿态之外(购置奥德莱街别墅),同时深刻地揭示了身处中西文化夹缝中的胡磊内心深处的迷惑与挣扎。奥德莱街别墅真正的危机围绕着"是否把胡老爷留在家里养老"的问题展开,而问题的症结在于胡磊与妻子艾玛所代表的中西孝亲观念的差异,这种差异是胡磊与艾玛跨国婚姻存在的先天痼疾。七十九岁的胡老爷患了失尿症,大小便失禁,还患有老年痴呆,整天胡言乱语。胡磊要求艾玛嫁鸡随鸡,嫁狗随狗,要照顾胡老爷的饮食起居,不能把老人扔到老人院,这是大大的不孝,也会遭华人耻笑。而艾玛完全认同西方人的养老观念,认为老人不应给子女添麻烦,胡老爷应住到老人院,由专门的人看护,这比住在家里麻烦家人要好得多。她还拿自己的父母举例子,"我的父母就不像你父母这样打扰别人的生活②"。最后,当艾玛看到别墅里墙壁和地毯被胡老爷弄得粪迹斑斑,她干脆离家,住到姐姐家去了。

---

① 林湄:《浮生外记》,上海:上海文艺出版社,1994年,第3页。
② 林湄:《浮生外记》,上海:上海文艺出版社,1994年,第6页。

别墅的脏乱迫使胡磊请了看护丽玲,她把胡老爷照顾的妥妥帖帖,胜任有余,别墅又恢复了干净与平静,别墅给予胡磊一种安定感。胡磊与丽玲之间的恋情就是在这个档口发生的。实际上,丽玲只是胡磊潜意识怀乡情结的投射物,丽玲长相清秀,举止优雅,有着中国女性的柔弱与温顺,这是艾玛所没有的,他突然意识到"一直以来他都为不能娶个中国女人为妻感到遗憾[①]"。胡磊潜意识里对别墅的期许最终根源于对原乡的回忆。巴什拉在《空间的诗学》中谈到"家宅"对我们的意义,"家宅是我们在世界中的一角……它是我们最初的宇宙……它包含了宇宙这个词的全部意义[②]"。奥德莱街别墅是胡磊的"家宅",是他幻想家园的居所,他希望能和艾玛共同守护家宅,但因为文化的差异,艾玛无法理解中国人养老送终的观念,她离开了别墅,结果丽玲给了别墅安定感,胡磊感情的天平倾向了丽玲。巴什拉认为家宅能让人体会到"原初性","当新的家宅中重新出现过去的家宅的回忆时,我们来到了永远不变的童年国度……我们体验着安定感,幸福的安定感……没有家宅,人就成了流离失所的存在。家宅在自然的风暴和人生的风暴中保卫着人。它既是身体又是灵魂。它是人类最早的世界[③]"。

胡磊是作家着力刻画的华人新移民的典型人物,他出生在荷兰,童年被送回中国接受传统教育,所以他的思想很大程度受中国传统文化影响,但又能超越中国文化的束缚,一定程度上接受西方文化的影

[①] 林湄:《浮生外记》,上海:上海文艺出版社,1994年,第110页。
[②] [法]巴什拉:《空间的诗学》,张逸婧译,上海:上海译文出版社,2009年,第2页。
[③] [法]巴什拉:《空间的诗学》,张逸婧译,上海:上海译文出版社,2009年,第4-5页。

响,是一个站在东方与西方、传统与现代交叉点上的人物。胡磊与丽玲之间如流星般短暂的婚外情照射出胡磊在原乡文化与西方文化夹缝中的挣扎状态。当他听说丽玲是个"卖春女"时,他不加考证地轻信了,这说明他对丽玲的情感何等脆弱。他抱着愧疚的心想找到丽玲向她道歉,但人已杳然。最终,他超越文化偏执,走向作家寄寓他的"无边界的处处为家的世界主义"。对于妻子艾玛的行为,他表示理解,"胡磊不知道自己怎么这么急躁,艾玛头脑简单,性子急,对于老爷,她已经做得不错了,不能要求她像自己尽孝尽顺。她已经很努力做中国媳妇。难道是自己无耻?他劝艾玛,中国人父慈子孝,是中国的文化传统,我若不孝,将来在老人问题上怎能说服别人?你的父母不同,他们健康,有学识[①]"。

(三)华人老人院:权利与福祉

华人老人院,作为老年华人生活的小世界,也是小说中的一个重要空间。负责照顾院中老人日常生活的是基督徒桑平,作家把她塑造成一个"玛利亚式"的原型人物,这种人物类型在林湄的作品中从不缺席。《漂泊》中的吉利在基督教信仰中找到与迪克·特夫里斯共同生活的智慧和勇气,因车祸致残的迪克看到哼唱圣歌的吉利如同看到基督之光,获得了拯救的力量。《天外》中的老祖祖是虔诚的基督徒,认为用爱可以消弥人与人之间的矛盾,同时又受中国禅佛思想的影响,带有老庄的清静无为,顺应天道的观念,"天上的飞鸟不种也不收,尚

[①] 林湄:《浮生外记》,上海:上海文艺出版社,1994年,第200页。

有衣食，你是人，无须烦恼"。她引领郝忻与西方靡菲斯特和中国的黑猪作战，走出人性的迷雾。《天望》中弗来得更是以传道为事业，虽弄得家破身残而不悔。正如林湄所言，艺术立足于宗教感，宗教与艺术携手而行，是欧洲文学艺术不朽的风范。林湄作品中的宗教书写为整部小说带来了亮丽的光彩，华人老人院的管理者桑平是作家塑造的理想人物，她用善良化解身边人的矛盾，如同天使给人们带来福祉。

宗教的信念照亮了桑平的心灵，也造福了老人院的生活，因为她的照料，老人才能老有所养。桑平幼时生活艰辛，父亲是饭店的跑堂，因为生活无聊，经常赌博，母亲带着桑平独自生活，她看见母亲经常以泪洗面。她大学毕业后，就到华人老人院工作，慢慢在工作中找到乐趣。她与小说中的几个主要人物都有过接触与交流，是小说中重要的灵魂人物。而她面对的困难并不小。

中国人传统的观念是养儿防老，所以总希望年老后与儿子住在一起，但子辈移民受西方养老观念影响，倾向把老人送到老人院，比如杨世顺的女儿玉慧说，父母"只负责抚养他成人，并不期望他将来孝顺[①]"。她只和老公少琛、孩子有关，不想和少琛祖宗三代四代有关，在养老院养老似乎是许多华人不得已的选择。比如老人院的黎立正老人不堪忍受儿媳妇的恶言相向，忍气吞声住到老人院，又不想回到中国，因为回到中国没有养老金更难过了。但华人老人院在西方并不普遍，华人在异国养老是个难题。据澳洲新快网报道，"许多年老体弱的华人移民并不精通英文，在悉尼寻找适合他们文化背景和生活习惯的

[①] 林湄:《浮生外记》，上海：上海文艺出版社，1994年，第176页。

高龄服务机构并不容易。通过多日走访发现，基于华人养老院数量少、床位紧张、轮候名单长以及等候期不确定等因素，提供中式护老服务并由华人运营的养老院存在'一床难求'的情况……如果你的母语非英语或英语不流利，则会较难得到护理服务[①]"。根据英国房产公司Savills 的数据，英国每年将需要提供至少 11 000 所住宅，来应付超过 65 岁以上人口的年均 2%的增长率。然而自从 2005 年以来，英国平均每年只能提供 7000 所新住宅，很快这些住宅将供不应求。英国的养老院很贵，华人老人因为经济原因很少去养老院养老。因为华人很多是没有养老金的。[②]据 2013 年英国政府统计显示退休华人中有四成多生活在贫困之中。收费高昂、加入门槛高、生活习惯不同的本地社会养老机构对于大部分华人移民来说尚无法承担，老人们不得不寄希望于中国传统的家庭养老或自发的老年团体组织。

因此，修建老人院是解决华人老有所养问题的关键，少琛认为"老人的问题是世界性的问题，华人老人院供不应求，从长远利益看，华人参政是必不可少的[③]"。修建更多的华人老人院，为华人谋福祉是争取华人权利的起点。二十世纪七十年代末期以前的中国老移民，由于自身多是通过难民身份、契约劳工或家庭团聚的移民类型，取得在欧洲国家合法居留和就业的身份，这就决定了其自身的文化素质相对低下，他们大多生活与工作在欧洲国家的社会下层，远离欧洲国家的主

---

① 《海外养老，回国养老，这是个问题》，《人民日报》（海外版），2016 年 7 月 25 日，第 010 版。
② 《英国华人"养老"：老华人无养老金 新华人计划多》，2011 年 11 月 9 日。
③ 林湄：《浮生外记》，上海：上海文艺出版社，1994 年，第 172 页。

流社会，从而成为欧洲国家的"边缘化社会群体"。再加上中国传统文化中的"中庸之道"，所以他们极少组建和参与华人社团，维护自身合法权益。当他们的合法权益受到不法侵害，也往往选择沉默，欧洲的中国移民因此被称为"沉默的人群"。随着荷兰华人社会的发展，当地的华人社团也日益兴盛。目前，荷兰华人社团已有 100 多个，包括宗教乡团青年会学生联合会商会专业协会等。其中，旅荷华侨总会、荷兰华人总会、全荷华人社团联合会是比较有影响力的社团。"据荷兰中央规划局（SCP）公布的一份报告显示，华人在荷兰以勤劳和封闭著称，而这主要是指第一代华人移民。而第二代华人则在各个领域大幅超越了他们的父辈：他们不仅学习成绩出色（甚至超过本土荷兰人），而且在就业市场中表现优良；他们更加地开放，更好地融入了荷兰社会，他们以荷兰为家，思想更加摩登和国际化。

在如此困境中，小说中华人老人院在桑平的管理下倒成了老人的福地，她嘘寒问暖，经常组织老人们参加各种活动，相比之下，荷兰人格拉士孤独地死在家里，倒显得异常可怜。生活在老人院里的老人有人照顾，比那些生活在家里无人照顾的孤寡老人强多了。小说还重点讲述了一个荡气回肠的夕阳恋爱故事。老佟年轻时候打工，行为放纵，老年后住到老人院，喜欢上了长相酷似他的初恋情人的娣姐，但娣姐无意找老伴，拒绝了他，老佟居然因此自杀，被抢救过来之后，在桑平的帮助下，终于与娣姐结婚，两人相伴生活，虽然两人相处时间不长，他尽心照顾患癌症的娣姐，并不抱怨，他很感激娣姐给了他最美好的时光，使他人生无憾。"几十年间，做错了许多事，只有这件事做对了,漂亮又成功。"①娣姐死后,他又回到老人院。而这一切都离不开桑平的撮合与努力。

(四)悲剧意识与人文情怀

我们把《浮生外记》放在林湄小说创作的整个历程中看,《浮生外记》属于林湄的早期创作,她于1989年移居欧洲,1994年先后发表长篇小说《漂泊》和《浮生外记》,异域生活经验是作家创作的原点,如同其他华人移民作家一样,《浮生外记》有对旧移民移居异域土壤的"失根之痛"的描写,但可贵的是,它已体现出新移民作家的新姿态,即摒弃种族、文化的差异,以世界性的眼光观照人类共通的人性,这体现了《浮生外记》作为林湄小说创作的过渡性特点。它表现在两个层面:在文化层面上,小说写出了离散空间内中西两种文化观念的冲突给人物带来的身心之痛;同时又从哲学层面揭示人类命运共通的悲剧性,体现作家的人文情怀。

漂洋过海的华人移民面对的不仅是地理位置的转移,更重要的是文化空间的重置,特别是在母国文化浸淫中长大的老辈移民,虽在异国成家立业,身心仍免不了时常萦绕着家园乡愁。小说中文化冲突的书写表现在两个方面,一方面是华人与西人之间的文化冲突。格拉士质疑政府的移民政策,担心荷兰国变成杂种国,他监视胡磊一家的行动,他对胡磊孙子灿灿的告发昭示出他内心深处对外来移民的敌意与排斥。艾玛与胡磊之间的孝亲观念的冲突,也反映出中西文化观念的

---

① 林湄:《浮生外记》,上海:上海文艺出版社,1994年,第241页。

差异，中国人养儿防老，养老是子辈应尽的义务，而西方人并不指望子辈养老，年老之后多半住进政府修建的养老院。另一方面是老辈移民与子辈移民之间的代际差异。胡老爷与杨世顺都是白手起家，靠经营中餐馆积累家资，活出了老辈华人眼中的理想模样，但他们这种生活却不是后辈愿意效仿的，因为餐馆禁锢自由，胡老爷的儿子胡磊接手餐馆之后，很快把它改造成旅店，柏山则干脆建议父亲卖掉餐馆，他根本无心去过餐馆里千篇一律的单调生活，而只想在银行谋事。胡老爷与杨世顺自始至终过着中国式的生活，固守华族文化传统，难以融入西方社会生活，晚年生活悲凉。

小说的深刻之处在于，人物的困境并不仅仅在文化的差异和代际的差异，更主要的是人类本质上的悲剧性和荒诞性。当胡磊目睹邻居格拉士之死后，他头脑中纠缠的问题是，"人从幼年到青年，中年，一直向目标努力，待到目标实现，生命也到了尽头，一切从零开始[①]"。他已经意识到人类生存如同西西弗斯的苦役，那么人生意义何在？胡老爷老年痴呆，整天陷入对浙江故乡的怀念中不可自拔，世顺卖掉饭店后陷入空虚无聊的黑洞，格拉士的绝望等死，胡磊对人生意义的思考与探索，这些情节的设置将小说提升至哲学思考的层面，小说已超越文化的界别，而逼问人类共同的命运本质。

加缪在《西西弗斯的神话》文中认为"荒谬"来自人与世界的对立关系的觉知，人一旦开始追问人生的意义和本质，荒诞感就会油然而生，因为人生本无意义，如同西西弗斯推巨石，巨石终会回

[①] 林湄:《浮生外记》，上海：上海文艺出版社，1994年，第146页。

至起点。小说中的人物胡老爷、杨世顺、格拉士并没有从现实的困境中真正摆脱出来,他们年轻时为生存的欲求激荡,挥洒热血,待到晚年,生活露出无聊孤独的面目,当他们意识到这一点的时候,荒诞感就产生了。世顺慢慢明白"老了最终还是靠夫妻两人过日子,儿女是指望不上了,也管不了,不如把饭店卖了,该玩的玩,该花的花,享受享受[①]"。

小说流露出叔本华式的悲剧意识。叔本华说人生就是一场悲剧,辛苦一生追逐的目标只是幻影。他在《作为意志和表象的世界》中提出的"人生如钟摆"理论:

> 欲求和挣扎是人的全部本质,完全可以和不能解除的口渴相比拟。但是一切欲求的基地却是需要,缺陷,也就是痛苦;所以,人从来就是痛苦的,由于他的本质就是落在痛苦的手心里。如果相反,人因为他易于获得的满足随即消除了他的可欲之物而缺少了欲求的对象,那么,可怕的空虚和无聊就会袭击他,即是说人的存在和生存本身就会成为他不可忍受的重负。所以人生是在痛苦和无聊之间像钟摆一样地来回摆动着;事实上痛苦和无聊两者也就是人生的两种最后成分……在人们把一切痛苦和折磨都认为是地狱之后,给天堂留下来的除闲着无聊之外就再也没有什么了。[②]

[①] 林湄:《浮生外记》,上海:上海文艺出版社,1994年,第59页。
[②] [德]叔本华:《作为意志和表象的世界》,石冲白译,北京:商务印书馆,1982年,第427页。

  胡老爷和杨世顺曾经的奋斗并没有带来生活的福祉，胡老爷患失尿症、痴呆症，遭儿媳艾玛嫌弃，整天沉浸在往事的回忆中，晚景凄凉；杨世顺卖掉饭店后又发现无聊比劳累更难对付，不知如何打发时间，他开始找老朋友、串门、上街、种花、养鸟，但很快又觉得无聊。他整天不开心，抽烟、睡觉、啰嗦，找妻子如意吵架，人日益消瘦。格拉士从电讯局退休后与瘫痪在床的老伴相依为命，无聊至极，他每天以监视灿灿为乐，老伴死后，78岁的他心如死灰，整天把自己关在家里，不与外界接触，最后因脑溢血孤独地死在家里，而他唯一的儿子并没有在身边照顾他。

  老之将至，生命的孤独与悲凉也如影随形，不论是身处母国还是异域，人生的痛苦与无聊没有差别。林湄在2005年发表的《感受边缘》一文中说，无论东西方，人类具有相同的喜怒哀乐的情感，对人类共同的悲剧命运怀有相同的理解与悲悯心理。

  作家认同叔本华式的人生悲剧观，但又超越叔本华的消极遁世态度，用基督教的爱与怜悯化解矛盾，给善良带上人性之光。桑平是作家塑造的理想人物，是个虔诚的基督徒，她用善良化解身边人的矛盾。桑平的父亲虽然因为流连赌场而欠下赌债，弄得妻离子散，最后流落街头，但桑平对父亲怀怜悯之心，她希望能把父亲接到养老院养老，好好善待他。可以说桑平带有作家自身的影子。林湄也是个虔诚的基督徒，她认为神性是关注人性必须涉及的问题，"'心灵'，'意识'中既有天使也有魔鬼，自然就离不开人性与神性的交流（因为人的最高特性是神性），即天人合一、人与自然宇宙的关系①"。林湄在经历了重重磨难之后，选择了基督教信仰，"我在痛苦中学会思考并接近宗教。面对痛苦的最好心态是跨越，将其升华为一种磨炼和造就的过程。不记恨、不报复、不沉沦，从中慢慢感悟怜悯的高贵和智慧②"。她将自己对神性的感受贯注在作品中，桑平就是作者的化身，"我有宗教信仰。就是让'有限'接触'无限'，实际上是指人与自然、宇宙的一种和谐关系。当一个人无法适应混沌的社会现实时，容易处于迷茫、彷徨、失落、消极的状况，宗教能净化人的心灵，让人心平气静的观望世情，从混沌里提升到一个纯净的高度，从而扩大人的心胸和视野，不仅学会自审、审人，更学会自度、超越，并在关注自身命运中不忘思考灵魂特性和生存意识③"。

《浮生外记》发表后的十年，2004年，林湄发表长篇巨著《天望》，她在小说序言中所说，"漂泊已不是新鲜的话题了，它已成为世界潮流的一部分，并且还在继续与发展④"。小说主人公弗来得如同约翰·班扬《天路历程》中的"基督徒"，投身传道宣教事业但屡屡受挫，这种经历带有隐喻意义，正如最后回到弗来得身边妻子微云所说，"你的爱征服了我，这个世界没有比爱更具有征服力了。从今以后，我照顾你，服侍你。天堂就是爱"。基督式的"爱"可以超越民族文化的、价值观念的障碍，征服一切，作家带有宗教色彩的人文情怀力透纸

---

① 江少川：《漂流、再思、超越——林湄女士访谈录》，《世界文学评论》，2009年第1期。
② 江少川：《漂流、再思、超越——林湄女士访谈录》，《世界文学评论》，2009年第1期。
③ 王红旗：《"坐云看世景"的荷兰华文女作家》，《华文文学》，2007年第2期。
④ 林湄：《天外》，北京：新世界出版社，2014年。

背。她的两部姊妹篇《天望》2009年获中国女性文学奖,《天外》2016年获华侨华人"中山文学奖"。作家用世界性的眼光看待各民族文化,超越"文字还乡"的模式,表现出新移民作家的"无边界的人类关怀①"。

林湄的世界主义眼光和人道主义情怀使她的作品焕发出人性的光芒,在中国移民作家中,她通过《浮生外记》最早突破"漂泊"主题,《浮生外记》也成为其融合东西方文化气息的作品之一。正如艾勒克在《殖民与后殖民文学》中所言,由于作家具有国内和国外的双重生活经验,因此具备双重目光,"既从文化的内部也从文化的外部来看待或批判一种文化,而这种批判则将导致更彻底的'流放',即把不一致的经验放在一起加以考察,发现它们之间的相互作用关系和共存状态,不同民族经验或不同文化的边界在这种审视下被淡化或消解了。为此,无家可归被转化为处处为家,这是流放者的喜悦②"。

三、《天外》文化混杂策略研究

林湄的两部姊妹长篇《天望》(2004)和《天外》(2014)相合有百万字,前后创作时间达20年之久,武汉大学的汪树东教授评价《天外》,写作"长达十年,在当今时代里居然再次上演了曹雪芹于悼红轩

---

① [英]艾勒克·博埃默:《殖民与后殖民文学》,盛宁、韩敏中译,沈阳:辽宁教育出版社,1998年,第154页。
② 黄万华:《聚散之间——荷兰比利时卢森堡华文文学的文化姿态》,《华文文学》,2000年第1期。

中的耐心和壮举①"。《天外》着力展示少数族裔华人新移民——郝忻如何在新居地与西方文化冲撞、协商、融合的过程,可以说,小说讲述了一个中国知识分子反思母国文化、模拟西方文化(以浮士德为代表),并最终在中西文化杂糅的"第三空间"(the third space)实现了身份改写的故事。复杂多元的离散场域、灵与肉冲突的细腻展示使得《天外》具有丰富的阐释空间。本书将《天外》看作离散空间中华人移民寻求身份定位的文化切片,引用西方后殖民主义理论中的"混杂"(hybridity)概念,探讨郝忻如何通过文化模拟(mimicry)策略,消解西方强势话语,实现了文化身份改写。

"混杂"最初只是纯粹性生物学用语,意同"杂种"。到十九世纪中后期,"混杂"被帝国主义者赋予了负面的文化内涵:意指白人种族文化与非白人种族文化之间的杂合。保罗·吉尔罗伊(Paul Gilroy)在《黑色的大西洋:现代性与双重意识》一书中提到,混杂"从种族主义的观点看来,这将是一连串的污染和不洁……是相当糟糕的文化突变②"。帝国主义者强调白人种族的纯正与绝对权威,认为混杂只会导致白人种族的退化,是文化本质主义的体现。吉尔罗伊指出"文化本质主义的基本标识,也是它得以流行的关键是强调民族差异的绝对性。这些差异使他们在社会和历史经验、文化身份等所有其他方面获

---

① 汪树东:《从超越视角审视现代人的生存困境——论林湄长篇小说〈天外〉的叙事伦理》,《华文文学》,2015 年第 4 期。
② Paul Cilroy, The Black Atlantic: Modernity and Double-Consciousness, Cambridge: Harvard University Press, 1993, p.2.

得无可争议的优先地位①"。

爱德华·赛义德（Edward Said）认为东方不是真实的东方，而是被西方话语建构出来的东方。"东方国家在某种意义上它正是按照我们所认识的方式而存在的。"② "因为你是一个东方人，所以你有罪。"③这种二元对立的思维只能导致弗朗茨·法农所言的结果：黑人只有两种选择：成为白人或者消失。赛义德力图打破东西方二元对立的思维模式，但缺乏对东方的能动性与反抗性的论述，东方始终是沉默的"他者"。直到霍米·巴巴才真正论及混杂的正面意义。巴巴认为"混杂"是一种新的文化和特权的第三空间，"既不是这一个也不是另一个④"。殖民关系从来不是吵吵闹闹的殖民老爷与沉默土著之间的对立，而是二者混杂共存、矛盾共谋的关系，在话语实践上殖民者与被殖民者只能是你中有我，我中有你的状态。⑤他提出文化模拟策略，将模拟定义为对语言、文化、礼仪和思想的夸张复制，不是简单的被动的重复，而是积极主动的模仿。模拟实际上"戏弄了殖民者的自恋和权威。模拟只是一种伪装，而不是和谐。通过部分重复、部分颠覆的模仿，威胁了殖民主体的稳定性⑥"。在混杂的作用下，殖民权威的象征物，如英语、西装、雪茄等经过被殖民者的不断重复、模仿而变得似是而非，模拟"使殖民

---

① Paul Cilroy, The Black Atlantic: Modernity and Double-Consciousness, Cambridge: Harvard University Press, 1993, p.3.
② [美]萨义德：《东方学》，王宇根译，北京：生活·读书·新知三联书店，1999年，第40页。
③ [美]萨义德：《东方学》，王宇根译，北京：生活·读书·新知三联书店，1999年，第47页。
④ Homi K. Bhabha, The Location of Culture, London & New York: Routledge, 1994, p.11.
⑤ 赵稀方：《后殖民理论》，北京：北京大学出版社，2009年，第108页。
⑥ 赵稀方：《后殖民理论》，北京：北京大学出版社，2009年，第109页。

主体成为一种'部分的'存在,'部分的'在这里意味着'不完整和虚拟'①"。少数族群站在一个边缘的"居间""之外"的立场发言,只有通过"协商",才能建立出临时的身份和主体性。

(一)情感越界:打破滞定形象

对于二十世纪八十年代移居西方的华人新移民来说,地理空间上的位移带来的是由母国(传统)跃入西方异域(现代)的时代穿越感。一方面,他们呼吸着西方自由的空气,享受着个体生命摆脱政治高压后的轻松感;另一方面,他们又遭遇由于文化差异带来的挤压感和撕裂感:他们要警惕来自西方异质文化的霸凌,又不得不直视来自母国文化的精神遗产。

移居欧洲的郝忻准备写一部传世之作《傻性与奴性》,把它视为"回馈社会、报答杨敬书老师在天之灵的礼品②"。实际上,"傻性"与"奴性"聚焦的是中西文化差异与融通的问题,它始终贯穿在郝忻的文化身份建构的过程之中。杨敬书是郝忻的高中语文老师,正是他对阿Q与浮士德形象的思考开启了郝忻的文化身份探索之路。"浮士德和红楼梦里的主角均有原型塑造而成,堂吉诃德、阿Q正传和孔乙己则代表一个民族的灵魂。生存于命运,为何中西方艺术家的视角,构思如此不一样,差异在哪里?"③杨老师是鲁迅式启蒙知识分子,他对阿Q的奴性拷问在二十世纪五六十年代的中国带有很强的启蒙色彩,鲁迅自

---

① Homi K. Bhabha, The Location of Culture[M], London & New York: Routledge, 1994, p 86.
② 林湄:《天外》,北京:新世界出版社,2014年,第7页。
③ 林湄:《天外》,北京:新世界出版社,2014年,第6页。

叙创作《阿Q正传》是为了写出一个现代中国人的沉默的魂灵，钱振纲认为按照鲁迅对中国国魂的分类：官魂（统治阶级的思想）、匪魂（造反者的思想）和民魂（国民自己的思想），阿Q本质特征是"民魂"缺位，从理性上看，离不开一定的社会环境。"精神胜利法"是他适应社会的一种实用主义的生活方式。①阿Q的"精神胜利法"的本质是"奴性"。阿Q没有自己的独立判断，凡事自欺，又去欺人。

郝忻受杨敬书老师的思想影响很大，移居欧洲后，面对西方强势文化的挤压，精神的探索成为他建构新的文化身份的动力，他一直在思索中西国民灵魂的问题。他把浮士德视为西方文化的代表，并奉为精神导师，"因他（浮士德）虽荒唐却博学，糊涂时能克制，享乐中有追求②"。他不断与浮士德进行精神对话，力图在离散空间寻求文化认同。郝忻的选择隐喻华人离散群体力图融入西方现代文化的努力。浮士德的精神实质是不断生成，在不停息的追求中释放生命能量。魔鬼梅菲斯特代表人性中永不知足的一面，是人自身的"否定精神"的象征。浮士德与梅菲斯特签订的契约：只要浮士德感到心满意足，别无他求，他的灵魂就会随魔鬼下地狱。这揭示了人类心灵的密码：人注定要在不断追求自我实现的过程否定自我，超越自我。

我愿为之献身的，是销魂的境界，是最痛苦的赏玩，是被迷恋的憎恨，是令人心旷神怡的厌烦……凡是分配给全人类的一切，我将在我的内心独自享用，并以我的心神掌握至高至深的道理，在我的胸中

---

① 钱振纲：《民魂缺位——阿Q性格本质特征新探》，《北京师范大学学报（社会科学版）》，2010年第6期。
② 林湄：《天外》，北京：新世界出版社，2014年，第8页。

积累全人类的祸福休戚,于是我的小我将扩大成为它的大我,最后将像这个大我一样一败涂地。①

浮士德的灵魂得以拯救正赖于这永恒的努力与追求。他敢于向命运挑战,在与恶共舞中探寻人的价值,这种西西弗斯式的悲剧精神与阿Q不愿意直面现实的"奴性"是决然不同的。

身处中西文化混杂场域,郝忻需要的正是浮士德这样直面现实的勇气,不断反思自我,否定自我,超越自我的精神,他一系列的反思与行动对于华人离散群体都显得颇具启发性。

郝忻首先要摆脱旧有的身份桎梏。郝忻是"镂刻着历史印章出生的人",他的父亲是国民党陆军营长,解放前夕,随军出走台湾。这种身份给郝忻带来巨大的影响。小说中有个重要的象征物——耳塞,郝忻从小有雷声恐惧症,听到雷声就害怕,非得戴上土医为他特制的耳塞。从医学层面讲,这是因为母亲怀孕时正值解放战争,听到太多的炮声,但在文学视域中,耳塞是一个具有象征意义的意象,雷声恐惧症也是一个具有隐喻意义的心灵事件,郝忻因为出身不好,周围人闲言碎语很多,郝忻害怕"人多声闹,更怕雷声,好像是冲着我发怒似的……我如同生活在栅栏外的小羊,受人欺负鄙视,诚惶诚恐过日子②"。因此郝忻从小养成谨小慎微,内敛慎行的性格,雷声恐惧症何尝不是当时特定政治环境下的血统恐惧症?直到移居欧洲之后的某个雷雨之夜之后,郝忻魂游灵界,在会亲厅见到父亲,父亲告诉他不要将

---

① [德]歌德:《浮士德》,绿原等译,北京:人民文学出版社,1999年,第52页。
② 林湄:《天外》,北京:新世界出版社,2014年,第3页。

世俗人的价值标准当做圣旨，终身劳苦烦愁，"别顾虑太多，一天的重担一天挑[1]"。父亲的话解开他头脑中的身份意识枷锁，消除了他的恐惧症。

"雷雨之夜"是小说中的重要事件，在"雷雨之夜"被雷电震晕之后，郝忻情欲苏醒，感官变得极其敏锐，特别是对年轻漂亮的女人心有所动。霍米·巴巴在《模拟与人：后殖民话语的含混性》中指出"模拟"是"战争中的伪装术，依照斑驳的背景将自身变得含混，产生出某种与原体相似和不似之间的'他体'[2]"。郝忻的情感越轨是他急于摆脱旧有文化身份的"身体冒险"，是一种小型的狂欢仪式。郝忻与苇苇的婚外情和浮士德与格雷琴爱情的有某些类似，但又有差异。《浮士德》是歌德在西方启蒙运动后期发表的，浮士德的情欲追求带有尼采式的反启蒙理性的特点，他在书斋中感叹"我劳神费力把哲学、法学和医学，天哪，还有神学，都研究透了。现在我，这个蠢货！尽管满腹经纶，也并不比从前聪明[3]"。在梅菲斯特的"生命之树常青"的引导下，浮士德走出书斋，投身生活实践，"让我一味玩耍，我未免太老，但要我清心寡欲，我又太年轻。这世界还能给予我什么呢？[4]"我们仿佛听到尼采的呓语"我全是肉体，其他什么都不是；灵魂不过是指肉体方面的某物而言罢了[5]"。郝忻的情欲萌动则带有反禁欲主义的个性

---

[1] 林湄：《天外》，北京：新世界出版社，2014年，第54页。
[2] [英]吉登斯：《现代性后果》，南京：南京大学出版社，1997年，第88页。
[3] [德]歌德：《浮士德》，绿原等译，北京：人民文学出版社，1999年，第15页。
[4] [德]歌德：《浮士德》，绿原等译，北京：人民文学出版社，1999年，第47页。
[5] [德]尼采：《查拉图斯特拉如是说》，钱春绮译，北京：生活·读书·新知三联书店，2007年，第31页。

解放的特点,他对芇芇的情感很大程度上只是肉体上的欲望,带有弗洛伊德式的性本能观念,婚外情是郝忻对自身固有的禁欲观念的抗议,也是弗洛伊德性学观念的实践。这源于郝忻迥异于浮士德不同的文化经验:

第一,郝忻的婚外恋源自禁欲观念的反弹。中国二十世纪五六十年代,性伦理带有禁欲倾向。郝忻说"每逢肉体和灵魂冲突时,就用'政治'来恐吓自己达到逃避真我的目的……达到清心寡欲的状态[①]"。他对心理医生彼得说,他"经历虽荒唐却普遍,无论初恋、结婚还是婚后,简直是'纯情'加'不知情',视'性'事为肮脏低级趣味的事情,结婚只是传宗接代[②]"。马克思说:"人和人的关系都社会化了,只有性关系还保留了社会和自然的双重性。"[③]男女性关系本来具有社会性和自然性两种属性,把性作为人与动物区分的界限,用高贵与野蛮的社会性概念定位性行为,这就简单粗暴地割裂了性的自然性与社会性,自然属性受到社会的严重压制时,两者爆发剧烈的冲突。小说中的郝忻的妻子一念后来为了报复郝忻,也随之出轨,卜馥淑移情郝忻也与她的情感被压抑的经历分不开。这些人物对情爱的追求都带有反抗禁欲观念的意味。

第二,大卫与彼得的性爱观对郝忻产生直接影响。大卫是中英混血儿,为了逃避兵役搓断右食指,极其讨厌英雄、烈士这些高尚的词

---

① 林湄:《天外》,北京:新世界出版社,2014年,第190页。
② 林湄:《天外》,北京:新世界出版社,2014年,第88页。
③ 艾晓明、李银河:《浪漫骑士——记忆王小波》,北京:中国青年出版社,1997年,第261页。

汇，是西方极端自由主义者的典型代表。在参政商议会上，大卫大谈外遇合理论调，他认为外遇是个人隐私，和政见、工作能力无关，很多政坛要人有艳遇。虽然郝忻当场驳斥他，认为外遇是人品问题，但大卫的论调无疑对郝忻的婚恋观产生了影响。真正刷新郝忻婚恋观的是心理医生彼得的一套弗洛伊德性爱理论，彼得将性与身体健康连在一起，认为性爱可以消除心理障碍和隐患，也是激化生命活力，满足精神的最佳活动。蒂蒂主动投怀送抱，郝忻出轨了。郝忻对一念说自己活了大半辈子，还不曾想到人生是什么，更不知道性与权力地位是人的本质欲求，是生命的安魂曲。

对于郝忻而言，情感越界是打破滞定形象的一种方式，是对浮士德情感经历的模拟。小型的狂欢仪式是一种越界，他打破等级、肤色、阶级、种族的限制，从一个领域进入另一个领域，"狂欢化是一种想象历史、重述历史并赋予历史以新的意义和价值的一种方式……它将那些渺小的，被压迫的、无力的、缺乏自信的个体融入集体之中，作为一个整体、一个庞大的躯体而行动，从而获得一种模拟的社会地位和能力，感到自己变得更加自信和有力[①]"。

（二）翰林院：文化身份的象征

斯图亚特·霍尔（Stuart Hall）在研究加勒比海黑人族裔散居理论中提出文化身份的两大特性：一是文化身份反映共同的历史经验和共

---

① 张德明：《流散族群的身份建构——当代加勒比地区英语文学研究》，杭州：浙江大学出版社，2007年，第157页。

有的文化符码,它提供一个稳定、不变和连续的指涉和意义框架。二是文化身份受主导性话语权力影响处于不断变动之中,"它们绝不永恒地固定在某一本质化的过去,而是屈从于历史、文化和权力的不断'嬉戏'(play)"[①]。离散的文化身份的形成并不是当初文化符码给出的意义,而是语意指向过程中的无限延异,是意义生成的过程。面对新居地异质文化的影响与控制,郝忻保持探索文化身份的精神,利用模拟的策略转变权力控制,与之协商,最终适应多元混杂空间。移民区翰林院的开办标志着郝忻文化身份建构的重大突破。

郝忻移居欧洲后,与妻子在糖果厂工作,一度满足现状,"社会稳定,假期多,福利好,与同事相处和睦,加之夫妻恩爱,又能在业余时间从事自己的爱好,夫复何求?"[②]这正反映中国传统知识分子知足常乐的平和心态。李泽厚说,中国儒家传统思想中的个人主义不是真正的个人主义,儒家所设计的人与社会中,个人很微弱。[③]儒家讲究入世,有点个人进取的意思,但不能算是个人主义,儒家关于人的观念倒和马克思主义关于人是"社会关系的总和"比较接近。在"雷雨之夜"回魂之后,郝忻根深蒂固的人生价值观轰然倒塌,雨夜之前,他觉得享受就是追求曾皙那样的生活,"莫春者,春服既成,冠者五六人,童子六七人,浴乎沂,风乎舞雩,咏而归"。安贫乐道,不慕富贵权位这种人生价值观与浮士德大相径庭,浮士德劝郝忻"应当到世俗闯一

[①] 罗刚、刘象愚:《文化研究读本》,北京:中国社会科学出版社,2000年,第211页。
[②] 林湄:《天外》,北京:新世界出版社,2014年,第2页。
[③] 刘再复、李泽厚:《个人主义在中国的沉浮》,《华文文学》,2010年第4期。

闯，承担和体验人间的祸福，或与暴风雨奋战一番①"。浮士德自强不息，不断向命运挑战，执着靠近真理的精神引发郝忻对知足常乐价值观念的反思。蜗居与做劳工确实是许多华人移民知识分子的处境，比如林湄的小说《天望》中老陆是生物学教授，却在小餐馆洗碗挣钱，这是欧洲少数族裔群作为欧洲社会弱势群体不得不面对的事实。郝忻出国前是教师，有较高的社会地位，到了欧洲之后，不得不接受西方强势文化的设定，雌伏工厂。

郝忻并不真正甘心接受"劳工"身份的设定，陷入"自我他者化"的泥沼，而是想创立自己的事业，翰林院的创立是郝忻文化身份改写的重大突破。郝忻有丰厚的文化积淀，对中国传统文化也颇有心得，妻子拿出卖药材赚的第一桶金支持郝忻创建翰林院。郝忻由工人转变成了翰林院老板兼教师。霍米·巴巴认为混杂是一种力量，混杂空间是一种优势空间，被殖民者通过巧妙设置与文化权威进行协商的其他殖民空间，使得西方的话语权威变得模糊和变向。正如接受基督教的印度人所说，"上帝的话怎么能出自于食肉的英国人之口呢？"②少数族裔群不能通过抗衡消解权威，而是通过两者的混杂捕捉自己的生存空间。弱势文化在模拟过程中不断从内部改造强势文化，制造二元对立之外的"第三空间"。可以说，翰林院是郝忻开创的"第三空间"。翰林院位于Q城西北部长桥外新开发的移民区，那儿是典型的文化混杂区域，"多式多样的人种、风俗、商店，不同的生存方式给小城增添

---

① 林湄：《天外》，北京：新世界出版社，2014年，第98页。
② [美]萨义德：《东方学》，王宇根译，北京：生活·读书·新知三联书店，1999年，第108页。

了一道亮丽的景象,令单调幽静的 Q 城呈现生机鲜活、磅礴多彩[1]"。华人在老区街巷开中餐馆、中国杂货店、理发店、武术馆、针灸按摩院等,"翰林院"是该区的一个亮点。郝忻教汉语、书法和二胡,"以自己的专长赚钱,高雅有识,光明磊落,充满前途和希望[2]",比杂货店、中餐馆有文化多了,糖果厂与翰林院更是没法比。中国历史上的"翰林院"是唐代开始设立的各种艺能人士供职的机构,是中国文人向往的学术场所。郝忻开办的翰林院既可以传播中华传统文化,又能以此为基础积极参与社会事务,从而不断生成文化身份。

郝忻还积极参选华人筹委会,老王看到郝忻的才华,也让郝忻参加秋季华人竞选。正是因为郝忻与外界的接触越来越广泛,他对西方文化了解才会越来越深,才有融通中西文化的可能性。浮士德认为出国后的郝忻应"看看居住在地球上的人们,在体验政治、知识、爱情、事业和美丑等方面,是否人心俱同,和我一样?[3]"郝忻到外贸公司下海经商,跟随卜馥淑往来于中国与欧洲,见识了改革开放后的中国正不断追赶西方,经济发展迅速,日新月异,但当时也面临精神文明上的种种问题,不管是中国还是欧洲,人们面临的问题都是一样的。

(三)宗教融合:获得心灵启悟

林湄的创作风格与其他华人作家相比有着独特的个性,她不像严歌苓着力描写华人移民追寻"美国梦"所付出的艰辛(《扶桑》),也

---

[1] 林湄:《天外》,北京:新世界出版社,2014 年,第 20 页。
[2] 林湄:《天外》,北京:新世界出版社,2014 年,第 16 页。
[3] 林湄:《天外》,北京:新世界出版社,2014 年,第 99 页。

不像虹影借宣扬中国的传统文化，颠覆西方的东方主义话语（《英国情人》）。她更多地从人类灵魂共性层面关注华人移民在新居地的生存问题。

根据犹太经验，"离散"（diaspora）大致有三层意思：一是离开故土到异乡生活却始终怀乡；二是因受迫害而流放；三是在新居地再创文化。故乡是文化原生意义上的"第一空间"，新居地是"第二空间"，文化具有异质性，新移民作为文化混血儿，故乡与新居地都是一种"部分在场"，他们要积极寻求的是介于两种之间的模棱两可的"第三空间"，它不是想象中的两种对立文化之外的第三者，或调停两种不同文化的中和客观性，它是协商的空间，居间的"之外"的空间。在伪装和越界模仿中，"两者之间"（between）被清晰表达出来。①

与浮士德相比，郝忻面对的现实语境要复杂的多，他面对的是科技飞速发展的全球化时代，人性异化的问题相当突出。正如小说中所言，在科技发达的当代社会：

> 人类越发展越离谱……科技改变了世界，地球变成了魔球，地上几乎成了石屎林，烟气冲天，污水连连，卫星、火箭、导弹等时常入侵天界，令西方的耶稣和东方的仙女愤然抗议，誓言要报复……将东方的精怪和西方的撒旦联合组织起来，成立"阴府世界联盟会"，西方的盟主叫梅菲斯特，东方盟主叫黑猪，准备联手对抗阳人。②

---

① Homi K. Bhabha, The Location of Culture, London & New York: outledge, 1993, P.49.
② 林湄：《天外》，北京：新世界出版社，2014年，第82页。

郝忻要经受住两个恶魔的诱惑:西方的梅菲斯特和中国的黑猪,梅菲斯特是浮士德(西方人)的魔性化身,东方人的魔性化身是黑猪,梅菲斯特和黑猪是人性中恶的象征。黑猪是一个人脸猪身的怪物,面容黧黑,无形无体,有名有姓,叫郏酬愕(谐音"假丑恶"),它的死对头是曾三妹(谐音"真善美"),它性格外向,害怕孤独,喜欢热闹,加上爱想象,欲望多,只好依附人类尽情享受。[①]与梅菲斯特相比,黑猪显得相对具体,它有一个特殊身份,20岁在战场身亡,是一位战死沙场的烈士,到了阎王殿才发现人家醉生梦死到八九十岁,死而无憾,而它活着的时候从没享受过人生,所以,它劝郝忻一定要及时行乐,以免后悔。黑猪是"及时行乐"人生观的代言人。正是在黑猪的"引导"下,郝忻与苈苈发生了婚外情。

小说中的梅菲斯特和黑猪同样被作家视为否定的力量,古希腊德尔菲神庙中刻有两句话"认识你自己"和"凡事勿过度",但丁《神曲》中把骄傲视为人类的第一大罪,这提醒我们:人类犯错的可能性是存在的。就像《浮士德》的"天堂序曲"中上帝所言"人只要努力,犯错误总归难免"。纵观人类历史,工业革命带来的科技进步和物质丰裕的同时也制造罪恶和污染,社会变革带来的两次世界大战夺走了无数人的生命。

身处中西文化混杂场域的华人移民郝忻面对的已不再是中西两种文化之间的冲突,而是全球化情境中人类共同面对的难题:人性的异化。黑猪的极端个人享乐主义提醒的是科技工具理性发展过程中缺乏

[①] 林湄:《天外》,北京:新世界出版社,2014年,第81页。

人文价值理性的规约，人类必定走向精神的废墟；浮士德永不满足地追求自我价值的实现，试图成为尼采式的"超人"，最终超越性又在哪里？

《天外》最终从信仰的角度对郝忻面临的困境提出的启示性方案。郝忻经历了小姨子一靳的离世、彼得的言行、翰林院的命运、卜经理的感情经历、婚姻的危机等一系列事件，最终在老祖祖的启发下有所顿悟。小说中老祖祖是个不可或缺的"地母"式人物，她本是大家闺秀，生活经历如同戏剧般具有传奇性，年过九旬，为了减少一靳夫妇的麻烦，她主动申请住老人院，她说"十个指头，有长短，阳光底下无新鲜事[1]"。时间在变，人性并没变。她丰富的人生经历使她认识到，只有抱有赤子之心，以简单应付复杂，才会快乐，她时常和布娃娃凌芬痍对话，凌芬痍本来只是一个普通的布娃娃，有一次，老祖祖给她缝衣扣的时候手的血滴到她的嘴里使她有了灵性，会说话了，老祖祖给她取名凌芬痍（谐音"灵魂体"）。这段经历影响了老祖祖的思维和生活，"她总是一面生存一面在已经走过的路上游览，用特有的眼光、视角、意识即心灵感悟看待一切俗事和生活[2]"。老祖祖是虔诚的基督徒，认为用爱可以消弥人与人之间的矛盾，同时又受中国禅佛思想的影响，带有老庄的清静无为，顺应天道的观念，"不要对人有要求……天上的飞鸟不种也不收，尚有衣食，你是人，无须烦恼[3]"。

---

[1] 林湄：《天外》，北京：新世界出版社，2014年，第66页。
[2] 林湄：《天外》，北京：新世界出版社，2014年，第74页。
[3] 林湄：《天外》，北京：新世界出版社，2014年，第479页。

在给老祖祖拜寿的晚上，郝忻看到天空云彩散聚中形成一条阶梯似的天路，"路面有许多荆棘、泥坑和石头……只有少数人在那儿又苦又累地攀登。瞧，有人坚持不了就滑下来了[①]"。有的人接近天界了，大门徐徐打开，里面金碧辉煌。这是约翰·班扬所描述的"天路历程"，尘世的路很艰辛，信仰的门是敞开的，在永恒的信仰中走过尘世的路，才能找到幸福之门。但郝忻还提到另外有一条路，"是用木块铺成的，它叫禅，可惜路旁均是高楼大厦，四处喧闹，有人忙于评'功过'，有人在叽叽喳喳说'是非'，还有'善恶'在向路人招手……只有'是非''善恶'渐变成了彩虹，那华丽富贵的色彩围着'心'和'净'转啊转，转啊转，但那颗'心'却一点也不动不转[②]"。这是释迦牟尼菩提树下不为尘世红尘所动的画面，身处俗世之中又不为其所动，这是佛教的境界。郝忻感悟到东西方两种宗教的精神，所以老祖祖说郝忻的灵魂有救了。这里说明了郝忻的心灵救赎来自两个药方：中国佛禅与西方基督。郝忻的心灵探索之路是融合东西方哲学思想的神性探索。

郝忻的心灵感悟与林湄的灵性写作分不开，林湄是个虔诚的基督徒，她认为神性是关注人性必须涉及的问题，"'心灵''意识'中既有天使也有魔鬼，自然就离不开人性与神性的交流（因为人的最高特性是神性），即天人合一、人与自然宇宙的关系[③]"。林湄在经历了重重磨难之后，选择了基督教信仰。

---

① ② 林湄：《天外》，北京：新世界出版社，2014年，第518页。
② 林湄：《天外》，北京：新世界出版社，2014年，第518页。
③ 江少川：《漂流、再思、超越——林湄女士访谈录》，《世界文学评论》，2009年第1期。

我有宗教信仰。就是让"有限"接触"无限",实际上是指人与自然、宇宙的一种和谐关系。当一个人无法适应混沌的社会现实时,容易处于迷茫、彷徨、失落、消极的状况,宗教能净化人的心灵,让人心平气静地观望世情,从混沌里提升到一个纯净的高度,从而扩大人的心胸和视野,不仅学会自审、审人,更学会自度、超越,并在关注自身命运中不忘思考灵魂特性和生存意识。①

林湄许多作品中都带有灵性写作的特点,《天望》中男主人公弗来得放弃田园生活走上传教之路,海伦受邻居阿姨影响,成为虔诚的基督徒,与洋人丈夫的结婚不幸福,最后决定到非洲传道。《漂泊》中的女主人公吉利为逃避中国丈夫的纠缠,带着儿子出国,生活艰辛,几乎自杀身亡,最后在宗教信仰中找到爱的力量,获得新生。林湄的小说从灵魂论辩的角度写出人物灵肉交战的惊心动魄,她的作品为我们提供文化创伤疗治的新路:从宗教信仰中获得医治的资源。从《天外》中,我们看到她的药方不是单一的西方基督教信仰,还有中国的佛禅哲学。

综上所述,《天外》细腻描写了中年知识分子郝忻移居欧洲后,面对生活中的物欲、情欲以及文化困惑不断超越自己,最终在西方基督教与中国佛禅信仰的启示下获得精神救赎的故事。作品将主人公郝忻置身于多元文化杂合的混杂场域,他没有完全抛弃母国文化传统,也没有完全归顺西方文化,而是采用"模拟"的文化策略不断进行身份改写,在"第三空间"建构新的身份。霍米·巴巴主张作家应站在一

---

① 王红旗:《"坐云看世景"的荷兰华文女作家——与林湄女士畅谈她的魅力人生和长篇小说〈天望〉》,《华文文学》,2007年第2期。

种"离家"（unhomed）的立场创作，这既不是反对"家"的概念，也不是无家可归，而是不以某种特定文化为归宿，而处于文化的边缘和疏离状态。林湄恰恰就是这样一位边缘作家，她自言，"作为两边不到岸的边缘作家，却有一种特殊的奇妙的感触，可以说，有苦有乐、有幸又不幸，以及有一种远离喧闹的平静感[①]"。林湄往往把人物放置在中西文化冲撞的漩涡中，通过他们不断地身份改写从而在中西文化的"协商空间"中找到人生的完满。而她的"灵性写作"为中西文化融通建构提示了新路，刘再复指出"中国数千年的文学便显示出一个根本的空缺：缺乏灵魂论辩的维度，或者说，灵魂的维度相当薄弱。我们迫切需要的工作，就是探讨文学的灵魂维度与灵魂深度，探讨它们与文学的密切关系[②]"。这是《天外》的独特价值所在。

第三节　张翎：边缘人的挣扎与融合

张翎，浙江温州人，现旅居于加拿大。1983年毕业于复旦大学外文系，1986年留学加拿大，分别在加拿大的卡尔加利大学及美国的辛辛那提大学获得英国文学硕士和听力康复学硕士学位。二十世纪九十年代中后期开始海外创作。张翎的职业是听力康复师，写作对她来说是业余爱好。主要作品有长篇小说《邮购新娘》《交错的彼岸》《望月》，中短篇小说集《盲约》《雁过藻溪》《尘世》等。

[①] 林湄：《感受边缘》，《华文文学》，2005年第6期。
[②] 刘再复、林岗：《中国文学的根本性缺陷与文学的灵魂维度》，《学术月刊》，2004年第8期。

一、《望月》中"边缘人"形象塑造

《望月》(1998)是她的"江南三部曲"中的一部,也是她的长篇处女作。小说刻画了一组由中国大陆移居加拿大的年轻移民群像,作家用细腻的笔触叙述了这群离散群体在加拿大新居地寻求生存的故事。他们处于母国与宿居国的双重离散空间,属于故土文化与新居地文化的"边缘人"。

"边缘人"理论源自德国学者齐美尔提出的"外来人"(Stranger)概念[①],他认为"外来人"就是从别处来到此地的人,并且暂时或长时间停留在此地的人。他是从空间意义上定义"边缘人"的,没有社会学意义。德国心理学家K·勒温是第一个提出"边缘人"(Marginal Man)概念的,他认为:"当一个人从一个工作环境转到另一个工作环境时,以前养成的习惯还没有养成,还未适应新的工作环境,此时对于新的工作环境来说,他的所属性是不稳定的,因此产生紧张感、失落感,表现出过分小心、谨慎、自卑感和不敢自作主张,对自己的天性进行抑制等。这种人是处于两个群体的边缘人。"[②]他仍然是从空间意义上界定这个概念的。美国学者罗伯特帕克提出"文化混血儿"概念,他以犹太人为例,当犹太人被允许参与当地人的文化生活时,不可能马上被接纳,这个犹太人就会处于两种文化边缘,这就是历史意义和文化意义上的"边缘人"。

---

① 余建华、张登国:《国外"边缘人"研究略论》,《哈尔滨工业大学学报》,2006 年第 5 期。
② 张黎呐:《美国"边缘人"理论流变》,《天中学刊》,2010 年第 4 期。

华人移民,特别是知识分子,在异域他乡谋生存,往往有着极为特殊的心路历程。作为二十世纪九十年代的新移民作家,张翎更多地书写离散群体在异域他乡受到的物质和精神上的双重冲击,特别是心理上的边缘化。他们无论是在中国还是异域,都算不上是完全的外来人,他们曾经属于母国,而后进入新居地,但又很难融入其中,他们是母国和异域的"他者",体现双重的边缘化特征。

《望月》中的移民群体从中国来到加拿大,面临中西两种文化的碰撞,他们想要融入新的社会环境,又没办法完全排除母国文化的影响。即使身处异域,他们仍旧与中国人一同生活。新环境迫使他们重构文化身份,他们作出了不同的选择,大致可以分为三种类型:一是以孙望月为代表的坚守者,二是以孙卷帘与刘晰为代表的回归者,三是以李方舟为代表的逃离者。

《望月》是一本关于选择、困惑、挣扎的书。[①]书中各色人物远离故土移居加拿大,面对完全陌生的异域文化,他们必须寻求身份认同,力图融入宿居国文化。孙望月是积极转变文化身份以适应新环境的人物典型。她是中国改革开放后"新潮人"的代表,头脑中有中国传统文化积淀,同时也对各种新事物有着高度的包容度,因而新环境成为她转变文化身份的动力。作为一名女性,她没有成为依附家庭的菟丝花,她有扎实过人的绘画技巧,并怀抱理想。初出茅庐的她依靠颜开平的金钱在国内打响了名头,成为"南北边塞画怪"之一。但她不安于国内平淡的生活,毅然选择投资移民,远赴加拿大,只为了实现自

---

① 张翎:《困惑挣扎中的选择》,选自《望月》,杭州:浙江文艺出版社,1998年,第1页。

己的梦想：画几张画，念点书。丈夫颜开平不能理解望月的精神追求。为了实现梦想，望月放下了对孩子、丈夫、家人的牵绊，孤身一人来到了加拿大多伦多。

由于望月经历了改革开放新思想的洗礼，对于女性权利有着更深的领会，敢于去追求自己的理想和事业，所以才有勇气放下家庭远走加拿大。国外的陌生环境逐渐让她疲于应付，语言障碍、文化差异、情感匮乏都是拦路虎，她对家庭的关注逐渐减少，从最初的每天电话到一月一次的来信。物质生活满足的同时带来的是精神的匮乏。风趣幽默又志同道合的牙口填补了望月精神的空虚，他一方面排解了望月对陌生环境的恐惧感，另一方面两人频繁的交流使她找到了亲情的感觉。面对异域的爱情，望月几乎毫不犹豫地一头扎了进去，她选择与牙口在一起。但牙口的同性恋倾向彻底粉碎了她的爱情幻梦。

望月与牙口之间的爱情实际上是面临两种文化之间的冲突时的逃避心理的体现，两人恋情的结束是两种不同恋爱观的必然结果。经历了与牙口的恋情，她逐步走向成熟。望月坐在家门前的石阶上对宋世昌说："这才发现今年春天心血来潮种下的花，不知不觉地已长成了一园。"[①]爱情的打击使得望月遭受了身体和精神的双重伤害，却也让这朵温室里的娇花在经历雨打风吹后快速成长绽放。宋世昌的鼓励让她渐渐走出阴霾，也促成她成为一位拥有独立意识的女性，她选择在欧洲小镇过自己的生活。望月从一开始的迷茫无措，只凭着一股劲儿独自来到陌生国度打拼，到成为一个不知名小乡镇的普通人，她放下了

---

① 张翎：《望月》，杭州：浙江文艺出版社，2015年，第239页。

人生的浮华，找到了生命的价值，最终活成了自己想要的样子。她是异乡的"坚守者"，默默承受异国文化和生活的冲击，坚持留守异国他乡。①

　　孙卷帘和刘晰在面对新环境时选择的是回归母国文化，最终他们选择离开异域回归祖国。在他们看来，只有回到自己成长的地方，才能找到精神的慰藉。卷帘是孙家三姐妹中的大姐，比望月和踏青更早地踏上了加拿大的土地。与望月不同的是，她没有经历过中国的改革开放，她头脑中的传统观念根深蒂固。到加拿大求学期间，有一个赵姓男友一起陪着她，起先两人互相扶持，但因穷困和语言障碍，两人学业不顺而情感消减，最终分道扬镳。命运似乎特别眷顾卷帘，她遇到了黄明安。黄明安单身，有幽默感，还有一个祖传的餐馆，此时卷帘怀有男友的孩子，学业因为经费问题面临结束，摆在她面前只有两条路：要么回国，要么在加拿大找一个人嫁了。卷帘不敢轻易做决定，她不愿灰溜溜地回国。"好不容易出来了，又回去，怎么跟你家里交代？其实，要是不合适，总是可以离的。这儿离婚，也是很普遍的。"黄明安说的话就像是给了卷帘一颗定心丸。在异域他乡寻求幸福甜蜜的爱情非常困难，现实的生活困境往往迫使女性选择无爱的婚姻，她们希望通过婚姻改变目前的生活状态。卷帘嫁给黄明安可以解决温饱，不会被驱逐出境。卷帘是众多女性移民的典型代表。婚后的卷帘成了黄明安事业的贤内助，她放弃了学业，一门心思辅助黄明安经营餐馆，夫妻之间相敬如宾。可是好景不长，两人的感情随着琐碎的生活变得

---

① 田佳禾：《张翎长篇小说的形象学解读》，山西师范大学硕士学位论文，2012年。

淡漠，婚姻也变得岌岌可危。多年的加拿大生活使卷帘对生活变故持有冷静的态度，面对丈夫出轨她没有指责丈夫，也没有刻意隐瞒家人，而是选择接受事实，离开加拿大回到中国侍奉母亲。最后，黄明安带着孩子回到上海和卷帘重聚，三人终于团圆。卷帘表面上接受西方自由主义观念，但骨子里还是一个地道的中国传统女人，顾家、重情、重颜面。卷帘和黄明安的婚姻虽然不是建立在爱情基础上的，但却给身居异域他乡的她以温暖的亲情。卷帘远赴重洋求学，为的是成就个人事业，结婚后她的重心全部放在了家庭上，尽职尽责地料顾家庭。对于黄明安，她更多的是感恩。因为他愿意无条件接受她和她的孩子，并视孩子为己出，多年的夫妻生活也使两人之间的感情上升为亲情，成为彼此的依靠。她和黄明安的关系类似于朋友、亲人、伙伴，却不会是恋人。一次她借着酒疯来到李方舟家门口向他透露自己的爱意，但李方舟是踏青的爱人，她选择了放弃，理性战胜了爱情，短暂的感情释放后又再次回到现实。总的来说，卷帘来到加拿大后并未实现身份转换，实质上她仍然是个典型的中国女性，是一个无法适应异乡生活而最终返回故乡的"回归者"。

张翎在《望月》中塑造了一个与孙家姐妹完全不同的留学生形象——刘晰。刘晰是二十世纪八十年代中国留学生的典型代表，他有才华，有梦想，满怀着梦想来到加拿大攻读学位。他也有着那个年代留学生的思想局限，他认为异国生活更加的高尚、有面儿，期待能留在加拿大扎根发芽，但他首先必须要有一份稳定的工作。刘晰出国的时间晚，来到加拿大已错过了最好的学语言的时期，语言不畅是他面对的第一道坎。星子曾调侃刘晰说:"都说你那个专业,不是加拿大公民就难找工作。国防机密的,哪信得过你这个外国佬?"[①]移民身份不能获得社会认同是他面对的第二道坎。第三道坎,便是他错误的就业观念。本应为找工作增加筹码的博士后证书,成了他高不成低不就的主要原因。从大学教授到公司小职员,从加拿大到美国,西方自由社会连一个小小的位置也没有留给他,无奈之下,他只得返回北京做一个实验所的副所长。刘晰因为自己的高学历,眼光只盯着高职位,结果不断挫败。从本质而言,这正是他不愿意融入西方文化的体现。

除此之外,刘晰的感情经历也并不美满。他是一个传统的中国男人,向往的是美好和谐的家庭和贤良淑德的妻子。他的前妻是个事业型、独立自强的"新移民女强人",出国后她很快就与刘晰离婚,并带走了女儿冬冬。第二段感情是和星子相恋。他看着星子一人辛苦抚养两个孩子,很同情她们,于是时常接济他们,帮她照顾孩子。他们之间的感情慢慢建立起来。星子看重孩子,她愿意和刘晰在一起是因为他能不计前嫌包容她的孩子、接纳她的过去,一旦面临与孩子分离两地的境况,她便只能选择留在加拿大陪孩子。星子较前妻更符合中国传统女性的温婉形象,也更贴合刘晰心中对妻子的定位,这是他和星子产生恋情的根本原因。

刘晰同卷帘一样是"回归者",不同的是他的选择是被动的。他的回归是因为他的梦想破裂了,事业和爱情的双重打击也让这个曾经一身傲骨的人弯下了脊背。

[①] 张翎:《望月》,杭州:浙江文艺出版社,2015年,第68页。

李方舟是《望月》中唯一一位既没有留在加拿大，又没有回到中国的"边缘人"。他有着中国文人的儒雅气质，也能够很好地适应加拿大的生活。他的一生仿佛一直在逃离，逃离现实的冷酷，逃离感情的纠葛，逃离一切。他有着明显的大男子主义倾向。在国内，作为穷小子的他与玉栅结婚，他依靠丈人的帮助拿到了令人艳羡医生职位，他对岳丈感恩，对玉栅宠溺，忍受她的任性和不谙世事、不通人情。他本以为一生也就这样，命运却给了他翻身的机会。来到加拿大的李方舟彻底将自己大男子主义发挥出来，就像是冲破束缚的雄鹰，一下凶猛起来。他想要向玉栅展示他的能力，暗地里瞒着她多次报考医生执照，但和许多的移民一样都因语言问题没能通过。即便如此，他仍照取得了大学教授的职位，经济方面有了保障。他本以为能成为妻子的支撑，没想到的玉栅很快适应了加拿大的生活，并超越了他，他的优越感开始减弱。李方舟和踏青的相遇相识使得他重新拾回了作为男人的尊严，他曾说"在遍地的无奈中，他至少感觉到了有一小片土地是他可以征服的。而那片土地，也是愿意甚至等待着被他征服的[①]"。李方舟从踏青身上得到了被依赖和被理解，踏青也能从李方舟身上满足对另一半的所有幻想。畸形的爱恋注定会以悲剧结尾。踏青的突然离世结束了恋情，也结束了李方舟与玉栅的婚姻关系。面对踏青的死，李方舟一下从懦弱的躯壳中清醒过来。她的死对李方舟来说是种释放，他可以彻底坦然地面对自己的感情，面对他人异样的眼光，放下虚幻的面子，无所顾忌地正视对踏青的爱，甚至可以去追求自己不被认可

---

① 张翎：《望月》，杭州：浙江文艺出版社，2015年，第151页。

的理想。和玉栅相比,踏青愿意支持李方舟的所有决定,不去干涉他,只是用全心的信任支持他,愿意陪着他一起经历所有的辛苦和甜蜜。用江南水乡女子的柔软抚平他的愁闷,给予他力量。李方舟最终因学校合同到期无法续签而没能留在多伦多,但他恰巧通过了基督教无国别医生的考核,于是他选择去非洲做一名红十字会的基督教医生。他的离开是社会对他的驱逐,也是他自己的选择。他看似与多伦多高度融合,实则只是短暂地被接受,实质上并没有改变他仍然不适合这座城市的事实。

二十世纪八十年代,中国实行改革开放政策,一大批留学生及其家属走出国门。据统计,二十世纪九十年代,海外华人、华侨已达到四五千万,其中 90%以上的华侨加入居住国国籍,成为外籍华人,并融入当地主流社会。[1]他们带着故乡的记忆和对未来的憧憬不顾一切地奔赴那个神秘的异域,而张翎就是他们之中的一个。

张翎出生于浙江温州,童年时期生活在一条叫瓯江的河旁。狭小的乡村生活让她对繁华的城市充满向往,于是她便选择去上海念复旦大学。而上海只是她踏上探寻世界的起点。创作《望月》时,她已在加拿大生活了十年,但是这十年的生活却没能磨灭她对故乡的记忆,反而是勾起了无边的回忆。她想要做点什么来表达她的想法,宣泄她的情绪,于是小说《望月》便诞生了。《望月》中的语言描述带有浓厚的上海特色。例如"姆妈,大孃孃""侬好伐?侬格阵忙伐啦?""老

---

[1] 任贵祥:《海外华侨华人与中国改革开放》,北京:中共党史出版社,2009 年,第 191-192 页。

颜，好伐？爱人的病好些不？还看医生不？"①吴侬软语总是能让人一下想象出上海女人交谈的柔软姿态。除此之外，小说中的沁园描写来自上海这座中西文化融合的城市。沁园是孙三园以女儿"沁儿"的名字命名的，它的整个布局复制了欧洲样式，甚至连窗户都是从威尼斯运来的，但它同时也采用了江南水乡建筑的青砖墙，红木窗户框架。"沁儿用不着跑到外边看上海，因为沁园就是上海。上海有的，沁园都有。沁园有的，上海倒未必有。"②沁园在沁儿的心中是上海的一个缩影，沁园主人也是当时上海人的缩影。孙家三姐妹渴望出国成就一个更好的自己就是当时上海人的愿望，也是张翎年轻时的梦想。实际上，张翎作为早期移居加拿大的移民，对故国家园的回忆与眷恋仍然是作品中的重要主题。

《望月》的上海可以说是张翎故乡的一个缩影，它萦绕在她的心头，影响着她的创作。来到加拿大后，经历了全球化浪潮，她走出了封闭的自我，承认国家、种族、文化差异，更多地站在中西文化的交汇点上看待中西文化。在这样的条件下，"他者=一种可能的世界"③。描写超越种族、性别、文化的人类共通的人性，是大多数新移民文学的主题。深受中国传统文化熏陶的张翎来到西方之后成为了一名基督徒，她的身上融入了中西方两种文化，她的小说创作中也体现了这一特点。④黄明安的祖传家产"荔枝阁"坐落于教堂街上，暗红色砖底上搭着方方正

---

① 张翎：《望月》，杭州：浙江文艺出版社，2015年，第28-29页。
② 张翎：《望月》，杭州：浙江文艺出版社，2015年，第196页。
③ 叶舒宪：《文学与人类学》，北京：社会科学文献出版社，2003年，第248页。
④ 张会君：《张翎小说新移民形象研究》，西安交通大学硕士学位论文，2010年。

正的牌楼，上边雕龙画凤，凹凸有致，五色生辉。荔枝阁在端正地镶嵌着三角玻璃的建筑中像根针似的插在这条洋人街上，也正如黄家意图将中国传统文化扎根在这片西方文化土壤之上。卷帘在机场接到加拿大的望月时给了帮忙的黑人两次小费。第一次是西方特有的小费礼仪，第二次或许是卷帘出于怜悯之心而有的举动，而这点正是她自身无法磨灭的中国道德文化驱使的。

《望月》回避了对中西文化对比与冲突的描写，将人物的活动范围基本限定在中国人之间。①《望月》一书没有如"江南三部曲"的其他两部一样对中国特有文化的详细描述，而是将中国文化融入人物的性格之中，从他们的行为中，我们能隐约看出中国传统文化的印记。正是因为传统文化的根深蒂固，在与异质文化融合过程中才经历痛苦的挣扎与选择。张翎在海外生活多年，能够客观理性地看待各种文化之间的差异，以包容的心态接纳它们，并尝试将不同文化融通，而不是盲目地排斥或是全面接受。她的作品更多地展现人物在不同文化碰撞时矛盾迷茫的多变心理。

张翎在小说《望月》代序《困惑挣扎中的选择》中对书中"边缘人"心态进行概括：

> 书里的男男女女，如孙望月，如宋世昌，如南星子，在选择了要走的路之后，并非义无反顾，而是犹犹豫豫地揣摩着那条没有被选择的路，如同流出了源头的水再也回不了源头，故乡对他们来说只能是

---

① 刘云：《爱的协奏曲——评张翎的〈望月〉》，《世界华文文学论坛》，2003年第3期。

一种午夜梦回的情怀，而他乡才是日日相对的现实。可他们却又始终与那个现实若即若离，不能完全融入其间。于是，就成了他乡与故乡之间的边缘人。①

只身来到加拿大的孙望月与老师牙口接触后，逐渐了解西方文化，接受西方文化并融入加拿大的社会生活中；卷帘与黄明安的婚变使得卷帘回归中国寻求精神慰藉；刘晰以留学生身份在加拿大生活的几年里仍旧没有适应异域文化，只好选择回国做一名学者；李方舟所追求的生活在加拿大无法实现。他们在新环境中接受了西方自由思想，却无法摆脱中国传统文化的影响。《望月》是移民文学里的一颗明星，作者张翎在交错的时空下用细腻的笔触描写了二十世纪八十年代移民到加拿大的移民者的生存境况，生动地展现了他们在现实与理想中复杂的心理状态。张翎以淡化背景和淡化文化冲突的方式刻画了几位徘徊犹疑在东西方两种文化观念中的"边缘人"形象，描写了他们受两种文化影响，面对社会现实的倾轧所表现出的挣扎、困惑和选择。不同的人做出的选择不同，结果就不同，是留守、回归还是逃离取决于人物与异乡文化的融合度、接受度。

二、《邮购新娘》中的女性主体意识构建与中西文化冲突

北美华文文学作家张翎喜欢通过中国大陆和北美的对比来表达她对这两个世界、两种文化的体悟和思考。其长篇小说《邮购新娘》更是

---

① 张翎：《困惑挣扎中的选择》，选自《望月》，上海：华东师范大学出版社，2009 年。

以别具一格的风格讲述了一个跨越了百年历史的三代女人的故事,张翎巧妙地将中国温州的故事和加拿大多伦多的故事缀连起来。

女性一直以来都是张翎作品的主体,她们有循规蹈矩的、也有矛盾挣扎的、更有顽强抗争的。在《邮购新娘》中,作者用了大量的笔墨去塑造江涓涓这一人物形象。江涓涓是一位从浙江温州走出来的女子,在她身上我们不仅可以看到江南女子所特有的温婉含蓄、还可以看到自立自强、永不服输的温州女性特质。我们从江涓涓的三段感情经历中探析江涓涓女性主体意识的发展历程。

(一)懵懂的初恋——女性主体意识的萌生

经历连续三年高考落榜,江涓涓来到了国际工艺美术学校的服装设计班上学。在这里她收获了人生中的第一段爱情。沈远是班上的美术老师,同时也是一名青年画家。他毕业于浙江美术学院,在校时就小有名气,毕业后因恃才傲物,吃了不少亏。与江涓涓相遇时,沈远正值人生的低谷期,江涓涓的出现可以说为他那段灰暗的人生带来了一缕亮光。然而江涓涓未能留住沈远,沈远最终还是为了事业背叛了她。

中国女性对男性的依附意识早在封建男权社会便已根深蒂固。时至今日,我们还是可以捕捉到它的影子。在与沈远的这段感情中,江涓涓就像是古时闺阁中的女子,她依附着沈远,把沈远当作自己的"天"。为了这个"天",她可以舍弃一切,牺牲自己去跟着他吃苦受累。

毕业后的江涓涓按原计划是要同李小双开一个属于她们自己的童

装设计铺,但因沈远的一声呼唤,她放弃了计划,改去沈远的公司上班。因为临时变卦,她不仅和母亲竹影大吵了一架,而且还得罪了小双的母亲刘红妹。沈远因不懂经商之道,公司运营没多久就把客户都得罪了,终归是秀才经商。股东们见公司情形不对纷纷撤资,转眼间就只剩下他们两个人守着一个空架子。而沈远又是一个心气高的人,看到这般景象,索性便撒手不管。就剩江涓涓,一个刚毕业没多久的年轻女子,本就没见过什么大世面,如今却要独自撑起这一个烂摊子。她不仅要每天低声下气地求人给沈远找项目,而且还得想尽办法去应付那些上门讨债的人。在江涓涓的意识里,她坚信沈远有前途,他会带着她一起到海南去开创属于他们的新天地,所以即便是到了最后一刻,她都未曾想过要离开他。但这般死心塌地、忍辱负重换来的却是沈远口中轻飘飘的一句"赤条条一身无牵挂①"。

不难看出,在这段感情中,江涓涓始终是处于依附着沈远的被动状态。这种依附不仅让女性低估了自己,而且也让男性看轻了女性。从一开始沈远就把江涓涓当作人生低谷中的一处景致,景致虽美,但他不能也不会因为这一处的"景致"而迷失了自己的"山巅"。

从藻溪回来的江涓涓亲眼目睹了沈远的背叛,伤心之下,她离开了沈远。但沈远的背叛引发了江涓涓对女性主体意识的认知和思考。她接受了方雪花的建议,决定到多伦多去实现她的服装设计师之梦。拒绝沈远的求婚,远赴多伦多是江涓涓女性意识萌生的一大标志。

---

① 张翎:《邮购新娘》,浙江:浙江文艺出版社,2015年,第180页。

（二）跨国的婚姻——女性主体意识的发展

江涓涓第二段感情的对象是林颉明，他是多伦多一家叫"思凡"咖啡店的老板。在这段感情中，不单单有男性和女性的性别冲突，更有中西两种文化之间的冲突。如果说，懵懂的初恋助推了江涓涓女性意识的觉醒，那么这段跨国的三角恋则是加快了江涓涓女性主体意识的发展。

什么是女性的主体意识？女性主体意识是相对于中国传统的男权中心意识而存在的，是指女性作为主体在客观世界中的地位、作用和价值的自觉意识。[①]五四新文化运动的重大成果之一就是诞生了中国近代第一个女作家群，如冰心、凌叔华、丁玲、萧红、庐隐等，不管是丁玲的《莎菲女士的日记》，还是白薇的《昨夜》，又或是卢隐的《海滨古人》，她们都是借用文学作品来传达女性主体意识，充分肯定女性作为人的价值与追求，实践了"我是我自己的，谁也做不了我的主"的独立宣言。她们用实际行动奠定了中国女性文学的基础。张翎在吸取前人经验的同时也形成了自己独特的风格。人们经常会把张翎与同是北美华文作家的严歌苓联系在一起，但两人在创作风格上其实有很大的差别。如果说严歌苓是带领读者快意驰骋在北美与大陆地带的侠客，那么张翎就是位娓娓道来的说书人。张翎非常善于说故事，我们可以看到在她相当多的作品中，绝大部分都在诉说中国人在北美的故事。《邮购新娘》正是其中之一，江涓涓在继沈远之后的两段恋情都是

[①] 魏国英：《女性学概论》，北京：北京大学出版社，2000年，第60页。

在多伦多展开的。张翎想传达的女性主体意识是在变幻莫测的生活中"不忘初心"的追梦意识，是在错综复杂的恋爱关系中"坚持独立"的不依附意识，是身处异国的环境中"活得有尊严"的生命意识。

成为一名服装设计师一直都是江涓涓的人生梦想。江涓涓就读的服装设计班是一种职业培训班。这种职业培训班在当时的温州城里可以说是比比皆是，在那时它只是上不了学和找不着工作的年轻人暂时的栖身之地。因此，大部分人都只是抱着玩玩的心态，并没有把它当真。可是江涓涓当真了，并坚信自己就读的服装设计班将会是她梦想的摇篮。

毕业后的江涓涓，因为与沈远相恋曾一度放弃了自己的梦想，恋情的背叛使江涓涓的主体意识萌生，她开始明白了女人要为自己而活，她要去实现自己的服装设计梦。于是她离开了富裕的老家孤身一人前往上海打工，尽管条件十分艰苦，但为了圆梦她还是甘之如饴。

而后，她遇到了愿意帮她出国的林颉明。怀着忐忑的心情和美好的憧憬，江涓涓来到了多伦多。本来以为第一年就可以入学的江涓涓，因为报名和英语问题要再等一年，她的心是发凉的。作者用了一个"熬"字，简洁而又生动地传达出江涓涓无可奈何的心情。为了追梦她在多伦多吃了很多苦。她只身一人来到多伦多，偌大的多伦多能依靠的只有林颉明一人，更有语言不通的失语困境。初到多伦多的江涓涓想要融入大家，同大家畅聊，却发现自己还是无法流利地使用英语，语言交流上的障碍使江涓涓内心的愁苦不断放大。在异国他乡，梦想是江涓涓得以坚持的主要、甚至可以说是唯一的动力。所以当江涓涓知道林颉明决定要先用积蓄来付"消闲时光"的首款时,她便毅然决然地选择离开。

张翎很喜欢将她作品里的女主人公置于中西两种文化之间。她们远渡重洋去往一片陌生的土地。她们是《交错的彼岸》里身体羸弱的黄蕙宁,是《望月》里无拘无碍的孙望月,是《邮购新娘》里努力奋斗的江涓涓……她们中的每个人虽然追求的东西各不相同,但是都心怀着一份属于自己的"梦",想要在这片土地开启一段崭新的人生。尽管这条追梦之路并不平坦,但一路上的磕磕碰碰与无可奈何都在潜移默化间推动了她们的成长。张翎用她的作品告诉我们:征途是星辰大海,追梦是砥砺前行。

"坚持独立"的不依附意识是指摆脱传统意识里在经济、精神、人格等方面对男性的依附,从而逐步向自主、自立、自强靠近的意识。对于这一类女性的表现在张翎的作品中随处可见,"她们以自身物质、经济的独立来换取精神,人格的独立[1]"。要独立,先自立。在李叔叔(李猛子)来为江涓涓送行时,悄悄给她塞了一个信封并叮嘱她"去了那边,先开个账户把钱存起来——不用告诉他[2]"。江涓涓一开始是不肯收的,因为李叔叔每月靠着那清汤寡水般的工资生活,手头上并不宽裕。但是后来李猛子向她说明这笔钱的用处是给她应急的,倘若林颉明对她不好,她还能有条退路,不用委曲求全地跟着他。著名女权运动创始人之一的西蒙娜·德·波伏娃在她的作品中曾谈到:"是经济压

---

[1] 屈兰:《论张翎小说的女性叙事》,南昌大学硕士学位论文,2015年。
[2] 张翎:《邮购新娘》,杭州:浙江文艺出版社,2015年,第117页。

迫造成了她处于被征服者的地位和社会压迫。"①因此，我们不难看出经济上的依附会导致对男性人身的依附，经济的独立是女性获得人格自立的重要前提条件。

在文学作品中，谈到女性就很难不去提及爱情和婚姻这两方面。在张翎的作品中，我们可以看到她对传统写法的背离，她常常会花费众多笔墨去展现爱情与女性独立之间的矛盾冲突。女性这一辈子的幸福是要靠干得好还是要靠嫁得好？这是一个众说纷纭的话题，同时也是每一个年轻女子不得不去面对和思考的问题。在传统社会里男大当婚、女大当嫁，男女结婚要遵循父母之命、媒妁之言，同时还要根据"门当户对"的原则，"'一家女，百家挑'，侧面说明了女方家长在挑选女婿时的小心谨慎②"。在封建社会时期大多数女子把嫁个好夫婿当作获得人生幸福的主要途径。在新文化运动中，先进的知识分子提出了"婚姻革命"的口号，人们的婚姻观念开始发生转变，女性开始掌握婚姻的自主权并走上了追求独立的道路。

随着思想的解放，女性逐渐走出依附男性的思想藩篱，女性要作为一个独立的个体并且有尊严地活着。人的尊严意识并非与生俱来的，而是在后天的学习过程中慢慢形成的。"当个人的利益、自尊或人格受到某种伤害时，他将会产生相应的行为反应，以保护自己的权益和人格。"③塔米第一次见到江涓涓时，就称呼她为"邮购新娘"。"邮购新

---

① [法]西蒙娜·德·波伏娃：《第二性》，陶铁柱译，北京：中国书籍出版社，1998年，第53页。
② 杨剑利：《女性与近代中国社会》，北京：中国社会出版社，2007年，第107页。
③ 杨峰：《论自尊教育》，《山东教育学院学报》，1997年第1期。

娘"这是一个很明显带有贬义色彩的用语,江涓涓听后便顿时窘得满脸通红,虽然生气却没敢发作。塔米第二次称呼江涓涓为"邮购新娘"时,书中是这样描述江涓涓的反应的:忍了忍,没忍住,忽地脱了围裙,兜头朝塔米掼过去:"我的名字叫江涓涓——万一你记性不好没记住的话。我不叫'邮购新娘',就像你不叫黑鬼一样!"[1]林颉明曾对塔米说过,江涓涓觉得自己就是巴黎公主、米兰皇后,在不久的将来是要站在多伦多去领导世界时装新潮流的。林颉明同她谈论结婚事宜,她坚持要自己设计结婚礼服,说她只穿自己设计的礼服。结婚对于女人来说是一生中的大事,不出意外的话,一个女人一生中穿礼服的机会也就一次。她看似在和林颉明强调礼服的设计问题,实则是在强调自己的身份。江涓涓一再强调自己的身份,是女性尊严意识的彰显,更是女性身处异国文化对自己清醒的定位。

得知林颉明要先用积蓄来付"消闲时光"的首款的决定后,江涓涓果断地离开了"思凡"咖啡店,前往威尔逊牧师教堂。其实倘若江涓涓愿意再等个两三年,她与林颉明两个人肯定可以稳定地过完这一生,但她不愿将就,宁愿去威尔逊牧师教堂当一名清洁工,也不愿再当他们口中的"邮购新娘"。后来她得知林颉明圣诞节要在威尔逊牧师教堂与塔米举行婚礼,她对保罗说:"是我先丢了,塔米才捡过去的。"[2]

此外,不得不提及的是江涓涓、林颉明和塔米的这段三角恋情,江涓涓和塔米这两个人物分别代表中西两种文化。江涓涓出身于浙江

---

[1] 张翎:《邮购新娘》,杭州:浙江文艺出版社,2015年,第134页。
[2] 张翎:《邮购新娘》,杭州:浙江文艺出版社,2015年,第221页。

温州，是一位从江南水乡走出来的女子。受中国传统文化的熏陶，她温婉含蓄、矜持内敛、习惯被动。江涓涓曾两次邀请林颉明来中国，她将带他到她的家乡藻溪游玩。第一次的邀请是在与林颉明通话里发出的，"你赶紧回来补补课吧，变成老外倒不怕，只是千万别变成背时的老外①"。第二次则是在写给林颉明的信中，在信的结尾处她对林颉明写到"你若回来，假如天不大冷，我带你去走那条路②"。可以看出无论是在电话里还是信件中江涓涓都是采取隐晦的方式。中国传统的文化与教育要求女性要有"大家闺秀"之范——不争不抢、矜持稳重。对于林颉明，她习惯被动等待，而不是主动追求，知道塔米在追求林颉明后，她也没有过多地干涉。总的来说，江涓涓给人的感觉就是需要被保护的。

塔米与江涓涓则截然不同，她是接受西方文化教育的典型女性。她精明能干，在如何减少收到假钞的这一问题上，塔米否定了林颉明张贴告示要求顾客自备零钱的做法，建议他直接去买一个验钞机，既方便省事又不会在无形中送走顾客；在房顶的瓦被风吹走，给物业管理公司打了好几通电话还是迟迟没有人来修理的情况下，塔米果断借了张梯子亲自上去修理房顶；在培训江涓涓时，她传授她在无形中增加销售额并使顾客成为回头客的方法。她热情主动，对于林颉明的喜欢，大胆流露、从不掩饰。明明家境优渥，却主动到林颉明的咖啡店里当一名女招待。帮林颉明解决了棘手的问题，他问她想要什么答谢，

---

① 张翎:《邮购新娘》,杭州:浙江文艺出版社,2015年,第15页。
② 张翎:《邮购新娘》,杭州:浙江文艺出版社,2015年,第18页。

她直接说想和他来一场约会。林颉明到中国后，给她打电话，她第一句话就是问他是不是想她了。她幽默性感，怕林颉明尴尬拒绝同她约会的提议，和他开玩笑说这个约会一举三得——既能完成他对她的答谢，又可以节省时间，还可以节省金钱。如果把江涓涓比喻成"月亮"，那么"太阳"一定是塔米，因为她给人的感觉就是坚强、温暖。

林颉明虽然是在中国文化的熏陶下长大的，但是十多年的加拿大生活让他受到了西方文化的浸染。在言行举止方面他已经比较西化了。例如，林颉明应江涓涓的邀请到中国游玩，吃完饭后江涓涓准备回家，林颉明提出要送她到宿舍门口，并向她解释说这是西方的绅士礼节。

张翎的作品里从不缺乏男男女女之间的爱情纠葛，三角恋情是她尤为喜爱的一种叙事题材。在爱情里他们需要不断地进行抉择，故事的最后林颉明选择了事业，江涓涓选择离开，塔米则选择了陪伴。而爱情的抉择往往也代表着生活的抉择，例如，江涓涓的离开是东西文化间的冲突表现，同时也是代表着她对成为一名咖啡店老板娘生活的放弃。林颉明需要的是一个能陪他实现他梦想的人，他所追求的生活是爱情与事业的双丰收。塔米懂他并会支持他，她就像是疲惫时可以让林颉明依靠的树木，而江涓涓则是一朵需要林颉明精心呵护的花朵，因此他最后的选择是塔米而不是江涓涓。

（三）留白的爱恋——女性主体意识的成熟

离开林颉明的江涓涓意识到自己已然将最近最直接的一条路堵死

了，但她清楚地知道即便有第二次选择的机会她也会作出同样的选择。她注定着要一个人走很多的弯路，她不知道是一年，或许是十年，又或许是一辈子。正当她迷惘惆怅的时候，她遇到了薛东，并与他擦出了爱情的火花。前两段失败的恋情促进了江涓涓女性主体意识的成熟，这时的她很清楚自己内心的需要。在与薛东的这段感情里，她不仅坚持了梦想，而且也收获了爱情。

在威尔逊牧师教堂帮忙的那段时间里，江涓涓从牧师保罗·威尔逊身上收获了很多的启发。从某种程度上说，保罗·威尔逊可以说是江涓涓的情感治愈师和人生导师，因为他不仅为落魄的江涓涓提供短暂的落脚处，而且还用基督教文化对她进行教导与启发。保罗让她明白了文化并不一定是冲突的、对立的，也可以对话的、融合的。在与薛东的交往过程中，江涓涓所表现出来的形象不再是传统的"闺阁女子"，而是一个自信独立、适应能力强、把握时机主动出击的现代女性。

薛东是中城干洗店的总经理，江涓涓与他相识于去多伦多的飞机上。两人交谈了几句之后，江涓涓接过他递来的名片，那时江涓涓用一种悲天悯人的目光去注视这个被前妻抛弃的男子，她未曾料及这个男子会与她日后的生活发生千丝万缕的联系。再次相遇是在圣诞节那天，江涓涓应邀到薛东家里过节。

这时的她自信独立。在请求薛东收留自己时，她提出了"打工抵债"想法。因为她深知如果不这么做，那她和寄人篱下根本没有什么区别，所以她做全职的工，拿半职的薪水，少拿的那一半用作她付给他的房租。林颉明曾经认为江涓涓离不开他，她对薛东说"我偏就要让他看看，说不定我还真有别的活法①"。这时的她懂得了如何主动去适应新环境，她已然不再是那个初到多伦多—和客人打交道就局促不安的江涓涓了。她熟练地运用微笑这种无声的语言同干洗店的客人打交道，一方面，微笑填补了语言的空白，为江涓涓争取了更多的时间去揣测客人的心思；另一方面，微笑给人以亲切温暖的感觉，在无形中拉近了彼此的距离。她在完成自己工作的同时也收获了许多顾客的赞美。她爱上了这份工作，甚至在不知不觉间，做着本该主人做的事。这时的她主动出击。江涓涓与薛东其实是同病相怜，一个是被前妻抛弃的干洗店老板，一个是被未婚夫抛弃的"邮购新娘"。她告诉薛东，即便没有人想着他们，他们自己也要学会好好地生活。在这段感情中，她不再被动等待，而是主动出击，她会主动叫薛东请吃饭、邀他看戏并逐渐与他建立和谐的恋爱关系。这时的她懂得去把握时机和创造机遇。给江涓涓买缝纫机的时候，薛东对她并没有抱多大的希望，只是觉得她无聊的时候可以接几个活，赚几个小钱。然而江涓涓却跑遍了附近的成衣店，承诺收货送货上门并答应给他们现价百分之十的优惠价格承包改衣业务。好几家成衣店到了最后都抵不过江涓涓的劝诱，纷纷换掉以前的裁缝，改用江涓涓。就这样，江涓涓开始全身心地投入到改衣业务的经营当中。一个月后，薛东数了数店里的进账数额，吃了一惊，不禁感叹江涓涓的本事。

贴在广告栏上的《花鼓女》的海报，人们都是被海报上的年轻女子所吸引，而江涓涓的眼里全是那女子身上所穿的戏服。那件衣服是

---

① 张翎：《邮购新娘》，杭州：浙江文艺出版社，2015年，第280页。

江涓涓设计的第一件戏服。那批戏服的设计给江涓涓带来的不单单是物质上的收益,更是精神上的肯定。回想过去,沈远无法理解她为什么要孤身一人前往上海,甚至怀疑她的工作。生母方雪花曾对她说过"裁缝的女儿,你这辈子也只能是裁缝[①]"。林颉明在她出国之前,就告诉她在多伦多没有人会买她的设计。似乎所有的人都不看好她的服装设计师的梦想,但她没有低头,而是一次次颠覆自己的命运,用行动证明自己在服装设计这方面她是有天赋的,也是有能力的。当江涓涓在海报下角那串长长的人名中找到自己的名字并发现它与"服装设计师"连在一起时,她的心底渐渐涌上一股温热。

虽然故事的最后江涓涓离开了多伦多回到了中国,但这只是她追梦路上的短暂歇息。她是因为签证到期了才不得不走的,相信过不了多久,她必将再次前往多伦多,用实际行动去实现她的梦。

(四)作家对于人性美的彰显

传统的儒家文化和西方的基督文化对张翎的文学创作产生了深远的影响。伏尔泰曾经说过,想知道一位作家是哪国人,我们可以从他的写作风格来作出判断。在创作过程中,作家必定会在作品里或多或少融入民族传统文化的因子。张翎作为一个土生土长的中国人,她是在传统儒家文化的熏陶下长大的。儒学素来提倡"人性本善"与"仁爱精神"。受儒家文化的影响,张翎在作品中也极力彰显人性之美。因此,在《邮购新娘》中出现的女性人物,无论是来自西方,还是东方,

---

[①] 张翎:《邮购新娘》,杭州:浙江文艺出版社,2015年,第300页。

她们都是善良之人、有情之人。塔米在得知保险公司愿意赔偿林颉明15万后，第一件事就是提醒他给江涓涓打电话把她哄回来。方雪花与竹影虽只是萍水相逢，但是在产房的那段日子里方雪花对孤独的竹影可以说是关怀备至。

基督教认为人来到世界上是为了受苦，唯有上帝才能救赎人类。张翎是基督教徒，她却坚信"爱能化解一切苦难，宽容能泯灭一切仇恨[①]"。因此张翎笔下追求爱情的女性只要爱了，便可以义无反顾、无怨无悔。即便最后的结局不尽人意，她们心中也不会有"恨"。沈远到上海找江涓涓，想带她一起去海南，江涓涓一开始是不想给他好脸色的，但最后还是对他温婉一笑，劝他回去。塔米与林颉明到机场给江涓涓送行，希望江涓涓能给他们的孩子起名，在登机的前一刻她突然转过头对塔米喊出了"希望"。这一声"希望"既表达了江涓涓对未来的美好憧憬，又展现了作者积极的人生态度。张翎是一名乐观的基督教徒，在创作《望月》一书时她被医生诊断出患有恶性黑色素瘤，医生告诉张翎最多能活五年。得知这一消息后，张翎不是沉浸在对死亡的恐惧中，而是继续工作、继续写作。她没有放弃希望，她把写作当作自我救赎的渠道，在作品中彰显人性的美好，传达对生命的希望。张翎用实际行动打破了医生的五年之限，正如她所说的"我依然活着，似乎健康[②]"。

在《邮购新娘》这部长篇小说中，张翎花费了大量的笔墨去书写

[①] [②] 刘莉：《论张翎小说的生命意识》，《黄冈职业技术学院学报》，2008 年第 10 季第 3 期。

女性命运。历史的反复无常,生活的变幻莫测,使女性的爱情变得一波三折。江涓涓虽被叫作"邮购新娘",但也仅仅只是被"邮购"了一次。在三段感情经历中,她都未能成功当上新娘。爱情的不完满性是张翎小说的最大特点,因为在张翎的爱情观里残缺的爱情往往比完美的爱情更能激发读者的想象与思考。不可否认,江涓涓的每一段情感经历都对其女性主体意识产生了重要的影响。第一段感情是助推女性主体意识的萌生,第二段感情是推动女性主体意识的发展,第三段感情则是其女性主体意识成熟的体现。

张翎是一个温情主义者,她笔下的女性都是有情之人。通过江涓涓的三段感情经历,我们可以发现张翎《邮购新娘》里所展现的女性主体意识不是一成不变的,而是会随着时间的推移、阅历的增加而不断完善提高的。它也不是激进的、你死我活式的,而是平和的、有情有义式的。

第四节　陈希我:"流乡人"的困境

陈希我,原名陈曦。福建作家。笔名"希我"意思是"靠自己"。1979 年参加高考,考取福建师范大学中文系。本科毕业后分配到福建闽侯一所中学担任中学教师,六年后赴日本留学,为了支付生活费和学杂费,他曾在日本做过搬运工、酒吧招待等。他九十年代回国,一边在大学任教,一边写作。主要作品有长篇小说《抓痒》(2006)、《大势》(2009)、《移民》(2013)、《心!》(2020)等,小说集《我们的苟且》《冒犯书》,中短篇小说《晒月亮》《又见小芳》《遮蔽》,随笔《我的后悔录》《樱吹雪》等,作品入选多种选本。日本《Iripu-su》杂志称其为"中国的太宰治"。他的多部作品传到国外,被翻译成多国语言,他曾获国内的"华语传媒文学大奖"五次题名。

他的作品中,《大势》与《移民》属于新移民文学。新移民文学"既充分展现了改革开放之后中国人民在异域文化中勇于开拓、拼搏的精神特质,彰显了中华文化特有的魅力和巨大的包容性,也凸现了'中国经验'在融入全球化过程中的诸多优势,以及某些潜在的不足[①]"。陈希我的作品体现了移民文学的共性,即书写国人奔赴异国他乡后的艰难生存境遇及身份认同焦虑,但不同的是,陈希我往往在挖掘中国文化根性与人性之间的关系上着力,服膺于人性又不全是人性,人性在文化冲突的刺激下无处遁形。他的作品中,人性与文化存在复杂的互动性。实际上,陈希我并不寻求文化之间的融通,而是着迷于对中国文化的根性进行"鲁迅式"的剖析。正如李敬泽在《我疼》的序中写道,"我读陈的小说,常想起鲁(鲁迅)的'女吊',他们都执念于'鬼',而且是'厉鬼'……他像个偏激的外科大夫,只管治病而不管死活[②]"。

《大势》讲述的是二十世纪九十年代初,"偷渡客"王中国到日本打工,几年后,他把女儿王女娲接到日本,希望她在日本念大学,毕业后在日本找到正式工作,进入日本主流社会。王女娲在NHK电视台组织的"新世纪地球村合唱团"中认识了日本青年佐佐木,两人相恋了。王中国反对王女娲与佐佐木接触,并把王女娲囚禁在家里,这导致父女关系破裂,最后王中国被王女娲杀死,王中国临死前点火制造

[①] 洪治纲:《中国当代文学视域中的新移民文学》,《中国社会科学》,2012年,第11期。
[②] 毛翊君:《作家陈希我:书写疼痛、冒犯和黑暗》,《中国新闻周刊》,2017年,第43期。

自焚现场，帮王女娲脱罪。王女娲最终与佐佐木和好。《移民》讲述的是出生在福建乡村的陈千红因进城无望，于是赴身前往日本闯天地。到了日本后，她与"唐人帮"头头林金座结婚。为了养家糊口，她到日本卡巴莱当女招待，爱上经常光顾卡巴莱的日本人渡边太郎，两人恋情曝光后，林金座劫持渡边太郎，抢走了他银行卡里的2000多万日元。在警察的追捕中，林金座被击毙，同行的唐鹏飞把钱转移到香港。陈千红回到国内，生下林金座的儿子，拿着唐鹏飞转给她的2000多万日元到北京开创事业。她和地产开发商王发展合作，生意越做越大，为了开拓市场，她和众多官员来往密切，最后东窗事发，王发展因贿赂官员被抓，陈千红害怕受牵连，准备移民美国，但因林飘洋回国，陈千红也不愿流亡海外，决定继续留在国内生活。

《大势》和《移民》这两部小说都围绕"流亡"展开故事情节，空间的转移是小说的情节线索，也是小说主题的重要表征，本书运用空间叙事学的理论剖析陈希我的移民小说的独特性。

一、地理空间：逃离边缘，向中心靠近

地理空间是小说虚构的具体可感的空间，包括自然风貌、人物活动的地域场所和事件所发生的地理位置、处所、建筑物等。它是小说作者精心设计、赋予丰富情感、人文精神和审美意义的地域场所。我们通过人物的空间转换可以分析人物的行为逻辑。

《大势》中王中国经历了四个地理空间：福建乡村、北京高校、上海中学、日本"阵地"。王中国出生于福建乡村，在北京的重点大学念书，毕业后成为上海的一名初中教师，但薪资微薄，他利用学生的爷爷的关系倒卖紧俏物资，被学生父母告发，学校没有辞退他，只是给他安排了教务处的一个闲职。王中国再也无法忍受学校憋屈的环境，像"逃难"一样，偷渡去了日本。

到了日本，他住在"阵地"，这里住的全部是到日本打工的中国人，基本上都是初中没有毕业的乡下人，王中国是唯一一个上过大学的知识分子。但在"阵地"，他和其他人一样都是生活在日本底层的劳工。"阵地"是王中国的同乡王国民从日本房东那里租来的一处公寓，王国民很早就去了日本，对日本的情况相对熟悉，他把公寓转租给到日本打工的中国人，他成了二房东，从中赚取佣金。这里住了三十七个人，四铺席的房间最多只能住两个人，六铺席的最多只能住三个，但来住的人越来越多。《移民》中的"中国城"与"阵地"情形相同，林飘洋的姐姐林月仙来日本，四铺席的房间挤进五个人。拥挤的空间给生活带来了不便，王中国的女儿王女娲来到日本，只能和王国民住一起，两人中间拉着一块布帘。至于鞋子，只能堆放楼梯口，小说里写道："楼前脱了很多鞋子，从玄关，到了二楼的楼梯口。人要通过，便从鞋子上踩过去。早上楼的人的鞋子被晚上楼的踢得七零八落，男人的平底鞋被踢翻了身，脸朝地趴着，一副可怜相；女人的高跟鞋被踢得撅着屁股侧卧着，现着几分轻佻……有的鞋子甚至被踢到外面路上了，招得日本人弯腰拾捡，寻找失主，以为是哪个人丢了鞋了。"[1]王中国从福建到北京、上海，接着到东京，不断从边缘向中心靠近，福建相对

---

[1] 陈希我：《移民》，北京：金城出版社，2013年，第78页。

于北京、上海是边缘,北京、上海相对于东京又处于边缘。但不论空间如何转换,王中国都处于社会的边缘,为生存苦苦挣扎。

《移民》中陈千红经历了几个地理空间:福建乡村、福建省城、日本"中国城"、日本卡巴莱、北京。陈千红出生于福建贫困乡村,母亲给她取名"千红",寓意祖国江山千秋万代红下去。母亲党育红是下乡知青,从福建省城到仅有九户半人家的小乡村,做了一名小学教师。为了实现与工农群众结合,她嫁给了小乡村唯一的单身汉"陈半户"。但时代变迁,母亲当初扎根农村的想法早已改变,她希望女儿跳出农村。千红被送到省城外婆家,并在省城学校寄读,千红自小就明白只有省城才能改变她的命运,她留恋省城,并不想回到乡村。但千红没有考取重点高中,甚至连中专的分数也没达到,"跳出农村的路子全被堵死了[①]"。千红的母亲借了高利贷,把千红送到日本闯天地。

在日本"中国城",住的全部是到日本打工的中国人,陈千红是唯一的女性。她与林金座同屋,两人中间拉上了布帘隔开,不久,两人发生了恋情,她喜欢的是他的流氓气,"这种流氓气还是一种气概。英雄和无赖,在陈千红心中没有绝对的界线,就像水和水的界线一样[②]"。这种男子汉气能带给她安全感。两人结婚后,加入了"唐人帮"的林金座常常夜不归宿,也不承担养家的义务。陈千红失去了靠山,她先到筑地卖饮食,但接触到的都是在筑地卖苦力的劳工,而且挣钱不多。于是她到卡巴莱工作。

[①] 陈希我:《移民》,北京:金城出版社,2013年,第31页。
[②] 陈希我:《移民》,北京:金城出版社,2013年,第51页。

在卡巴莱当女招待，她照样处于边缘位置，因为她是中国人，但渡边太郎的出现改变了她的地位。渡边太郎是日本东都证券公司的部门负责人，二十世纪三十年代，他的父母曾响应日本关东军制定的满洲农业移民计划到中国东北待了快十年的时间。因而渡边太郎常自称自己是中国人，他向往中国文化，他对陈千红的迷恋实际上带有异国情调趣味。谢阁兰把传统的异域情调视为"反拓"，平庸的游客或观光者把异域视为万花筒，而不是内心深处对他者的接纳。[①]卡巴莱是他摆脱日本"套式"文化的地方。渡边太郎给予千红足够的安全感，于是千红出轨了，她和渡边太郎像夫妻一般过起了小日子。他们的恋情被林金座知晓后，林金座找到渡边的家，意图敲诈渡边太郎，但渡边太郎报了警，林金座被警察击毙，陈千红只有回到中国。

陈千红回到国内，决定到首都北京发展，因为北京才是中国的中心。她用唐鹏飞转给她的钱办起了日本料理店——"千鹤"。但没多久，有几个地痞到店里敲诈，陈千红再次意识到自己的弱势，即使在国内做事，也得要靠山。她向派出所所长孙武献殷勤，接着和王发展合作经营"诺亚方舟"，随着生意越做越大，她的靠山也越来越多。但靠山也有倒台的时候，陈千红又没有了安全感，她准备投资移民到美国。最后在临走前改变主意，继续留在中国。

从陈千红自小对省城的迷恋开始，作家就给她的人生设定了一个模式：对其母亲下乡知青党育红生活的全面叛离，空间上，不断逃离

[①] 谢阁兰：《画&异域情调论》，上海：上海书店出版社，2010年，第240页。

边缘，向中心靠近；观念上，为了生存，不断寻找靠山。陈千红的空间移动形成"出走—回归—出走"的结构，陈千红在日本的经历只占了四分之一篇幅，她归国后的经历占了小说大半部分，这是这篇小说与其他移民小说不同的地方。她的每次移动都是从边缘向中心靠近，乡村是边缘，省城是中心；中国是边缘，东京是中心；福建是边缘，北京是中心。虽然她在日本停留的时间不长，但她毕竟接受了日本文化的熏染，在"千鹤"穿上和服的千红完全被当作日本人，"千鹤"是千红模仿日本的经营方式创办的日本料理店，"诺亚方舟"是仿照日本卡巴莱创办的酒吧，从千红回国创业的经历中，作家展现了具有文化杂糅性的海归者在中国现实生活中独特的竞争优势。陈千红如水的性格，使她能以柔克刚，加上她利用日本的异域特色，在当时的中国如鱼得水，使她成为一个成功的商人。她每次选择的标准完全是世俗的，为了生存与发展，几乎很少有道德伦理上的考量。从世俗意义上看，陈千红以弱者的姿态迎合强者，并赢得了强者的接纳，获得了成功。但她付出的代价也很大，她和林金座的儿子林崛的存在似乎是她的"靠山"生存策略的讽刺，林崛的智商偏低，陈千红在别人面前从不提及自己有个儿子，似乎在有意回避她和林金座的过去，但她去北京创业的钱却是林金座用命换来的。林金座是她最大的靠山，林崛却是她内心深处的隐痛。正如作家写道："她一直很害怕孤单，她希望有靠山，得益于此，也毁灭与此。"[①]

[①] 陈希我：《移民》，北京：金城出版社，2013年，第4页。

《移民》中林飘洋的地理空间移动也很有代表性：中国—日本—中国—加拿大—中国。林飘洋的经历与王中国的经历有一定程度的重合，两人都出生于福建，在北京念完大学后到中学任教，后又出国到日本。与王中国不同的是，林飘洋到日本是为了留学，他在语言学校上学，准备通过念书找到正式工作，融入日本社会，而不仅仅是为了打工挣钱。但因为出勤率的问题，林飘洋没有通过签证审核，只好回国。他回到原来的中学任教，中间更换了好几个工作，都因不能适应国内工作环境而离职，他只好通过技术移民到加拿大，一边打工，一边在加拿大多伦多大学念书，毕业后到加拿大一家贸易公司工作，但他并不能融入加拿大主流社会，最后又回到中国。林飘洋的空间移动形成"出国—回归—再出国—再回归"结构，这种多重循环结构使作品具备多重视角，即中国移民看日本与中国，海归者看中国，日本人看中国移民；中国移民看加拿大与中国，海归者看中国，加拿大人看中国移民等，人物的多次空间迁移形成多重视角的双向关照。林飘洋的流亡带有深重的文化焦虑与反思，他希望被外国异质文化接纳，但在中国文化与异域文化的冲撞中，他无所适从，只能一次次逃离又一次次回归，他注定成为文化流亡者，既无法被外国异质文化接纳，又无法适应中国本土文化，只能成为双重疏离者。这是海外移民典型的疏离心理。

二、心理空间：强势与弱势之辩

陈希我成功阐释了以王中国、陈千红、林飘洋等为代表的华人移民的心理空间。他们对所处的社会环境的认知是二十世纪九十年代处于"他者空间"的中国移民心理空间的表征。《大势》被认为是"审判官"类作品（李金泽语），作品中的叙事者"我"不同于零度叙事者，他是一种偏执的声音，似乎满怀大爱大恨，不断地把读者拉进他炙热的内心世界，作品较多对"我"内心世界的直接描写，潜意识流和内心独白等手法在小说中反复运用，建构起叙事者"我"的心理空间。叙事者固然受文本中的叙事环境制约，但他也是作家创造出来的，陈希我如此设置叙事者的原因有二：第一个原因是小说的叙事内容，主人公王中国是个偏执狂，他在国内感受到地域文化的歧视，骨子里认定自己是弱势的，女儿的出生，又激发了他内心对男强女弱的性别认知，这种自卑心理在日本强势文化冲击下进一步发酵，最终酿成惨剧。小说详细的心理活动描写能揭示王中国执拗偏激行为的内在逻辑。第二个原因是小说的创作目的，小说是作家抒发心中怨恨的途径，陈希我曾坦言《大势》"首先是我的哀怨史""一方面沉迷，一方面敏感，稍不如意，就成了'怨妇'"[1]。陈希我的创作以留日经历为基础，小说中的人物和经历都是他所熟悉的，他也曾在"阵地"住过，所以他说写作也是自救，王中国一定程度上成了作家的代言人。

影响王中国心理空间建构的事件主要有两件：一是女儿的出生；二是女儿的恋爱。女儿王女娲的出生击中了王中国脆弱的内心，他表面上说生男生女没有什么关系，但骨子里存有男强女弱的观念，实际

---

[1] 陈希我、张莉：《"写作同时也审视写作者自己"——张莉 VS 陈希我对话录》，《南方文坛》，2010 年第 2 期。

上是传统的男尊女卑、重男轻女观念的变形。男强女弱观念根源于他的自我认知，他认定自己是弱势的，虽然在家里，他的妻子和女儿都听他的，他是一家之主，但他离开福建，到北京念书，接着到上海教书，最后到日本打工，他感受到的无不是外部的压力。王中国出生于福建乡村，后来考上了北京的重点大学，但他感受到来自城里人的歧视，当时的中国形成了一个歧视链：城里人鄙视乡下人，沿海人歧视内陆人，北京人歧视非北京人，上海人歧视中小城市人，香港人歧视内地人。这种被歧视的经历在"死鸟"李思廖的悲惨遭遇中体现得尤为充分，李思廖是四川人，毕业于日本武藏野大学桥梁工程专业，已经在日本找到工作，有工作签证。他是"阵地"里中国人的羡慕对象，但他在上海上大学的经历很悲惨，他被上海人歧视，有一次上海的同学踢伤了李思廖，他到医院做了手术，完全丧失了做男人的机会。李思廖的悲惨遭遇是中国歧视链导致的。王中国的女儿出生后，王中国照着镜子自认不够男人，并认为只有彪悍的男子汉才能生出男孩，"一朝生女儿，一世难抬头①"。女儿的出生似乎印证了他作为弱者的自我认知。

歧视链的存在本身说明弱者与强者的存在是相对的，虽然王国民自认是弱者，但在女儿面前，作为父亲的他仍然是强者，而且他把弱势突围的希望放在女儿身上。他决定把女儿当作男孩抚养，他不让女儿穿漂亮衣服，不让女儿学跳舞，认为精于打扮的漂亮女人是"白骨

---

① 陈希我：《大势》，广州：花城出版社，2009年，第15页。

精",像蝴蝶一样取悦别人,根本上是示弱的表现。他教女儿背古诗,在客人面前表现,获得自尊的满足。他教女儿学书法,因为这像是男人做的,就像瘸腿的会计挥毫运笔时的力度一样,那才像个男人,他要让女儿有力起来,"谁说女人无势?"[①]他要女儿男性化,"我就是不要让人感觉到我女儿是女的[②]"。他对女儿的控制映射的是他内心的自卑与摆脱弱势的渴望。这种控制到了日本变得无以复加,因为他感受到日本强势文化的压力。

如果说王中国在国内感受的是地域文化、男女性别的强弱对比,那么在日本,他感受的是来自日本文化对中国文化的剧烈冲击。偷渡到日本的王中国沦为没有身份的底层劳动力,中国"偷渡客"聚集的"阵地"中,王中国是唯一受过高等教育的知识分子,但在知识贬值的时代,他并无优越感,他与其他人一样每天像动物一般拼命挣钱,只为了生存。但他有一点与其他人不同,他内心深处有深深的文化焦虑感,他希望能脱离中国文化圈,融入日本文化。他把希望寄托在女儿王女娲身上。王女娲高考落榜后,他把王女娲接到日本,他希望女儿在日本念大学,毕业后在日本找一份体面工作,融入日本社会。王女娲作为中国女性,按照斯皮瓦克的观点,她在日本遭受双重他者化,一方面来自日本文化的文化他者化,一方面来自日本男性的性别他者化,是"他者的他者""边缘的边缘"[③],她想要实现文化阶层突破,

---

[①] 陈希我:《大势》,广州:花城出版社,2009年,第39页。
[②] 陈希我:《大势》,广州:花城出版社,2009年,第33页。
[③] 关熔珍:《斯皮瓦克理论研究》,上海:复旦大学出版社,2017年,第116页。

实在是不易。正如《移民》中的陈千红,她遇到了渡边太郎,但渡边太郎只是把她当作中国的"蝴蝶夫人",一个需要他保护的弱国女子,当他的证券公司陷入财务危机时,他马上抛开陈千红,去找日本姑娘和子,因为他知道这位中国女子对他毫无帮助,他也无力摆出保护者的姿态继续和陈千红在一起。王中国对王女娲与佐佐木的恋情保持高度的警惕,他不相信佐佐木会爱上王女娲,他质问女儿:"他凭什么要你?……就因为你漂亮?……但是再怎么样,你都是难民的女儿!"[①]王女娲与佐佐木的恋情不单是王中国反对,佐佐木的父母也是反对的,这导致佐佐木一度与王女娲分手,但最终王女娲和佐佐木和好。应该说,王女娲的选择是对中国父权制的反抗,但这也不仅仅是父权制的问题,而是象征着中国文化对日本强势文化的依附。王女娲逃脱父亲的囚禁,与佐佐木同居,最后在父亲威逼之下,还杀了父亲。小说的情节设定有些突兀,但也是作家的无奈之举,王中国的强势父权形象的设定,只有让他离开,王女娲才能解脱出来,她才能和佐佐木在一起。这种设定隐喻中日文化的关系对比。但小说又并非仅停留在文化层面的思考,王中国死后,他的亡灵来到阎王殿,阎王质问王中国:你怎么知道你的女儿和佐佐木在一起不幸福呢?你只是站在你这边看问题。的确,王中国以弱者姿态对抗日本的影响多少带着"鬼气"。王中国反省当初为何来到日本,他觉得也只不过是为了这个躯壳而已,并没有其他什么目的。所谓对日本的民族复仇只不过是个人私利的放

---

① 陈希我:《大势》,广州:花城出版社,2009年,第176页。

大,这就是《大势》的深刻之处,作家揭示了文化冲突背后隐藏的是人性黑暗之流的涌动。

《移民》中陈千红的心理空间建构经历了从纯真浪漫到怀疑幻灭到主动迎合的变化过程,小说主要围绕她的几段感情生活展开。第一段是她与林飘洋的初恋。陈千红从小在福建省城念书,本来想通过高考脱离农村,但中考失利彻底击碎了她的愿望。到了日本,住进了"中国城",她发现林飘洋是重点大学毕业的大学生,而且是唯一一个想通过念书融入日本社会的,她欣赏林飘洋,"不像那些土驴整天只想着挣钱[①]",当时到日本打工的中国人流行一句话,"辛苦两年,享福永年"。她欣赏林飘洋的志气,并且她也认为通过读书,找工作进入日本社会才是正途,而不应整天只忙着打工挣钱。她还指责唐鹏飞,让他不要和林金座一起混黑帮,要做点正事。此时的陈千红还带有纯真浪漫气息,她和林飘洋似乎有了共同的志趣,两人经常聊上几句,渐渐萌发了青春的情愫。第二段是她与林金座的婚姻。陈千红对林金座并非毫无感情,但主要还是青春萌动的结果,他们两人同住一屋,中间只隔着布帘,长期相处,难免会产生感情。或者说陈千红骨子里还是喜欢带有流氓气的林金座的,她为林飘洋缺乏这种气质而遗憾。但婚后的林金座完全不顾家,整天夜不归宿,陈千红还得想办法挣钱养家,这让她对爱情和婚姻产生怀疑。

第三段是她与渡边太郎的恋情。陈千红意识到青春美貌就是自己

[①] 陈希我:《移民》,北京:金城出版社,2013年,第32页。

的资本,她到卡巴莱做女招待,经常逛酒吧的渡边太郎喜欢上这个中国美女,陈千红也乐意做他的情妇,并和他过起了小日子。她以为这是一段美好的感情,但不久,渡边太郎就抛开她,找卡巴莱里另外一位日本女招待。这让她对爱情产生幻灭感。第四段是她与官员魏小徽的恋情。魏小徽的祖父是厅级官员,父亲是教师,魏小徽上大学时喜欢写诗,他的诗歌常常见诸学校的文学刊物。毕业后被分配到中学当教师,后来调到市委宣传部,常给市长写宣传稿,于是成为市长贴身秘书,后来,市长当上了省委副书记,他也成了省委副书记的秘书。他很自负,认为自己是靠能力一路打拼上来的。陈千红最初与他接触是为了王发展的奥运会项目,但后来,她发现魏小徽与她接触的官员不同,"除了孩子,他没有别的感兴趣的东西。他没有妻子,离婚好几年了……可魏小徽谈到他妻子时,从来不顺带贬低她[①]"。他似乎对女人敬而远之。陈千红经常到魏小徽家照看老太太,慢慢地他们相处得像一家人。魏小徽喜欢陈千红,因为她"像日本女人那样温柔。她真的去过日本[②]"。陈千红也喜欢魏小徽,"在中国,她用被训练出来的日本女人的温柔,攻克了许许多多男人的堡垒,魏小徽也是一个[③]"。回国后的陈千红利用自己文化杂糅性的优势,主动迎合国内现实情况,生意做得风生水起。

林飘洋的心理空间建构来自他在中国、日本、加拿大的经历,有

[①] 陈希我:《移民》,北京:金城出版社,2013年,第261页。
[②] 陈希我:《移民》,北京:金城出版社,2013年,第271页。
[③] 陈希我:《移民》,北京:金城出版社,2013年,第271页。

几件事对他影响很大。第一件事是在日本留学时他和陈千红的初恋。他和陈千红的恋情因为林金座的介入而夭折，他心情低落，加上工作太忙而常常没到语言学校上课，导致出勤率不够，留学签证没通过审核，他成了黑户，他不愿意像其他人一样没有身份地在日本待下去，他本来是想通过念书融入日本社会的，所以只好选择回国。第二件事是他在国内频繁换工作，但都不适应。他先是回到原来的中学，学校给他分配教务处的工作，实际上是个闲职，他没有抱怨，认真工作，其他同事看他如此卖力，反而对他产生嫉恨。他辞掉学校工作，到一家鞋厂工作，接着换了几家公司，每次都因为无法和同事处理好关系而辞职，他发现自己已经完全不能适应国内的生活环境了。于是，他决定技术移民到加拿大。林飘洋回国后的挫败与陈千红的成功创业形成对比，林飘洋的书生气质与陈千红的水样气质决定了他们不同的境遇。第三件事是他和犹太女孩安娜的恋爱。安娜是林飘洋大学英语老师布诺姆的女儿，布诺姆是犹太人。林飘洋移民到加拿大之后，碰到了布诺姆，并认识了安娜。两人交往了一段时间，后来，因为一场奥斯维辛集中营幸存者演讲，林飘洋和安娜起了争执，安娜为犹太人的悲惨遭遇痛哭，也为犹太人没有祖国伤心不已，但林飘洋认为以色列是犹太人的国家，安娜完全没有必要这么悲痛。从此，安娜没有再和林飘洋联系。林飘洋也没有再和布诺姆一家来往。"这是中国农民的方式，林飘洋一直没有脱离农民思维。他企图摆脱农村，但哪怕他出国了，仍然还是个农民……他只认为这是中国人的气节，中国人就得讲气节。也许中国人本质上就是农民。"①

为什么一场恋爱会让林飘洋想到中国人的农民思维？实际上，林飘洋与安娜分手的根本的原因在于，在林飘洋心目中，犹太人属于西方人，虽然犹太人在加拿大也是外来移民，但并不属于像中国这样的移民，犹太人也有像西方人那样的文化气场，"一个人要有一股气，一个国家、一个民族也要有。他发现西方民族就有一种'气场'，他们虽然很文明，待人很温和，但总有摸不到看不见的'气场'存在着。布诺姆一家，虽然对他很友好，虽然也是移民，但是于他这个中国人，仍然存在着一种气压②"。中国移民在加拿大张扬自我的空间很小，"无非就是工作挣钱，过小日子，攒钱，置业，发家致富③"。所以，他无法体会安娜的痛苦，因为他内心深处的文化自卑感，小说反复出现的林飘洋对西方女性的恐惧想象是他面对西方文化霸凌产生的内心压力的反映。

三、社会空间：并置与对比

列斐伏尔指出，每个社会都必须生产出自己的空间，社会空间是社会的产物，它是具体化的社会行为，社会空间是社会关系赖以存在的场所，也是统治阶级实施社会控制的重要工具，社会空间具有象征性。社会空间分析用两句话概括：从空间看到社会，从社会看到空间。首先从空间看社会，空间并非客观的，而是具有社会性的，并且体现

---

① 陈希我：《移民》，北京：金城出版社，2013年，第230页。
② 陈希我：《移民》，北京：金城出版社，2013年，第231页。
③ 陈希我：《移民》，北京：金城出版社，2013年，第231页。

权力关系。福柯认为空间是权力的容器,"全部历史是空间撰写的历史,同时,也是权力的历史[①]"。列斐伏尔认为"空间是政治的,意识形态的。它真正是一种充斥着各种意识形态的产物[②]"。空间是社会的产物,它是过往社会过程和社会力量建构而成的,只是隐身于空间的实体形态之中。再者从社会看空间,一切社会关系都有空间性的存在和空间化的表现,不平等是任何社会的存在形态,区别在于不平等的程度和具体表现。空间不平等本身也是社会不平等的一种存在方式。[③]

《大势》与《移民》中典型社会空间有"阵地"、"中国城"、东京、唐人街和多伦多。

唐人街是海外华人移民迁移历史的见证者,唐人街又称中华街、中国城、华人区或华埠。因为自唐代以来移居海外的中国人日益增多,他们自称"唐人""唐山客",称祖国是"唐山",唐人街名称由"唐人"得来。又因为唐朝是中国历史上最强盛的王朝之一,因此海外华人乐于称自己为"唐人"。一条长长的唐人街就是一个设备齐全的华人小社会。二十世纪八十年代中后期,中国人到东京的人数激增,据统计,至 2007 年,每 100 位东京居民中就有 1 名中国人。到 2008 年,东京江户川区中国突破 1 万人。2009 年东京出现了三个人数过万的华人社区,2010 年出现五个人数过万的华人社区。[④]随着中国人的增多,在东

[①] 于海:《上海纪事:社会空间的视角》,上海:同济大学出版社,2019 年,第 6 页。
[②] 列斐伏尔:《空间政治学的反思》,收入包亚明主编:《现代性与空间的生产》,第 62 页。
[③] 于海:《上海纪事:社会空间的视角》,上海:同济大学出版社,2019 年,第 7 页。
[④] 梅彬:《世界唐人街》,广州:广东人民出版社,2015 年,第 11 页。

京的中国投资者也增加了，多家中国人经营的物产店、饭店、酒吧等聚集在华人社区周围，慢慢形成"中华街"。

《大势》与《移民》中的"阵地""中国城"并不是真正的唐人街，这两个地方只不过是初到东京的中国人居住的公寓房，空间狭小，居住在这里的中国人基本上都是偷渡到日本的黑户，没有正式的身份，他们每天要躲避警察的突击检查，还要和日本房东斗智斗勇，随着到东京打工的人数增加，小小的公寓房变得异常拥挤，他们也没有选择的自由，每天早出晚归出去打工，有时要到凌晨才能回到公寓休息片刻。他们每天的工作又苦又累，为了多挣钱，有的人一天甚至打三份工，根本没有休息的时间，小说还写到"阵地""中国城"里中国人过劳死的例子。可以说，"阵地""中国城"完全与繁华都市东京是两个世界，王中国曾想融入日本社会，他希望女儿好好念书，毕业后在东京找到正式工作，慢慢融入日本社会，但深入骨髓的文化弱势观使他完全不能接受女儿与佐佐木的恋情。实际上，王女娲与佐佐木的结合也是中日文化融合的途径，但王中国偏执的性格使他完全无视事实，只是以一己之念阻扰女儿，一厢情愿地把女儿当作受害者。林飘洋也想通过念书融入日本社会。但事与愿违，他因留学签证被拒，只能黯然回国。除了王中国和林飘洋这两位知识分子试图通过读书进入日本社会，其他中国人每天辛苦工作，只是为了多挣钱，回国后可以轻松过日子。所以，"阵地""中国城"与东京之间有很深的鸿沟，几乎无法跨越。

多伦多是加拿大最大的城市，是全国工业和商业的中心。仅仅多伦多就有六条唐人街，虽然规模大小不一，但都有相当规模。街道两边的招牌上面是中文，下面是英文。置身多伦多的唐人街，如同回到中国。林飘洋发现加拿大的唐人街不像日本，日本的中国人都在做苦力，这里的各行各业的中国人都有，大家说中国话，就像在国内一样。据历史记载，多伦多的唐人街起源于十九世纪末二十世纪初，第一位在多伦多市府文件中记录在案的华人是一名洗衣店主。多伦多的华裔社区到1935年时趋于成熟，当时在四条街的范围内有三百家华人开办的洗衣店。在1947年到1960年间，大批华裔学生，技术工人和商人移民加拿大，令多伦多的华人人口迅速增加。①

既然多伦多唐人街人数很多，那么中国人是否能融入加拿大的主流社会呢？小说通过林飘洋的经历说明这也是不可能的。林飘洋发现加拿大的中国人大多是在华人圈子里活动，很少进入当地西方人的圈子，自然也很难融入西方主流社会，他们花费巨资购买住房，寻找安全感，每次回国还精打细算地带去大量中国的便宜商品。林飘洋国内相亲的经历更是让他看到表面上风光的海外华人实际上处于自我封闭、脱离现实世界的可悲处境，他国内的同学大都功成名就，生活富足，观念也成熟，相比之下，自己显得很老土，国内的女生也看不上他。虽然他拿着多伦多大学的毕业证，而且在加拿大的贸易公司上班，但他觉得自己是个失败者，于是，他最后还是回国了，不论是日本还

---

① 边跃编：《龙在中国》，北京：中国戏剧出版社，2010年，第312页。

是加拿大,都是别人的国家,"中国人的事还是得靠中国人自己解决,中国还得靠中国人自己搞好①"。有学者认为"唐人街是肮脏落后,藏污纳垢,帮派丛生,欺诈成风的万恶之地,其历史功能仅仅是为不懂英语的早期华裔劳力以及后来的华裔移民提供一个自我循环、自我生存的封闭社区……这些封闭社会本身是造成少数民族族裔的长期贫困落后,有碍于他们与主流文化和主流社会认同和同化的主要因素之一②"。也有学者认为,唐人街的存在,为大多数的华裔移民在美国的生存和发展以及顺利地融入主流社会提供了一条代价较小、切实可行的途径。③

不论怎样,唐人街作为华人生活的空间,虽然为华裔移民提供了生活的便利和精神的慰藉,但它是与居住国主流文化圈不同的空间,体现出一定的封闭性,也反映出社会等级关系。华裔移民要真正融入西方主流社会,必须走出唐人街这个封闭的空间,才能实现阶层跨越。

四、"流乡人"的困境:文化杂糅的反思

《移民》有专门章节介绍福建"流乡人"的历史,林姓是福建大姓,传说"闽林"家族最早于晋永嘉二年(308年)由林禄率族亲南迁避难于福建,林禄是林姓第五十七世孙,他是司马睿的扈从,是个中原将军。林禄临死还不忘收复中原,传说他死不瞑目,家人看见附近小龙

---

① 陈希我:《移民》,北京:金城出版社,2013年,第384页。
② 周敏:《唐人街 深具社会经济潜质的华人社区》,北京:商务印书馆,1995年,第10-11页。
③ 周敏:《唐人街 深具社会经济潜质的华人社区》,北京:商务印书馆,1995年,第12页。

岗上空的怪云排列成汉字"流",自此"闽林"家族被称为"流乡人"。林氏家族似乎一直处于流亡的状态,从中原流亡到福建,从福建流亡到世界各地。林姓有一家住在莆田湄洲岛的族亲连续生了五个女儿,只有一个儿子,生第六个女儿时,家人很不高兴,但他们发现这女孩出生时有一颗流星从西北天空射来,觉得这女孩来历不凡,决定把她抚养长大,女婴自出生到满月都不啼哭,被取名为林默,大家叫她林默娘,后来,她成了海上女神"妈祖",是福建人漂洋过海的保护神。福建人只要出海谋生,都必请妈祖保佑,方能安心出海。

从地理条件看,福建是属于多山的地理环境,自古就有"东南山国"之称。西部乃东北—西南走向的武夷山脉,绵延于闽、浙、赣边界,北部连接仙霞岭,南部横着九连山。斜贯于福建中部的是鹫峰山脉—戴云山脉—博平岭,东部还有太姥山脉,由浙南绵延至闽东北。这些山脉成为福建与西、北联系的障碍,而唯一可以通往外界的便是沿河流一路向南、向东入海的海洋。"八山一水一分田"的地理环境,导致福建人很难以务农为生,福建的自然环境可以用"滨海""多山"来概括。这种独特的地理环境造就了"福建'以海为田''以舟为车'集体出海打拼的独特的海洋文化[①]"。据统计,福建华侨数量仅次于广东省,全省旅外华侨和中国血统的外籍人约有五六百万人,约占全国华侨及中国血统外籍人总数的四分之一。[②]

[①] 苏文菁:《福建海洋文化的独特性》,《东南学术》,2008年第3期。
[②] 福建日报社编辑:《八闽纵横》(第2集),福州:福建日报社,1981年,第30页。

《大势》与《移民》中赴日打工的中国人主要是福建林氏家族的人，他们在异域求生存的经历又是华人移民离散经历的缩影。《大势》主要涉及的是劳工移民，到日本打工的中国人生活在社会底层，为了生存，整日忙碌，从事底层最辛苦的体力活，小说一方面展现了华人劳工动物般求生存的丑态，体现出作家"崇恶"的审美倾向，欺骗、辱骂、内斗、犯罪成为他们日常生活的一部分。另一方面呈现他们在异域艰难的生存状态，表达了作家的人道主义立场，以及对生命尊严的呼唤。他们被歧视，被伤害却依然苦苦挣扎的过程，隐喻了华人在日本主流文化中的艰难生存镜像。《移民》除了劳工移民，还涉及技术移民。技术移民集中在北美、欧洲和澳洲，主要基于晚期资本主义对尖端技术与金融资本的全球操控，"伴随着资本的对外扩张，发展和操纵资本的运作与流通的人也就必然从世界各地（边缘）移居到世界经济和金融的中心：欧美发达的资本主义国家，在那里定居、生存乃至建立自己的社区和文化[①]"。

陈希我的移民文学书写集中在三个领域：一是华人移民的开拓史和漂泊史；二是离散空间的生存冲突与文化冲突；三是回归中国后的生存境遇。《大势》和《移民》都呈现了留日华人的艰苦生活，他们为了生存，居住在逼仄的公寓房里，早出晚归从事各种辛苦的工作。关于异域生活中的生存冲突与文化冲突，陈希我强调异域生存的沉重感、文化之间的尖锐对抗，他着力写人物内心的焦虑和迷惘，但在频繁的

---

① 王宁：《流散文学与文化身份认同》，《社会科学》，2006 年第 11 期。

跨国经历后，游子心态慢慢减弱，回归中国本土仍然是最后选择。《大势》凸显中日两种文化的不调和，侧重剖析中国文化根性。《移民》则通过林飘洋的回归，表达了中国文化融入现代文化的希望之光。林飘洋身上有着王中国的影子，他们都有深切的文化焦虑，幼时的文化记忆早已渗入精神血脉之中，这使得他们面对异域文化时，总是格格不入，他者文化的全新的价值观念和伦理秩序带来的新的评判标准和思维方式，为他们认知自身提供了新的视点。两部小说都有一段异国恋情的书写，王女娲与佐佐木、林飘洋与安娜，他们之间的恋情背后隐藏的是中外文化冲突的暗线，表面上看是在讲述一段异国恋情，但主宰恋情发展的是背后的文化冲突。异国恋情往往超越了伦理，隐喻的是内在的文化冲突。以个人的遭遇隐喻一个国家或民族的命运，并把个人焦虑放在民族责任感和历史感的紧张中，这种民族寓言式的描写不是纯粹的对个人的书写，而是在"资本与文化的双重压迫中，从个人放大出的带有焦虑与紧张情绪的世界性中国话语[①]"。陈千红与林飘洋的归国经历反映了杂糅文化的不同境遇，林飘洋对日本、加拿大文化并没有很明显的抵触，他总是希望通过念书，然后找到正式工作融入他国文化，但他始终未能如愿，最后，他选择回到中国。在日本、加拿大的流散过程中，林飘洋接受了日本、西方的价值观念和思维方式的影响，也就是说，他的精神建构中带有中国文化、日本文化、西

[①] 杨乃乔：《第三文化空间，兼论中国现当代文学研究的发展命脉》，《文艺争鸣》，2009年第11期。

方文化杂糅的特质，这种杂糅虽然给他在文化身份认同上带来很大的焦虑感，但的确为他审视中国自身文化记忆提供了全新的视角。林飘洋带着异国的文化回到国内，却发现找不到原来的自我，被周围的人当作异类，他发现自己不能适应国内生活，因为他已接受外国文化的影响，行事作风与国人不同，林飘洋的经历体现了离散空间的中国移民的双重疏离状态，既疏离异域他者文化，又疏离中国本土文化。相比之下，陈千红接受日本文化的影响，把日本生活经验运用到国内的创业中，如鱼得水。在日本，她是中国人，在中国，她是日本人，实际上，她永远是自己生存空间的"异乡人"，永远是他者，不可能成为生存空间的主体。表面上看，陈千红事业成功，但她被当作消费的客体，在本质上和林飘洋是一样的，都是离散空间的双重边缘人，他们的经历体现了"流亡"是移民的精神世界内核。

结语

当今世界是由不同文化、种族、肤色、宗教和不同社会制度组成的复杂世界，人类从未像现在这样休戚相关，祸福与共。现代科技缩小了地球上的时空距离，国际交往日益频繁，整个地球如同茫茫宇宙中的一个小村落，这就是加拿大传播学家麦克卢汉提出的"地球村"概念。无论何种肤色、种族、国家的每个人都是地球这个"命运共同体"的一分子。2011年《中国的和平发展》白皮书提出，要以"命运共同体"的新视角，寻求人类的共同利益和共同价值的新内涵。全球化时代的政治多极化、经济全球化、文化多样化和社会信息化潮流不可逆转，各国间的联系和依存日益加深，但也面临诸多共同挑战。粮食安全、资源短缺、气候变化、网络攻击、人口爆炸、环境污染、疾病流行、跨国犯罪等全球非传统安全问题层出不穷，对国际秩序和人类生存都构成了严峻挑战。一种不分种族、国家、信仰的全球价值观亟待构建。

跨文化交流成为全球化时代重要的课题，它要求交流双方打破自身文化模子的局限，寻求不同文化之间的对话与汇通。域外题材作品的作者往往置身于不同国家民族文化的交汇点上,他们能采用比较文化的视野看待民族文化和异国文化,这给他们的写作带来新的叙事的可能性,也为我们寻求不同文化的对话与汇通提供了珍贵的参考路径。无论是中国作者塑造的西方世界,西方作者塑造的东方世界,还是漂洋过海的海外华人的离散写作,他们都是同时代人看异域的眼光的投射。在全球化浪潮汹涌的当今世界,异域题材作品提供了写作者对不同文化冲突与融合问题思考的鲜活文本。

通过本书对中外异域题材作品的研究,我们对如何实现中外不同文化的对话与汇通的问题至少有以下思考。

首先,我们要抵制两种错误观念。一是文化中心论。当今世界,要特别警惕的是"西方中心主义"或"欧洲中心论"。西方中心主义认为西方文明是优越的,代表了人类通往最高级的人类文明,西方社会形态是人类历史的终结,没有更好的社会形态可以代替它。西方中心主义长期左右着西方人看东方的眼光,1750年前后,东西方关系格局发生重大改变,新大陆被开辟,西方工业革命开始,东方国家逐步沦为西方各国的殖民地,西方社会生产力急速提升,西方资本原始积累开启,东西方世界的综合国力差距越来越大。"西方中心主义"开始形成并确立。比如,西方的中国形象出现了大转折,由之前的美化赞赏转变为丑化鄙视。东方是原始野蛮的未开化之地,经济落后、政治专制、人们懒惰、思想封闭。因为此时的西方需要自我肯定、自我巩固的意识形态型"他者"。正如萨义德所言,十九世纪的欧洲所做的就是证明自己对世界其他地方的征服是正当的。到了二十世纪末,随着中国综合国力的增强,"中国威胁论""中国崩溃论"等甚嚣尘上。总之,自西方启蒙运动开始形成的西方中心主义,往往会虚构出意识形态型的"他者",以确认西方文化的优越性,并为向第三世界国家推行文化霸权提供借口,弱化甚至消解弱小民族的文化意识,"西方中心主义"为西方殖民主义、帝国主义、后殖民主义、种族主义提供了理论温床,这是全球化时代必须警惕的文化帝国主义行径。实际上,西方中心主义的主流叙述是古希腊产生了古罗马,古罗马产生了基督教欧洲,基督教欧洲产生了文艺复兴,文艺复兴产生了启蒙运动,启蒙运动产生了民主政治、工业革命和现代世界。背后的逻辑是西方文明是理性和民主的,东方文明是愚昧与专制的。有学者证明古希腊文明源于东方的古埃及,文艺复兴的主要动力来自东方,特别是中国,启蒙运动的起点某种意义上就是中国。马丁贝尔纳的《黑色雅典娜》指出,古希腊在文化上与东方关系密切,甚至可以看作是东方的一部分。希腊的科学成就大多应归功于古埃及,后来被重塑的"雅利安模式"是为了推演出所谓的理性的欧洲和非理性的东方,民主的欧洲和专制的东方。①

二是文化相对主义。美国学者沃恩认为文化相对主义是"对于一种特定文化中的成员来说,使得一个行为是对的原因在于这种文化认同这个行为。与主观相对主义不同,文化相对主义并不暗示着人在道德上是永无过错的。但是它确实暗示着文化在道德上是永无过错的②"。文化相

---

① 张维为:《中国话语丛书 文明型国家》,上海:上海人民出版社,2017年,第159页。
② [美]小西奥多·希克、[英]刘易斯·沃恩:《做哲学 88个思想实验中的哲学导论》,柴伟佳、龚皓译,北京:北京联合出版公司,2018年,第229页。

对主义认为每一种文化都有产生自己的价值体系，都值得尊重，不去轻易评价和摧毁与自己不同的文化。这相对于过去的文化征服和文化掠夺而言是进步的，但也导致了文化保守主义，忽略了自身文化可能存在的缺失，缺乏变革求新的动力。

再者，我们要秉持文化多元主义，不以某一种文化独尊，要承认文化个性化和多样化的客观价值，不同文化之间完全可以相互为镜，优势互补，以求维护世界文化百花园的生态平衡。2011年11月2日，联合国教科文组织第三十一届会议通过的《世界文化多样性宣言》宣称"文化在不同的时代和不同的地方具有各种不同的表现形式。这种多样性的具体表现是构成人类的各群体和各社会的特性所具有的独特性和多样化。文化多样性是交流、革新和创作的源泉，对人类来讲就像生物多样性对维持生物平衡那样必不可少。从这个意义上讲，文化多样性是人类的共同遗产，应当从当代人和子孙后代的利益考虑予以承认和肯定"。面对全球化汹涌浪潮，不同文化之间的冲突无可避免，西方强势文化会对第三世界民族文化形成强大冲击，第三世界国家民族要警惕"后殖民主义"的威胁，费孝通先生提出"文化自觉"，强调我们要有自知之明，要加强文化转型期的自主能力和新时代文化选择的自主地位。正如弗朗茨·法农所言，去掉心灵上的殖民状态。第三世界国家民族要设法维护民族文化的独立性，争取更大的生存和发展空间。不妄自尊大，也不妄自菲薄，和而不同，这才是我们面对西方文化挑战应有的科学态度。

异域题材写作具有很强的世界文学意义和比较文学意义。异域题材作品研究要有"跨文化"意识，关注写作者的不同文化身份和文本中不同文化的对话，但同时，异域题材作品与其他文学作品一样，具有自身的文学价值，我们应把注意力放在文本的文学性的赏鉴上，在此基础上发掘作品的文化价值，这才是研究异域题材作品的正途。

参考文献

一、作品、专著、译著（以出版时间先后为序）

[1] 冯承钧. 海录注[M]. 北京：商务印书馆，1938.

[2] [英]亚当·斯密. 国富论上卷[M]. 郭大力，王亚南，译. 北京：中华书局，1949.

[3] （东汉）班固. 汉书（卷九六上）·西域传（上）[M]. 北京：中华书局，1962.

[4] 王重民. 徐光启集[M]. 北京：中华书局，1963.

[5] 郭沫若. 郭沫若文集[M]. 北京：人民文学出版社，1963.

[6] （唐）姚思廉. 梁书（卷五四）·诸夷传[M]. 北京：中华书局，1973.

[7] （后晋）刘昫. 旧唐书（卷一九八）[M]. 北京：中华书局，1975.

[8] 张星烺编注，朱杰勤校订. 中西交通史料汇编[M]. 北京：中华书局，1977.

[9] （元）脱脱，等. 宋史卷四九〇[M]. 北京：中华书局，1977.

[10] 薛福成. 出使四国日记[M]. 长沙：湖南人民出版社，1981.

[11] [德]黑格尔. 逻辑学（下卷）[M]. 北京：商务印书馆，1981.

[12] 福建日报社. 八闽纵横（第2集）[M]. 福州：福建日报社，1981.

[13] [德]叔本华. 作为意志和表象的世界[M]. 石冲白，译. 北京：商务印书馆，1982.

[14] [意]利玛窦，[法]金尼阁. 利玛窦中国札记[M]. 何高济等，译. 北京：中华书局，1983.

[15] 郭嵩焘著，杨坚校补. 郭嵩焘奏稿[M]. 长沙：岳麓书社，1983.

[16] 郭嵩焘. 郭嵩焘日记[M]. 长沙：湖南人民出版社，1983.

[17] 张玉书. 海涅选集[G]. 北京：人民文学出版社，1984.

[18] 巴人. 印尼散记[M]. 长沙：湖南人民出版社，1984.

[19] 张玉书. 海涅选集：诗歌卷[G]. 北京：人民文学出版社，1985.

[20] [美]费正清，[美]刘广京. 剑桥中国晚清史（上卷）[M]. 北京：中国社会科学出版社，1985.

[21] [美]费正清，[美]刘广京. 剑桥中国晚清史：1800—1911年[M]. 中国社会科学院历史研究所编译室，译. 北京：中国社会科学出版社，1985.

[22] 林缄. 西海纪游草[M]. 长沙：岳麓书社，1985.

[23] 斌椿. 乘槎笔记[M]. 长沙：岳麓书社，1985.

[24] 志刚. 初识泰西记[M]. 长沙：岳麓书社，1985.

[25] 钟叔河. 走向世界——近代知识分子考察西方的历史[M]. 北京：中华书局，1985.

[26] 单士厘. 癸卯旅行记·归潜记[M]，长沙：岳麓书社，1985.

[27] 郭沫若. 郭沫若文集·文学卷. 第九卷[M]. 北京：人民文学出版社，1985.

[28] 曾小逸. 走向世界文学：中国现代作家与外国文学[M]. 长沙：湖南文艺出版社，1986.

[29] 叶廷芳，现代艺术的探险者[M]. 广州：花城出版社，1986.

[30] 张维华. 明清之际中西关系简史[M]. 济南：齐鲁书社，1987.

[31] 丁凤麟，王欣之. 薛福成选集[M]. 上海：上海人民出版社，1987.

[32] [希]亚里斯多德. 诗学[M]. 马奇，主编. 西方美学史资料选编（上卷）. 上海：上海人民出版社，1987.

[33] 白先勇. 明星咖啡馆[M]. 台北：皇冠出版社，1987.

[34] （唐）杜佑. 通典卷一九三[M]. 杭州：浙江古籍出版社，1988.

[35] 林语堂. 中国人. 杭州[M]：浙江人民出版社，1988.

[36] 张玉书. 海涅研究[M]. 北京：北京大学出版社，1988.

[37] 周俟松，杜汝淼. 许地山研究集[M]. 南京大学出版社，1989.

[38] 韩民青. 文化论[M]. 南京：广西人民出版社，1989.

[39] 梁启超. 饮冰室合集文集（第一集）[M]. 北京：中华书局，1989.

[40] 封祖盛. 当代新儒家[M]. 北京：生活·读书·新知三联书店，1989.

[41] 中国郭沫若研究学会《郭沫若研究》编辑部. 郭沫若研究（第八辑）[M]. 北京：文化艺术出版社，1990.

[42] 秦家懿，[德]孔汉思. 中国宗教与基督教[M]. 吴华，译. 北京：生活·读书·新知三联书店出版社，1990.

[43] 杨公素. 晚清外交史[M]. 北京：北京大学出版社，1991.

[44] [美]约瑟夫·弗兰克，等. 现代小说中的空间形式[M]. 秦林芳，编译. 北京：北京大学出版社，1991.

[45] 袁良骏. 白先勇小说艺术论[M]. 长春：吉林大学出版社，1991.

[46] [美]埃德温·奥·赖肖尔. 当代日本人——传统与变革[M]. 陈文涛，译. 北京：商务印书馆，1992.

[47] [法]阿兰·佩雷菲特. 停滞的帝国——两个世界的撞击[M]. 北京：生活·读书·新知三联书店，1993.

[48] 朱立元. 现代西方美学史[M]. 上海：上海文艺出版社，1993.

[49] 熊月之. 西学东渐与晚清社会[M]. 上海：上海人民出版社，1994.

[50] 周冠群. 游记美学[M]. 重庆：重庆出版社，1994 年.

[51] 林湄. 浮生外记[M]. 上海：上海文艺出版社，1994.

[52] 林湄. 漂泊[M]. 合肥：安徽文艺出版社，1994.

[53] 林语堂. 林语堂名著全集第二卷[M]. 长春：东北师范大学出版社，1994.

[54] 林语堂. 唐人街，林语堂名著全集（第四卷）[M]. 唐强，译. 长春：东北师范大学出版社，1994.

[55] [美]莫阿卡宁. 荣格心理学与西藏佛教 东西方精神的对话[M]. 江亦丽，罗照辉，译. 北京：商务印书馆，1994.

[56] [美]汉斯摩根索. 国际纵横策论[M]. 卢明华，译. 上海：上海译文出版社，1995.

[57] [英]赫德逊. 欧洲与中国[M]. 王遵仲，李申，张毅，译. 北京：

中华书局，1995.

[58] [荷]米克·巴尔. 叙述学：叙事理论导论[M]. 谭君强，译. 北京：中国社会科学出版社，1995.

[59] [美]柯文. 在传统与现代性之间：王韬与晚清改革[M]. 雷颐，罗检秋，译. 南京：江苏人民出版社，1995.

[60] 周敏. 唐人街 深具社会经济潜质的华人社区[M]. 北京：商务印书馆，1995.

[61] 林金水. 利玛窦与中国[M]. 北京：中国社会科学出版社，1996.

[62] [德]叔本华. 爱与生的苦恼[M]. 金玲，译. 北京：华龄出版社，1996.

[63] 弘学. 藏传佛教[M]. 成都：四川人民出版社，1996.

[64] 万平近. 林语堂评传[M]. 重庆：重庆出版社. 1996.

[65] 卢文璞. 世界现代史（1914—1949）[M]. 北京：北京师范大学出版社，1996.

[66] 许地山. 神秘奇特 异域情韵 许地山小说全集[M]. 北京：中国文联出版公司，1996.

[67] 施建伟. 林语堂研究论集[M]. 武汉：湖北教育出版社，1997.

[68] [英]吉登斯. 现代性后果[M]. 南京：南京大学出版社，1997.

[69] 艾晓明，李银河. 浪漫骑士——记忆王小波[M]. 北京：中国青年出版社，1997.

[70] [英]吉登斯. 现代性后果[M]. 南京：南京大学出版社，1997.

[71] 王兴国. 郭嵩焘评传[M]. 南京：南京大学出版社，1998.

[72] 杨义. 杨义文存[M]. 北京：人民出版社，1998.

[73] [英]艾勒克·博埃默. 殖民与后殖民文学[M]. 盛宁，韩敏中，译. 沈阳：辽宁教育出版社，1998.

[74] [法]西蒙娜·德·波伏娃. 第二性[M]. 陶铁柱，译. 北京：中国书籍出版社，1998.

[75] 张翎. 望月[M]. 杭州：浙江文艺出版社，1998.

[76] 周宁. 2000年中国看西方[M]. 北京：团结出版社，1999.

[77] [美]萨义德. 东方学[M]. 王宇根，译. 北京：生活·读书·新知三联书店，1999.

[78] [德]歌德. 浮士德[M]. 绿原，等，译. 北京：人民文学出版社，1999.

[79] 王先霈，王又平. 文学批评术语词典[M]. 上海：上海文艺出版社，1999.

[80] 乐黛云，勒·比雄主编. 独角兽与龙——在寻找中西文化普遍性中的误读[M]. 北京：北京大学出版社，1999.

[81] 乐黛云，张辉. 文化传递与文学形象[M]. 北京：北京大学出版社，1999.

[82] （明）严从简，余思黎，点校. 殊域周咨录[M]. 北京：中华书局，2000.

[83] 玄奘，辩机，季羡林，等，校注. 大唐西域记[M]. 北京：中华书局，2000.

[84] 丁三青. 现代性与近代中国[M]. 徐州：中国矿业大学出版社，

[85] [英]格林. 权力与荣耀[M]. 傅惟慈,译. 南京:译林出版社,2000.

[86] 罗刚,刘象愚. 文化研究读本[M]. 北京:中国社会科学出版社,2000.

[87] 林语堂. 林语堂作品集[M]. 拉萨:西藏人民出版社,2000.

[88] 许地山. 许地山小说全集[M]. 吉林:时代文艺出版社,2000.

[89] 陈惇,刘象愚,等. 比较文学概论[M]. 北京:北京师范大学出版社,2000.

[90] 汤世杰. 梦幻高原——詹姆斯·希尔顿与香格里拉[M]. 昆明:云南教育出版社,2000.

[91] 魏国英. 女性学概论[M]. 北京:北京大学出版社,2000.

[92] 巴尔加斯·略萨. 中国套盒——致一位青年小说家[M]. 天津:百花文艺出版社,2000.

[93] 张静. 郭嵩焘思想文化研究[M]. 天津:南开大学出版社,2001.

[94] 孟华. 比较文学形象学[M]. 北京:北京大学出版社,2001.

[95] 王润华. 华文后殖民文学——中国、东南亚的个案研究[M]. 上海:学林出版社,2001.

[96] [英]吉尔伯特. 后殖民理论:语境实践政治[M]. 陈仲丹,译. 南京:南京大学出版社,2001.

[97] 王宁. 全球化与文化:西方与中国[M]. 北京:北京大学出版社,2002.

[98] 王晓平. 梅红樱粉 日本作家与中国文化[M]. 甘肃:宁夏人民出版社,2002.

[99] 林太乙. 林语堂传[M]. 西安：陕西师范大学出版社，2002.

[100] （清）谢清高口述，杨炳南笔录，安京校释. 海录校释[M]. 北京：商务印书馆，2002.

[101] 刘锡鸿. 英轺私记[M]. 长沙：岳麓书社，2002.

[102] [美]费正清. 中国：传统与变迁[M]. 张沛，译. 北京：世界知识出版社，2002.

[103] 葛桂录. 雾外的远音：英国作家与中国文化[M]. 银川：宁夏人民出版社，2002.

[104] 郭嵩焘. 伦敦与巴黎日记[M]. 长沙：岳麓书社，2002.

[105] 叶舒宪. 文学与人类学[M]. 北京：社会科学文献出版社，2003.

[106] 袁伟时. 帝国落日：晚清大变局[M]. 南昌：江西人民出版社，2003.

[107] 赵毅衡. 对岸的诱惑：中西文化交流人物[M]. 北京：知识出版社，2003.

[108] 王向远. 比较文学学科新论[M]. 南昌：江西教育出版社，2003.

[109] 葛桂录. 他者的眼光——中英文学关系论稿[M]. 银川：宁夏人民教育出版社，2003.

[110] 董大中. 鲁迅与林语堂[M]. 石家庄：河北人民出版社，2003.

[111] 刘小枫. 沉重的肉身：现代性伦理的叙事纬语[M]. 北京：华夏出版社，2004.

[112] 乔以钢. 中国女性与文学[M]. 天津：南开大学出版社，2004.

[113] 道宣，范祥雍点校，释迦方志[M]. 北京：中华书局，2004.

[114] 胡秋原. 近百年来中外关系[M]. 台北：海峡学术出版社，2004 年.

[115] 王晓路，石坚，肖薇. 当代西方文化批评读本[M]. 成都：四川大学出版社，2004.

[116] [法]洛蒂. 菊子夫人[M]. 徐霞村，译. 南京：译林出版社，2004.

[117] 郭少棠. 旅行跨文化想象[M]. 北京：北京大学出版社，2005.

[118] 姜智芹. 文学想象与文化利用：英国文学中的中国想象[M]. 北京：中国社会科学出版社，2005.

[119] 李扬帆. 走出晚清：涉外人物及中国的世界观念之研究[M]. 北京：北京大学出版社，2005.

[120] （南宋）范晔. 后汉书·西域列传[M]. 太原：山西古籍出版社，2005.

[121] [英]詹姆斯·希尔顿. 消失的地平线[M]. 赵净秋，白逸欣，陈馨，译. 昆明：云南大学出版社，2005.

[122] 芥川龙之介. 芥川龙之介全集[M]. 揭侠，林少华，刘立善，译. 济南：山东文艺出版社，2005.

[123] 西原大辅. 谷崎润一郎与东方主义[M]. 赵怡，译. 北京：中华书局，2005.

[124] 张荣翼. 冲突与重建：全球化语境中的中国文学理论问题[M]. 武汉：武汉大学出版社. 2005.

[125] 乐黛云. 比较文学与比较文化十讲[M]. 上海：复旦大学出版社，2005.

[126] 曹顺庆，等. 比较文学论（修订本）[M]. 成都：四川教育出版

社，2005.

[127] 雷蒙·道森. 中国变色龙——对于欧洲中国文明观的分析[M]. 北京：中华书局，2006.

[128] 高旭东. 跨文化的文学对话：中西比较文学与诗学新论[M]. 北京：中华书局，2006.

[129] 林英. 唐代拂菻丛说[M]. 北京：中华书局，2006.

[130] 孟华，等. 中国文学中的西方人形象[M]. 合肥：安徽教育出版社，2006.

[131] 李兆忠. 看不透的日本 中国文化精英眼中的日本[M]. 北京：东方出版社，2006.

[132] 芥川龙之介，中国游记[M]. 秦刚，译. 北京：中华书局，2007.

[133] 杨剑利. 女性与近代中国社会[M]. 北京：中国社会出版社，2007.

[134] [德]尼采. 查拉图斯特拉如是说[M]. 钱春绮，译. 北京：生活·读书·新知三联书店，2007.

[135] 孙景尧，等. 比较文学[M]. 北京：高等教育出版社，2007.

[136] 张德明. 流散族群的身份建构——当代加勒比地区英语文学研究[M]. 杭州：浙江大学出版社，2007.

[137] 许地山. 空山灵雨[M]. 天津：天津教育出版社，2007.

[138] 马文龙，木霁经弘，徐涌涛. 香格里拉文化史[M]. 昆明：云南人民出版社，2008

[139] [美]克利福德·格尔茨. 文化的解释[M]. 韩莉，译. 南京：译林

出版社，2008.

[140] 姜智芹. 当东方与西方相遇——比较文学专题研究[M]. 济南：齐鲁书社，2008

[141] 任一鸣. 后殖民：批评理论与文学[M]. 上海：外语教学与研究出版社，2008.

[142] 葛桂录. 跨文化语境中的中外文学关系研究[M]. 上海：生活·读书·新知三联书店，2008.

[143] 董庆炳. 文学理论教程[M]. 北京：高等教育出版社，2008.

[144] [英]格雷厄姆·格林. 文静的美国人[M]. 主万，译. 上海：上海译文出版社，2008.

[145] 石海军. 后殖民：印英文化之间[M]. 北京：北京大学出版社，2008.

[146] 万平近. 林语堂评传[M]. 上海：上海远东出版社，2008.

[147] 白先勇. 白先勇文集（第四卷）[M]. 广州：花城出版社，2009.

[148] 赵稀方. 后殖民理论.[M]. 北京：北京大学出版社，2009.

[149] [法]加斯东·巴什拉. 空间的诗学[M]. 张逸婧，译. 上海：上海译文出版社，2009.

[150] 任贵祥. 海外华侨华人与中国改革开放[M]. 北京：中共党史出版社，2009.

[151] 赵稀方. 后殖民理论[M]. 北京：北京大学出版社，2009.

[152] 陈希我. 大势[M]. 广州：花城出版社，2009.

[153] [法]谢阁兰. 画&异域情调论[M]. 黄蓓，译. 上海：上海书店出

版社，2010.

[154] 白先勇. 台北人[M]. 桂林：广西师范大学出版社，2010.

[155] 白先勇. 纽约客[M]. 桂林：广西师范大学出版社，2010.

[156] 白先勇. 寂寞的十七岁[M]. 桂林：广西师范大学出版社，2010.

[157] 边跃. 龙在中国[M]. 北京：中国戏剧出版社，2010.

[158] 白先勇. 树犹如此[M]. 桂林：广西师范大学出版社，2011.

[159] [英]格雷厄姆·格林. 生活曾经这样[M]. 陆谷孙，译. 上海：上海译文出版社，2012.

[160] 乐黛云，[法]李比雄. 跨文化对话 第30辑[M]. 北京：生活·读书·新知三联书店，2013.

[161] 沈健. 历史上的大移民：下南洋[M]. 北京：北京工业大学出版社，2013.

[162] 陈希我. 移民[M]. 北京：金城出版社，2013.

[163] 朱晓剑. 后阅读时代[M]. 北京：金城出版社，2014.

[164] 许地山，文明国. 许地山自述[M]. 合肥：安徽文艺出版社，2014.

[165] 林湄. 天外[M]. 北京：新世界出版社，2014.

[166] 周宁. 跨文化形象学[M]. 上海：复旦大学出版社，2014.

[167] 饶芃子，杨匡汉. 海外华文文学教程[M]. 广州：暨南大学出版社，2014.

[168] 施爱东. 16—20世纪的龙政治与中国形象[M]. 北京：生活·读书·新知三联书店，2014.

[169] 张翎. 邮购新娘[M]. 浙江：浙江文艺出版社，2015.

[170] 葛桂录. 雾外的远音 英国作家与中国文化[M].桂林：宁夏人民出版社，2015.

[171] 方以智. 物理小识[M]. 北京：商务印书馆，1937.

[172] 尤迪勇. 空间叙事学[M]. 北京：生活·读书·新知三联书店，2015.

[173] 薛莉清. 晚清民初南洋华人社群的文化建构 一种文化空间的发现[M]. 北京：生活·读书·新知三联书店，2015.

[174] 梅彬. 世界唐人街[M]. 广州：广东人民出版社，2015.

[175] 王岳川. 季羡林评传[M]. 合肥：黄山书社，2016.

[176] 社会科学研究方法百科全书（第2卷）[M]. 沈崇麟，赵锋，高勇，主译. 重庆：重庆大学出版社. 2017.

[177] [加]马克斯·范梅南. 实践现象学 现象学研究与写作中意义给予的方法[M]. 北京：教育科学出版社，2018.

[178] 曾小月，李卫华. 比较文学文献精读经典与案例[M]. 武汉：武汉大学出版社，2018.

[179] 朱自清，等. 中国现代文学名家经典合集 背影[M]. 成都：四川人民出版社，2018.

[180] 郑侠，李京函，李恩. 多元文化视角下的大学英语教学研究[M]. 北京：知识产权出版社，2018.

[181] 谭竹修. 多元文化教育视域下大学英语教学理论探索[M]. 天津科学技术出版社，2018.

[182] 朱文斌，刘红英. 世界华文文学研究 第11辑[M]. 合肥：安徽

大学出版社，2018.

[183] 郁达夫. 散文精读·郁达夫[M]. 杭州：浙江人民出版社，2018.

[184] 申荷永，高岚. 荣格与中国文化[M]. 北京：首都师范大学，2018.

[185] 傅小平. 普鲁斯特的凝视[M]. 南京：江苏凤凰文艺出版社，2019.

[186] 于海. 上海纪事：社会空间的视角[M]. 上海：同济大学出版社，2019.

二、论文（以发表时间后先为序）

（一）期刊论文

[1] 许地山. 宗教的生长和灭亡[J]. 东方杂志，1922（19）.

[2] 张中载. 格雷厄姆·格林及其作品[J]. 外语教学与研究，1980（3）.

[3] 白先勇. 新大陆流放者之歌[J]. 明星咖啡馆，台北：皇冠出版社，1984.

[4] 李炳银. 对《京华烟云》人物塑造的几点看法[J]. 文艺争鸣，1987（12）.

[5] 乐黛云. 中西诗学对话的必要性和可能性[J]. 中国比较文学. 1993（1）.

[6] 周庆智. 中国古代民族观念的起源演化[J]. 云南社会科学，1993（6）.

[7] 傅红春. 西方人谈中国文化传统[J]. 唯实，1996（6）.

[8] 杨峰. 论自尊教育[J]. 山东教育学院学报, 1997（1）.

[9] 朱东宇. 家长与丈夫——《林语堂三部曲》[J]. 哈尔滨: 北方论丛, 1997（5）.

[10] 刘勇. 论林语堂《京华烟云》的文化意蕴[J]. 北京师范大学学报（社会科学版）, 1998（03）.

[11] 严绍璗. 文化的传递与不正确理解的形态[J]. 中国比较文学, 1998（4）.

[12] 顾农. 最早的欧美游记[J]. 出版广角, 1999（3）.

[13] 王德刚. 论旅游学研究的对象和任务[J]. 桂林旅游高等专科学校学报, 1999（10）.

[14] 黄万华. 聚散之间——荷兰比利时卢森堡华文文学的文化姿态[J]. 华文文学, 2000（1）.

[15] 薛维华. 中国公主: 作为异国情调的中国形象[J]. 岱宗学刊, 2001（2）.

[16] 王雪梅. 近代中国早期的海外旅游[J]. 中华文化论坛, 2001（4）.

[17] 金秀芳. "理想化"与"妖魔化"——西方人眼中的中国形象[J]. 德国研究, 2002（1）.

[18] 周宁. 鸦片帝国浪漫主义时代的一种东方想象[J]. 外国文学研究, 2003（5）.

[19] 赵稀方. 历史、性别与海派美学——评张翎的《邮购新娘》[J]. 世界华文文学论坛, 2004（1）.

[20] 戴翊. 林湄小说创作的现实意义[J]. 华文文学, 2004（3）.

[21] 王宁. 流散写作与中华文化的全球性特征[J]. 中国比较文学,

2004（4）.

[22] 祖金玉，颜杰峰. 早期驻外使节对西方近代文明的传播及其特点[J]. 社会科学辑刊，2004（6）.

[23] 刘再复，林岗. 中国文学的根本性缺陷与文学的灵魂维度[J]. 学术月刊，2004（8）.

[24] 祝春亭. 明清时期中国人眼中的西方形象[J]. 江西教育学院学报，2004（10）.

[25] 姜智芹. 颠覆与维护：英国文学中的中国形象透视[J]. 东南学术，2005（1）.

[26] 沈欢. 丰富人性的日常书写——读张翎长篇《邮购新娘》[J]. 世界华文文学论坛，2005（2）.

[27] 朱蕴秋，王立欣. "大唐西域记"中的印度人形象[J]. 沈阳大学学报，2005（2）.

[28] 南治国. 凝视下的图像——中国现代作家笔下的南洋[J]. 暨南学报（哲学社会科学版），2005（3）.

[29] 葛桂录. "中国不是中国"：英国文学里的中国形象[J]. 福建师范大学学报，2005（5）.

[30] 姜智芹. 非我与他者：英国文人视野中的中国形象[J]. 东岳论丛，2005（5）.

[31] 林湄. 感受边缘[J]. 华文文学，2005（6）.

[32] 贾鸿雁. 中国古代的域外游记及其价值[J]. 桂林旅游高等专科学

校学报，2005（8）．

[33] 邓筱菊．《京华烟云》人物浅析——试论林语堂对中国传统文化的诠释[J]．文史博览，2005（16）．

[34] 张立胜．略论刘锡鸿守旧思想的成因及特点[J]．德州学院学报，2006（2）．

[35] 杨秀媚．中西文化交流中的误读反思[J]．刑台学院学报，2006（3）．

[36] 代顺丽．近代域外游记的特征及价值[J]．福建师范大学学报，2006（4）．

[37] 齐秀丽，郭艳萍．评芥川龙之介《中国游记》的中国像和中国观[J]．长春中医药大学学报，2006（4）．

[38] [美]朱学渊．"大秦"不是罗马，而是波斯[J]．文史知识，2006（6）．

[39] 周宁．亚洲或东方的中国形象：新的论域与问题[J]．人文杂志，2006（6）．

[40] 刘斌．走向世界还是回归传统——郭嵩焘、刘锡鸿思想比较研究[J]．湘潭师范学院学报，2006（9）．

[41] 赵迎春．《京华烟云》的文化传输策略及其原因分析[J]．湖南科技学院学报，2006（10）．

[42] 王宁．流散文学与文化身份认同[J]．社会科学，2006（11）．

[43] 李金生．一个南洋，各自界说："南洋"概念的历史演变[J]．亚洲

文化，2006（30）．

[44] 李成坚，邓红．杂合中建立第三空间——从霍米·巴巴的杂合理论看谢默斯·希尼的《贝奥武甫》译本[J]．四川外语学院学报，2007（1）．

[45] 黄海燕．先行者的眼光：伦敦与巴黎日记中的英国形象[J]．重庆职业技术学院，2007（1）．

[46] 童明．飞散的文化和文学[J]．外国文学，2007（1）．

[47] 刘俊．文学创作：个人家庭历史传统[J]．东方丛刊，2007（1）．

[48] 王红旗．"坐云看世景"的荷兰华文女作家——与林湄女士畅谈她的魅力人生和长篇小说《天望》[J]．华文文学，2007（2）．

[49] 李秀卿．芥川龙之介的中国古典情结[J]．西南民族大学学报，2007（6）．

[50] 刘莉．论张翎小说的生命意识[J]．黄冈职业技术学院学报，2008（3）．

[51] 苏文菁．福建海洋文化的独特性[J]．东南学术，2008（3）．

[52] 申富英，王湘云．论《尤利西斯》中的中国形象[J]．兰州大学学报：社会科学版，2008（4）．

[53] 姚建美，解德道．谷崎润一郎和芥川龙之介的中国印象比较[J]．哈尔滨职业技术学院学报，2008（6）．

[54] 孙立春．从《中国游记》试论芥川龙之介的东方主义话语[J]．世界文学评论，2008（6）．

[55] 万晓艳. 《京华烟云》中的一个叛逆的典型[J]. 河北：大众文艺（理论），2008（9）.

[56] 江少川. 漂流、再思、超越——林湄女士访谈录[J]. 世界文学评论，2009（1）.

[57] 移星. 从《花木兰》《功夫熊猫》看好莱坞眼中的中国文化[A]. 山东艺术学院学报，2009（1）.

[58] 谢新华，耿得安大众文化全球传播视域中的民族传统文化——以美国影片《功夫熊猫》为中心的考察[J]. 内江师范学院学报，2009（1）.

[59] 司方维. 穿行于中西文化之间——评张翎长篇小说《邮购新娘》[J]. 常州工学院学报，2009（2）.

[60] 陈姗. 托尼·莫里森创作中非裔美国黑人的文化身份[J]. 哈尔滨学院学报，2009（3）.

[61] 孙疏影. 林雨崟的人生品位与文学人物——以《京华烟云》主要人物为例[J]. 长江学术，2009（4）.

[62] 陈一愚. 试析《功夫熊猫》里中国传统文化符号的转换[J]. 安徽文学，2009（5）.

[63] 刘雪飞. 从"东方学"视角解读芥川龙之介《中国游记》[J]. 小说评论，2009（10）.

[64] 李秀卿. 身份的迷失：记者还是作家——论芥川龙之介的中国之行[J]. 学苑撷英，2009（10）.

[65] 杨乃乔. 第三文化空间,兼论中国现当代文学研究的发展命脉[J]. 文艺争鸣,2009(11).

[66] 李晓丽. 试析《京华烟云》的道家情怀——兼议姚思安与木兰[J]. 吉林:延边大学学报(社会科学版),2010(2).

[67] 陈希我,张莉. "写作同时也审视写作者自己"——张莉 VS 陈希我对话录[J]. 南方文坛,2010(2).

[68] 刘再复,李泽厚. 个人主义在中国的沉浮[J]. 华文文学,2010(4).

[69] 钱振纲. 民魂缺位——阿Q性格本质特征新探[J]. 北京师范大学学报(社会科学版),2010(6).

[70] 李岚. 行旅体验与"集体想象":论晚清域外游记的跨文化意义[J]. 乐山师范学院学报,2010(6).

[71] 洪治纲.中国当代文学视域中的新移民文学[J].中国社会科学,2012(11).

[72] 夏宗霞. 分裂的格雷厄姆·格林[J]. 世界文化,2014(1).

[73] 汪树东. 从超越视角审视现代人的生存困境——论林湄长篇小说《天外》的叙事伦理[J]. 华文文学,2015(4).

[74] 许地山笔下的南洋形象——以《命命鸟》《缀网劳蛛》为中心[J]. 温州大学学报(社会科学版),2015(9).

[75] 詹作琼. 霍米·巴巴"第三空间"视阈下《孙行者:他的即兴曲》的文化身份构建[J]. 长春师范大学学报,2015(11).

[76] 刘振修. 作者许地山的"爱情公约"[J]. 文史博览,2015(11).

[77] 马玉红. 怀疑论者许地山[J]. 现代小说批评, 2016（1）.

[78] 毛翊君. 作家陈希我：书写疼痛、冒犯和黑暗[J]. 中国新闻周刊, 2017（43）.

[79] 张秋琳. 论《命命鸟》与缅甸婚恋文化的背离与承继[J]. 枣庄学院学报, 2018（5）.

（二）硕博论文

[1] 杨仲. 儒道互补, 中西融合——林语堂的文化观及其在《京华烟云》中的体现[D]. 合肥：安徽大学, 2003.

[2] 生安锋. 霍米·巴巴的后殖民理论研究[D]. 北京：北京语言大学, 2004.

[3] 胡萍. 论《京华烟云》中的文化底蕴[D]. 哈尔滨：哈尔滨工程大学, 2008.

[4] 张会君. 张翎小说新移民形象研究[D]. 西安：西安交通大学, 2010.

[5] 孙然颖. 生活的选择——《京华烟云》中人物形象的海德格尔此在观点分析[D]. 郑州：郑州大学, 2010.

[6] 曹亚茹. 异国文化语境下的"边缘人"境遇书写[D]. 郑州：郑州大学, 2011.

[7] 田佳禾. 张翎长篇小说的形象学解读[D]. 临汾：山西师范大学, 2012.

[8] 屈兰. 论张翎小说的女性叙事[D]. 南昌：南昌大学, 2015.

[9] 张欣. 跨文化视域下的张翎小说研究[D]. 徐州：江苏师范大学,

2017.

[10] 才晓能. 哈金、张翎作品中的新移民形象比较研究[D]. 贵阳：贵州大学，2017.

[11] 郭坤英. 论张翎小说中的女性书写[D]. 上海：上海师范大学，2018.

三、英文文献

[1] Gilroy P. *The Black Atlantic: Modernity and Double Consciousness,* New York: Harvard University Press, 1993.

[2] Bhabha H K. *The Location of Culture.* London & New York: Routledge, 1994.

[3] Sherry N. *The Life of Graham Greene Volume Two: 1939-1955.* London: Pimlico, 2004.

[4] Thomson B L. *Graham Greene and the Politics of Popular Fiction and film.* London: Palgrave Macmillan, 2009.

[5] Gordon H. *Fighting Evil-Unsung Heroes in the novels of Graham Greene.* London: Greenwood Prees. Westport, Connection, 1997.

[6] Benard B. *Study in Graham Greene and the Art of the Novel.* Oxford: Oxford University Press, 2006.

[7] Greene G. *A Sort of Life.* New York: Simon and Schuster, 1971.

[8] Daphna E V. *Graham Greene's Childles Fathers.* London: The Macmillan Press, 1988.

[9] Goodheart E. *Greene's Literary Criticism: The Religious Aspect, see Graham Greene: A Revaluation.* (ed.) Jeffrey Meyers. London: The

Macmillan Press, 1990.

[10] Joseph C. Heart of Darkness. London: Penguin Booka Ltd, 2007.

[11] Judith A. *Graham Greene: The Dangerous Edge: Where Art and Politics Meet*. London: The Macmillan Press, 1990.

[12] Bosco M. *Graham Greene's Catholic Imagination*. Oxford: Oxford University Press, 2005.

附录

附录一：域外游记书目

说明：域外游记文本记载了中国人走向世界的足迹，以下收录的是1911年以前中国人亲临域外后留下的游记文本。

"走向世界丛书"书目

"走向世界丛书"主编钟叔河。专收1840至1911年间中国人到欧美日本通商、留学、出使、游历和考察等所留下的日记、笔记和游记。1980—1983年，湖南人民出版社出版了27种书目，分20册，具体数据：1980年出版3册，1981年出版12册，1982年出版4册，1983年出版2册。1985年—1986年，在原来湖南人民出版社的基础上新增十几种书目，共36种书目，分10册，由岳麓书社推出精装合订本，具体数据：1985年出版8册，1986年出版2册。2010年—2017年，岳麓书社出版"走向世界丛书（续编）"，收书目65种，共55册。

1980年—1983年，湖南人民出版社出版书目（共20册）：

1980年，3册

1. 李圭:《环游地球新录》

2. 徐建寅:《欧游杂录》

3. 康有为:《欧洲十一国游记》

1981年，12册

4. 薛福成:《出使四国日记》

5. 张德彝:《欧美环游记》

6. 张德彝:《航海述奇》

7. 曾纪泽:《使西日记外一种》

8. 容闳著.徐凤石，浑铁憔译:《西学东渐记》

9. 黎庶昌:《西洋杂志》

10. 刘锡鸿:《英轺私记》

11. 黄遵宪:《日本杂事诗广注》

12. 单士厘:《癸卯旅行记》/《归潜记》

13. 梁启超:《新大陆游记》

14. 斌椿:《乘槎笔记》/谢清高:《海录》

15. 志刚:《初使泰西记》

1982年，4册

16. 戴鸿慈:《出使九国日记》

17. 王韬:《漫游随录》

18. 蔡尔康：《李鸿章历聘欧美记》

19. 张德彝：《随使法国记》

1983 年，1 册

20. 罗森等：《早期日本游记五种》

1985 年—1986 年，岳麓书社出版书目（共 10 册）：

1985 年，8 册

1. 林鍼：《西海纪游草》/斌椿：《乘槎笔记》/志刚：《初使泰西记》/张德彝：《航海述奇》

2. 容闳：《西学东渐记》/祁兆熙：《游美洲日记》/张德彝：《随使法国记》/林汝耀：《苏格兰游学指南》

3. 罗森：《日本日记》/何如璋等：《甲午以前日本游记五种》/王韬：《扶桑游记》/黄遵宪：《日本杂事诗（广注）》

4. 郭嵩焘：《伦敦与巴黎日记》

5. 曾纪泽：《出使英法俄国日记》

6. 王韬：《漫游随录》/李圭：《环游地球新录》/黎庶昌：《西洋杂志》/徐建寅：《欧游杂录》

7. 薛福成：《出使英法意比四国日记》

8. 康有为：《欧洲十一国游记二种》/梁启超：《新大陆游记及其他》/单士厘：《癸卯旅行记·归潜记》

1986年，2册

9. 刘锡鸿：《英轺私记》/张德彝：《随使英俄记》

10. 蔡尔康：《李鸿章历聘欧美记》/戴鸿慈《出使九国日记》/载泽：《考察政治日记》

2010年—2017年，岳麓书社出版，"走向世界丛书（续编）"书目（共55册）：

1. 谢清高：《海录》（附 杜环《经行记》、巴琐马《西行记》、樊守义《身见录》）

2. 王芝：《海客日谈》

3. 钱德培：《欧游随笔》/李凤苞：《使德日记》

4. 黄遵宪：《日本国志》（上）

5. 黄遵宪：《日本国志》（中）

6. 黄遵宪：《日本国志》（下）

7. 陈兰彬：《使美纪略》/谭乾初：《古巴杂记》

8. 王之春：《谈瀛录》

9. 池仲祐：《西行日记》

10. 蔡钧：《出洋琐记》

11. 袁祖志：《瀛海采问纪实》

12. 张祖翼：《伦敦竹枝词》/王以宣：《法京纪事诗》/潘飞声：《西海纪行卷・柏林竹枝词・天外归槎录》

13. 张荫桓：《三洲日记》（上）

14. 张荫桓：《三洲日记》(下)

15. 邹代钧：《西征纪程》

16. 王咏霓：《道西斋日记》/张元济：《环游谈荟》

17. 余思诒：《楼船日记》

18. 缪祐孙：《俄游汇编》

19. 张德彝：《五述奇》(上)

20. 张德彝：《五述奇》(下)

21. 傅云龙：《游历美加等国图经馀纪》

22. 洪勋：《游历闻见录》

23. 崔国因：《出使美日秘国日记》(上)

24. 崔国因：《出使美日秘国日记》(下)

25. 陈道华：《日京竹枝词》/姚鹏图：《扶桑百八吟》

26. 严修：《东游日记》

27. 凤凌：《游馀仅志》

28. 吴宗濂：《随轺笔记》

29. 宋育仁：《泰西各国采风记》

30. 王之春：《使俄草》

31. 伍廷芳：《美国视察记》

32. 张德彝：《六述奇（附 七述奇未成稿）》(上)

33. 张德彝：《六述奇（附 七述奇未成稿）》(下)

34. 刘学询：《考查商务日记》/黄璟：《考察农务日记》/罗振玉：《扶桑两月记·扶桑再游记》

35. 丁鸿臣：《东瀛阅操日记》

36. 沈翊清：《东游日记》/周学熙：《东游日记》

37. 张德彝：《八述奇》（上）

38. 张德彝：《八述奇》（下）

39. 载振：《英轺日记》

40. 吴汝纶：《东游丛录》

41. 缪荃孙：《日游汇编》/王景禧：《日游笔记》/双寿：《东瀛小识》

42. 张謇：《癸卯东游日记》/凌文渊：《籥盦东游日记》

43. 蒋煦：《西游日记》

44. 陈琪：《环游日记》/金鼎：《随同考察政治日记》

45. 康有为：《德意志等国游记》

46. 康有为：《英国游记》

47. 康有为：《西班牙等国游记》

48. 韩国钧：《实业界之九十日》

49. 李濬之：《东隅琐记》/盛宣怀：《愚斋东游日记》

50. 程淯：《丙午日本游记》

51. 杨泰阶等：《东游日记三种》（包括杨泰阶《东游日记》、文恺《东游日记》、左湘中《东游日记》）

52. 金绍城：《十八国游记》

53. 吕珮芬：《东瀛参观学校记》

54. 丁韪良：《西学考略》（附：南怀仁《坤舆图说》、艾儒略《职方外纪》）

55. 艾约瑟：《西学启蒙两种》（包括《西学略述》《富国养民策》）

（注：最后两册是在中国的外国人介绍世界和西学的著作）

以下是其他出版社出版的部分域外游记（以出版时间先后排序）：

1. 程演生编. 奉使俄罗斯日记. 上海：神州国光社，1946.

2. 樊守义著. 身见录.（收录在方豪《西安交通史》）台北：中华文化出版事业社，1955.

3. 巩珍. 西洋番国志. 北京：中华书局，1961.

4. 岑仲勉著. 佛游天竺记考释. 台湾：商务印书馆，1963.

5. 沈云龙主编，黄遵宪. 日本国志. 台北：台湾文海出版社，1974.

6. 费信著，吴聿明编著.《星槎胜览》诗译著，苏州：太仓郑和纪念馆，1990.

7. 法显著. 佛国记. 北京：中华书局，1991.

8. 杜瑜著. 异域录. 沈阳：辽海出版社，1997.

9. 张德彝著. 稿本航海述奇汇编（第一册—第十册）. 北京：北京图书馆出版社，1997.

10. 季羡林编. 大唐西域记校注. 北京：中华书局，2000.

11. 谢清高口述，杨炳南笔录，安京校释. 海录校释. 北京：商务印书馆，2002.

12. 容闳著. 石霓译注. 容闳自传：我在中国和美国的生活，上海：百家出版社，2003.

13. 马欢原著，万明校. 明钞本《流涯胜览》校注. 北京：海洋出版社，2005.

14. 傅云龙著. 傅云龙日记. 杭州：浙江古籍出版社，2005.

15. 梁启超著. 欧洲心影录新大陆游记——梁启超游记. 北京：东方出版社，2006.

附录二：海外华文文学书目

说明：本书涉及的海外华文作家主要有：白先勇、林湄、张翎、虹影。以下收录的是这四位作家的作品。

白先勇作品（以大陆出版时间先后为序）：

作品	出版社	出版时间	备注
《白先勇小说选》	桂林：广西人民出版社	1980.9	白先勇著，王晋民编
《白先勇短篇小说选》	福州：福建人民出版社	1982.12	"台湾文学丛书"
《台北人》	北京：中国友谊出版社公司	1985.11	
《孽子》	哈尔滨：北方文艺出版社	1987.5	"台湾文学丛书"
《孽子》	北京：人民文学出版社	1988.2	"海内外文学丛书"
《孤恋花》	北京：中国文联出版公司	1991.6	"香港台湾与海外华文文学"丛书
《台北人》	北京：人民文学出版社	1992.2	"台湾当代名家作品精选集"丛书
《永远的尹雪艳》	武汉：长江文艺出版社	1993.10	"台湾当代著名作家代表作大系"丛书
《最后的贵族：从小说到电影》	上海：百家出版社	1993	白先勇等著，大地文化社主编

续表

作品	出版社	出版时间	备注
《情尽》	石家庄：花山文艺出版社	1994.1	白先勇等著，范嵩编"20世纪台港及海外华人文学经典系列丛书"
《白先勇自选集》	广州：花城出版社	1996.6	"台湾经典作家自选集丛书"
		2009.9	"白先勇系列"丛书
《寂寞的十七岁》《台北人》《孽子》	上海：上海文艺出版社	1999.8	"台港暨海外华语作家自选"文库
《白先勇散文集（上下册）》	上海：文汇出版社	1999.10	《蓦然回首》《第六只手指》
《第六只手指》《游园惊梦》《孽子》《台北人》《寂寞十七岁》	广州：花城出版社	2000.4	"白先勇文集"丛书
《台北人》	北京：作家出版社	2000.7	"百年百种优秀中国文学图书"丛书
《白先勇文集 第3卷 孽子》	广州：花城出版社	2004.2	
《青春 念想 白先勇自选集》	桂林：广西师范大学出版社	2004.5	
《白先勇说昆曲》	桂林：广西师范大学出版社	2004.6	

续表

作品	出版社	出版时间	备注
《牡丹还魂》	上海：文汇出版社	2004.11	白先勇编著
《第六只手指》	上海：文汇出版社	2004.11	"文汇原创丛书"
《白先勇精选集》	北京：北京燕山出版社	2006.2	"世纪文学60家"丛书
《圆梦 白先勇与青春版〈牡丹亭〉》	广州：花城出版社	2006.11	戏曲评论
《白先勇经典作品》	北京：当代世界出版社	2007.9	"港台名家名作"丛书
《白先勇文集》（共四卷）	广州：花城出版社	2009.1	《寂寞十七岁》《台北人》《孽子》《第六根手指》
《游园惊梦》	广州：广州出版社	2009.1	"白先勇文集"丛书
《白先勇集》	广州：花城出版社	2009.4	刘俊编注 "大家小集"丛书
《一把青》	南京：江苏文艺出版社	2009.5	白先勇著，刘俊编著
《明星咖啡馆》	南京：江苏文艺出版社	2009.5	白先勇编著
《纽约客》 《孽子》 《台北人》 《寂寞十七岁》	桂林：广西师范大学出版社	2010.10	"白先勇作品系列"丛书
《孽子》	南京：江苏文艺出版社	2010.10	"港台暨海外华人作家经典丛书"
《孽子》	重庆：重庆出版社	2011.1	

续表

作品	出版社	出版时间	备注
《云心水心玉簪记》（琴曲书画昆曲新美学）	北京：人民文学出版社	2011.2	"99经典文库"
《TEA FOR TWO》	北京：作家出版社	2011.5	"白先勇小说卷"
《姹紫嫣红开遍（散文卷）》	北京：作家出版社	2011.5	
《白崇禧将军身影集（上下册）》	桂林：广西师范大学出版社，	2012.5	
《昔我往矣》	北京：龙门书局	2013.1	"名家散文典藏系列"丛书
《白崇禧将军身影集（增订版）》	桂林：广西师范大学出版社	2013.3	
《台北人》（汉英对照）	桂林：广西师范大学出版社	2013.10	叶佩霞译，乔治高主编，理想国丛书
《珍重待春风》	武汉：长江文艺出版社	2014.5	
《台北人》	桂林：广西师范大学出版社	2015.1	"白先勇作品集"丛书
《孽子》			
《寂寞十七岁》			
《关键十六天：白崇禧将军与二二八》	桂林：广西师范大学出版社	2015.3	白先勇、廖彦博合著
《树犹如此》	桂林：广西师范大学出版社	2015.3	"白先勇先生作品系列"丛书
《昔我往矣》	北京：中华书局	2016.1	
《牡丹情缘 白先勇的昆曲之旅》	北京：商务印书馆	2016.4	白先勇著，陈钧编

续表

作品	出版社	出版时间	备注
《白先勇说昆曲》	北京：中国友谊出版公司	2018.8	昆曲研究
《仰不愧天》	广州：广东人民出版社	2019.1	
《一个人的"文艺复兴"》	桂林：广西师范大学出版社	2019.1	白先勇著，刘俊编选
《正本清源说红楼》	桂林：广西师范大学出版社	2019.4	
《我的寻根记》	桂林：广西师范大学出版社	2019.4	
《文学不死》	南京：译林出版社	2019.7	"国家出版基金项目大家读大家"丛书
《八千里路云和月》）	北京：中国友谊出版公司	2019.10	
《美的复兴》	南京：江苏凤凰文艺出版社	2020.11	

林湄作品（按出版时间排序）：

作品	出版社	时间	备注
《诱惑 林湄散文小说集》	北京：中国友谊出版公司	1988.6	"林湄散文小说集"
《文坛点将录 访精神王国的拓荒者》	香港：明窗出版社	1989.4	"人物系列"丛书
《泪洒苦行路》	北京：中国文联出版公司	1990.2	

续表

作品	出版社	时间	备注
《带你走天涯》	北京：中国友谊出版公司	1992.12	"旅外文丛"
《悠闲小品》	广州：花城出版社	1992.7	林湄编，"中外小品林"
《漂泊》	合肥：安徽文艺出版社	1994.7	
《浮生外记》	上海：上海文艺出版社	1994.9	"西洋镜丛书"
《我歌我泣》	上海：生活·读书·新知三联书店	1995.8	
《生命·爱·希望》	扬州：科华图书出版公司	1998.6	
《如果这是情》	西安：陕西人民出版社	1998.5	"域外著名华文女作家散文自选集"
《天望》	武汉：长江文艺出版社	2004.9	"九头鸟长篇小说文库"丛书
《精神王国的求索者 文化名人采访录》	深圳：深圳报业集团出版社	2006.12	
《天外》	北京：新世界出版社	2014.11	
《点亮高处的灯》	广州：花城出版社	2017.11	"七色光海外华文散文丛书"

张翎作品（按出版时间排序）：

作品	出版社	时间	备注
《望月》	北京：作家出版社	1998.2	"蓝月亮丛书"
《交错的彼岸 一个发生在大洋两岸的故事》	天津：百花文艺出版社	2001.1	
《邮购新娘》	北京：作家出版社	2004.1	
《尘世》	广西人民出版社	2004.11	"海外知性女作家小说丛书"

续表

作品	出版社	时间	备注
《盲约》	广州：花城出版社	2005.3	张翎著，刘俊、蔡晓妮主编"跨区域华文女作家精品文库"
《雁过藻溪》	成都：成都时代出版社	2006.6	"海外新移民文学大系"
《望月》	上海：华东师范大学出版社	2009.7	"张翎小说精选"
《金山》			
《邮购新娘》			
《交错的彼岸》			
《雁过藻溪》			
《余震》			
《金山》	北京：北京十月文艺出版社	2009.7	
《余震》	北京：北京十月文艺出版社	2010.7	
《三昧文学馆·中国当代名家小说系列：女人四十》	北京：中国工人出版社	2011.12	"三昧文学馆"丛书
《睡吧，芙洛，睡吧》	北京：北京十月文艺出版社	2012.1	"十月长篇小说创作丛书"
《生命中最黑暗的夜晚》	北京：九州出版社	2012.9	"世界华人文库"
《恋爱三重奏》	南京：江苏文艺出版社	2013.1	张翎著，钱虹编
《一个夏天的故事》	广州：花城出版社	2013.1	
《唐山大地震》	广州：花城出版社	2013.1	
《原来美国孩子这样上学》	北京：中国大百科全书出版社	2013.6	

续表

作品	出版社	时间	备注
《阵痛》	北京：作家出版社	2014.3	
《交错的彼岸》	杭州：浙江文艺出版社	2015.3	"江南三部曲"
《邮购新娘》			
《望月》			
《流年物语》	北京：北京十月文艺出版社	2016.1	"十月长篇小说创作丛书"
《每个人站起来的方式，千姿百态》	武汉：长江文艺出版社	2016.3	
《劳燕》	北京：人民文学出版社	2017.7	
《胭脂》	武汉：长江文艺出版社	2018.9	
《余震》	武汉：长江文艺出版社	2018.9	
《死着》	武汉：长江文艺出版社	2018.10	
《生命中最黑暗的夜晚》	北京：作家出版社	2018.10	
《废墟曾经辉煌》	杭州：浙江文艺出版社	2018.12	
《故乡的云》	杭州：浙江文艺出版社	2019.9	张翎、张执任著
《三种爱 勃朗宁夫人、狄金森与乔治桑》	桂林：广西师范大学出版社	2020.3	
《向北方》	桂林：广西师范大学出版社	2020.5	
《廊桥夜话》	桂林：广西师范大学出版社	2021.1	

虹影作品（以大陆出版时间先后顺序）：

作品	出版社	时间	备注
《伦敦，危险的幽会》	北京：中国文联出版公司	1993.4	
《墓床 顾城、谢烨海外代表作品集》	北京：作家出版社	1993.11	顾城、谢烨著，虹影、赵毅衡编
《以诗论诗》	哈尔滨：北方文艺出版社	1993.12	虹影、于慈江编选，赵毅衡评注
《你一直对温柔妥协》	北京：新世界出版社	1994.10	"新世界经典文库"
《玄机之桥》	昆明：云南人民出版社	1995.8	"她们文学丛书"
《异乡人手记》			
《玉米的咒语》	长春：时代文艺出版社	1995.8	"海外中国女作家丛书"
《双层感觉》	北京：中国华侨出版社	1996.2	"文瀚阁创作丛书"
《六指》	北京：华艺出版社	1996.10	"风头正健才女书"
《女子有行》	南京：江苏文艺出版社	1998.1	"边缘文丛"
《白色海岸》	沈阳：春风文艺出版社	1998.7	"中国女性诗歌文库"
《十八劫》	上海：上海文艺出版社	1998.10	"小说界文库 旅外作家长篇小说系列"
《辣椒式的口红》	成都：四川文艺出版社	1999.1	"获台湾文学大奖女作家丛书"
《九歌文库 镜与水》	台北：九歌出版社有限公司	1999	
《双层感觉》	北京：中国华侨出版社	2000.1	
《K》	桂林：漓江出版社	2000.1	
《饥饿的女儿》	成都：四川文艺出版社	2000.4	"海外作家之星文丛"

续表

作品	出版社	时间	备注
《回忆的季节》	北京：中国工人出版社	2001.4	虹影、赵毅衡主编"海外大陆作家丛书"
《沙漠与沙》			
《一个人的城市》			
《距离》			
《一个流浪女的未来》	桂林：漓江出版社	2001.1	"虹影精品系列"
《饥饿的女儿》			
《鱼教会鱼唱歌》			
《脏手指 瓶盖子》			
《危险年龄》			
《爱情像红萝卜缨》			
《红颜为谁》	贵阳：贵州人民出版社	2001.10	
《另一种感觉》	呼和浩特：内蒙古文化出版社	2001.12	"时尚经典文库"
《感受抚摸》	呼和浩特：内蒙古人民出版社	2002	
《K》	石家庄：花山文艺出版社	2002.1	
《阿难》	长沙：湖南文艺出版社	2002.4	虹影精品系列
《虹影打伞》	北京：知识出版社	2002.8	"布衣石榴丛书"
《孔雀的叫喊》	北京：知识出版社	2003.1	
《火狐虹影》	呼和浩特：远方出版社	2003.4	

续表

作品	出版社	时间	备注
《女子有行》	北京：知识出版社	2003.4	"虹影长篇精品文集"
《饥饿的女儿》			
《阿难》			
《英国情人》	沈阳：春风文艺出版社	2003.10	
《上海王》	武汉：长江文艺出版社	2003.11	
《那年纽约咖啡红》	天津：百花文艺出版社	2004.1	"海外流散文学"
《绿袖子》	上海：上海文艺出版社	2004.8	
《谁怕虹影》	北京：作家出版社	2004.9	
《萧邦的左手》	上海：学林出版社	2005	
《深圳闲妇》	成都：四川文艺出版社	2005.1	
《康乃馨俱乐部》	南京：江苏文艺出版社	2005.1	"二十世纪作家文库"
《鹤止步》	济南：山东文艺出版社	2005.4	"重写笔记小说系列"
《恋恋红尘》	贵阳：贵州人民出版社	2005	
《上海王》	济南：山东文艺出版社	2005.4	"虹影长篇修订本精选"
《孔雀的叫喊》			
《英国情人》			
《上海之死》			
《鹤止步》			
《萧邦的左手》	上海：学林出版社	2005.4	"新视觉书坊"
《大师，听小女子说虹影最新时空情爱小说》	北京：文化艺术出版社	2005.6	

续表

作品	出版社	时间	备注
《饥饿的女儿》	北京：文化艺术出版社	2006.1	"虹影精品系列"
《绿袖子 鹤止步》			
《女子有行》			
《阿难》			
《离别后 爱你不顾一切》	长春：吉林文史出版社	2006.6	
《我与卡夫卡的爱情》	长春：时代文艺出版社	2006.9	"我的人生笔记"
《上海魔术师》	上海：上海人民出版社	2006.12	
《我们时代的爱情》	上海：上海人民出版社	2007.1	
《三个人的吃饭问题》	长春：吉林出版集团有限责任公司	2008.4	虹影、车前子、吴小曼著
《饥饿的女儿》	北京：中国妇女出版社	2008.10	
《阿难:我的印度之行》	北京：现代出版社	2009.1	
《虹影经典文丛》（两册）	西安：陕西师范大学出版社	2009.1	《鹤止步 绿袖子》《女子有行》
《我这温柔的厨娘》	北京：中国青年出版社	2009.1	
《英国情人》	北京：现代出版社	2009.1	"中国当代名作家自选集大系"
《上海王》	西安：陕西师范大学出版社	2009.1	"虹影文集珍藏书系：1"
《上海之死》			"虹影文集珍藏书系：2"

续表

作品	出版社	时间	备注
《上海魔术师》			"虹影文集珍藏书系:3"
《上海三部曲》（共三册）	西安：陕西师范大学出版社	2009.1	《上海王》《上海之死》《上海魔术师》
《虹影文集 脏手指·瓶盖子》	西安：陕西师范大学出版社	2009.1	"虹影文集"
《虹影文集 我们相互消失》			
《虹影文集 我和卡夫卡的爱情》			
《虹影文集 孔雀的叫喊》			
《虹影文集 鹤止步绿袖子》			
《我们的痛苦，我们加糖》	南京：江苏文艺出版社	2009.5	
《好儿女花》	南京：江苏人民出版社	2009.9	
《神秘女子》	北京：中国妇女出版社	2009.12	
《那些绝代佳人》	重庆：重庆大学出版社	2010.1	
《情色白加黑》	北京：东方出版社	2010.1	虹影、罂束、海刀客、宁风子、崔命等著"救火文丛"
《救火》			
《第14个》			
《饥饿的女儿》	北京：北京十月文艺出版社	2010.5	

续表

作品	出版社	时间	备注
《好儿女花 饥饿的女儿 续》	南京：江苏人民出版社	2011.2	
《英国情人》	北京：北京十月文艺出版社	2011.4	
《女子有行》	银川：宁夏少年儿童出版社	2011.4	"雨虹丛书·世界华文女作家书系"
《小小姑娘》	南京：译林出版社	2011.10	
《上海王 修订珍藏版》	南京：江苏文艺出版社	2012.1	"上海三部曲"
《上海之死 修订珍藏版》			
《上海魔术师 修订珍藏版》			
《饥饿的女儿》	北京：北京十月文艺出版社	2012.9	
《虹影中短篇小说自选集》	北京：新世界出版社	2012.10	"名家自选文库"
《当世界变成辣椒 一位传奇作家尝遍人间美食经验及情感记录》	北京：中信出版社	2012.10	
《好儿女花》	合肥：安徽人民出版社	2013.6	"虹影精品集"
《上海王》			
《小小姑娘》			
《上海魔术师》			

续表

作品	出版社	时间	备注
《上海之死》			
《饥饿的女儿》			
《虹影精品集 小小姑娘》	北京：北京时代华文书局	2013.8	"虹影精品集"
《虹影精品集 上海之死》			
《虹影精品集 上海王》			
《虹影精品集 上海魔术师》			
《虹影精品集 好儿女花》			
《虹影精品集 饥饿的女儿》			
《53种离别 一种自我教育》	牛津大学出版社	2013.7	"独立丛文"
《虹影作品 53种离别》	南京：江苏文艺出版社	2013.7	
《走出印度》			
《孔雀的叫喊》			
《女子有行》			
《K-英国情人》			
《绿袖子》			

续表

作品	出版社	时间	备注
《我也叫萨朗波》	南京：江苏文艺出版社	2014.1	
《奥当女孩》	贵阳：贵州人民出版社	2014.8	
《米米朵拉》	九歌有限公司	2014.12	
《里娅传奇》	贵阳：贵州人民出版社	2015.5	
《饥饿的女儿》	成都：四川文艺出版社	2016.1	
《好儿女花》	成都：四川文艺出版社	2016.1	
《你照亮了我的世界》	成都：四川文艺出版社	2016.4	
《53种离别》	南京：江苏文艺出版社	2016.4	
《米米朵拉》	北京：人民文学出版社	2016.4	
《康乃馨俱乐部 女子有行三部曲》	广州：花城出版社	2016.5	"《花城》首发"
《上海魔术师》	成都：四川文艺出版社	2016.9	
《上海之死》	成都：四川文艺出版社	2016.9	
《上海王》	成都：四川文艺出版社	2016.9	
《神奇少年桑桑系列1 奥当女孩》	贵阳：贵州人民出版社	2014.8	"神奇少年桑桑系列"
《神奇少年桑桑系列2 里娅传奇》	贵阳：贵州人民出版社	2015.5	"神奇少年桑桑系列"
《神奇少年桑桑系列3 新月当空》	贵阳：贵州人民出版社	2016.3	"神奇少年桑桑系列"
《神奇少年桑桑系列4 马兰花开》	贵阳：贵州人民出版社	2016.9	"神奇少年桑桑系列"

续表

作品	出版社	时间	备注
《神奇少年桑桑系列 5 彩虹之心》	贵阳：贵州人民出版社	2018.4	
《K-英国情人》	成都：四川文艺出版社	2017.2	
《阿难：走出印度》	成都：四川文艺出版社	2017.9	
《绿袖子》	成都：四川文艺出版社	2017.9	"虹影经典作品"
《前世今生 孔雀的叫喊》	成都：四川文艺出版社	2017.10	"虹影经典作品"
《我也叫萨朗波 精装彩插版》	成都：四川文艺出版社	2017.10	
《53种离别 一种自我教育》	成都：四川文艺出版社	2018.8	
《彩虹之心》	贵阳：贵州人民出版社	2018	
《小小姑娘》	成都：四川文艺出版社	2018.11	
《罗马》	重庆：重庆出版社	2019.9	
《英国现代诗集 我也叫萨朗波》	成都：四川文艺出版社	2019.9	
《燕燕的罗马婚礼》	北京：人民文学出版社	2019	
《饥饿的女儿三部曲》	成都：四川文艺出版社	2020.12	
《虹影自传三部曲》	成都：四川文艺出版社	2020.7	《小小姑娘》《饥饿的女儿》《好儿女花》

后记

本没想过写后记，但意识到这是我的第一本学术著作，自读研究生发表第一篇论文，到现在这本著作的出版，有十几年了，不禁感叹，时光像子弹一样无情地呼啸而过，时光不在乎我，我却心念时光，那些留在人生路上的或深或浅的脚印总可以简要记录下来。

2005年，我考入福建师范大学比较文学专业攻读硕士学位，开始人生另一段读书生涯。我师从葛桂录老师研习中英文学与文化关系。葛老师当时是学校最年轻的教授之一，他对待学生如春风化雨，对待学术严谨求真，颇具学者的风范和魅力。在课堂上他反复强调的学术研究的正路是"穷究原典"，至今音犹在耳。当时同专业的共有十五位同学，来自不同省份，大家一起在长安山下读书，一起去西湖荡舟，三年匆匆而过，现在回忆起来，那是一段既快乐又充实的时光。葛老师是我进入比较文学研究之门的"引路人"，我是如此平凡，却也是如此幸运，记得我曾在给葛老师的拜师信中写道，读研究生是我心之所向，希望能在老师的引领下进入学术殿堂。子曰："古者言之不出，耻躬之不逮也。"我常常自问，我做到了吗？

2008年，我进入高校工作，开启我的职业生涯。对于刚入职的新教师而言，我承担的教学任务相对较重，备课量很大，除了教授自己专业课之外，还有非专业课。教学之余，我继续在学术研究之路上蹒跚而行，并陆续在学术期刊上发表了一些论文。我时常纠结于教学与学术的关系，教学耗费我大量的精力，在学术上我常感力有未逮。但我内心很清楚，学术研究生活是高校教师职业生涯不可或缺的重要部分，我不能松懈大意。2015年，我去四川大学参加中国比较文学研究的回顾与展望会议，见到了中国比较文学学术界的领军人物和众多同行，颇感时不我待。2016年华人作家林湄老师到我校演讲，我有幸与她相识，并从此开始关注海外华人作家创作，同年，我随同福建的一批高校教师去台湾交流，一定程度上打开了我的学术视野。这几次经历对我以后的学术科研产生重要影响。

本书是我读研期间和工作之后学术成果的总结，它的完成，意味着一个阶段的结束，以及另一个阶段的开启。盘点过去，是为了更好地出发，这本著作的出版激励着我在漫漫学术路上不断前行。

本书有些内容曾以单篇论文的形式发表在各个学术刊物上，还有一些文章是我和学生共同合作写的，在此不一一列举他们的姓名，感谢他们的付出。这些文章对读者、学术界的意义可能微乎其微，但敝帚自珍，对我个人而言，每一篇都有价值。

感谢西南交通大学出版社的编审老师们为这本书的出版付出的辛劳。感谢一路上支持我和鼓励我的师友，若这本书有一点点成果可言，都要归功于你们，衷心感谢。

黄海燕

2021 年 5 月 21 日

于融城五马山